이제는 사회적경제다

- 지역과 사람을 살리는 희망경제론 -

정 관 영

KNOWLEDGE COMMUNITY 공동체

추천사

언제부터인가 돈을 중심에 두는 자본주의가 발달하면서 자연은 파괴되고 불행한 사람들의 수는 자꾸 늘어났다. 가난과 소외의 그림자가 안개처럼 펴져 나가는 것을 보면서 사람들은 그것이 인간의 자리를 대신한 돈의 권력 때문임을 알게 되었다. 그래서 사람들은 단결하여 인간을 다시 중심에 놓고 그 뭉쳐진 힘으로 돈을 부리는 조직의 원리를 생각해냈다. 아니, 생각만 한 것이 아니라 그 새로운 원리에 따라서 자신들의 생산과 교환과 분배와 소비를, 그러니까 자신들의 구체적인 살림을 꾸려나갔다.

서구에서 길게는 200년이 넘게, 짧게는 20년 남짓하게 계속되어온 이 같은 인류의 실험이 오늘날 우리나라에서도 진행되고 있다. 관련법의 제정으로 한결 활기를 띠게 된 사회적기업이니, 협동조합이니 하는 것들이 그것이다. 이런 다종다양한 공동체 경제조직들을 묶어서 사회적경제라고 부르기도 한다. 개인으로 먹고 사는 일이 점점 힘들어지는 요즘 세상이니, 서로를 배려하는 협동의 경제를 일군다는 것은 참으로 바람직하고 희망적인 일이다. 그래서 정신과 실력을 겸비한 실천가들이 많이 나와서 성공한 사회적기업, 지속가능한 협동조합들을 많이 만드는 것이 무엇보다 중요하다.

누구는 처음 바둑을 배우기 위해 바둑책 50권을 읽었다지만, 나는 이론보다 실전이 더 중요하다고 믿는 편이다. 협동기업을 꿈꾸는 이라면 이론서와 씨름할 시간에, 함께 할 사람들을 꾸리고 시장조사를 하고 사업전략을 고민하는 게 낫다고 생각한다.

그런 점에서 정관영의 『이제는 사회적경제다』는 사회적경제 조직의 성공비결을 전해주는 실용서는 아니다. 그렇기는 해도 이 땅에서 사회적경제가 발전하려면 우선 그것에 관심을 갖는 사람들의 층이 두터워져야 할 것이다. 그리고 무엇이든 이론과 지식을 통해서 접근하는 것이 더 익숙한 사람들도 있는 법이다. 『이제는 사회적경제다』는 사회적경제의 역사와 의미에 관해 체계적으로 공부하고 싶은 이들에게 적합한 안내서이다. 이제까지의 국가와 시장의 실패를 뛰어넘고자 출현한 것이 사회적경제라는 논지에서 제1장과 2장에서는 주요한 국가 이론과 경제학 이론들을 소개하고 있어, 이를 전공하지 않은 사람에게도 꽤 깊이 있는 상식들을 쌓을 수 있는 기회를 제공한다. 사회적경제의 개론서라고 하기에는 더러 전문적인 개념과 심층적인 서술을 담고 있어서, 정치경제학과 사회적경제를 두루 공부하고 싶은 사람들이 학습교재로 사용하면 좋을 책이다. 사회적경제를 익히는 게 급한 사람은 앞장의 이론적 지식들이 본론을 이해하는 데 필수불가결한 것은 아니니 제3장부터 읽어도 무방할 듯하다.

젊은 날, 가난한 사람들의 사회운동과 복지사업에 참여했던 저자가 해외유학을 하면서 사회적경제의 가능성에 신선한 충격을 받았다고 하니, 우리도 이 책의 부제처럼 '지역과 사람을 살리는' 대안으로서 사회적경제에 희망을 가져볼 일이다.

사회투자지원재단 부설 사회적경제연구센터 소장
신 명 호

PREFACE

"새로운 시대, 희망의 경제를 말하자"

지난 30여 년간 시장만능을 외쳐온 신자유주의가 세계화 구호를 내세우며 이룩한 전 지구적 자본주의화의 결과는 미국 금융위기와 이에 따른 유럽 재정위기에 이어 경제공황 우려까지 낳고 있다. 1930년대 대공황 이후 최대의 경제위기를 겪고 있는 전 세계가 '자본주의 구하기'에 나서고 있고 다양한 대안경제가 제시되고 있다. 이러한 지금의 글로벌 경제위기 국면에서 한국도 자유롭지 못하다.

위험수위를 넘어선 가계대출 부실화 위험성과 주택가격 하락으로 인한 부동산 담보대출 위기, 경제성장률의 지속 하락 전망 등은 한국사회의 미래를 어둡게 만들고 있으며, 더욱 속도가 빨라진 인구의 노령화도 잠재 성장률을 낮게 만드는 주요 원인이 된 지 오래다.

이 책을 집필하면서 사회적경제를 이해하기 위한 논리적 구조를 세우는데 '사회적경제' 영역만이 아닌 '국가'와 '시장' 영역을 포함했다. 이유는 한국에서 사회적경제가 시작되고 발전하는 경로와 과정이 유럽에서의 그것과 많은 차이를 갖고 있기 때문이다. 사회적 경제를 제3영역의 내부적 현상으로만 보기보다 이를 둘러싼 정치와 사회경제사 흐름 속에서 파악해야 사회적경제의 시대적 의미를 제대로 이해할 수 있다.

유럽은 현대사회의 정신적 지주를 이루는 원초적 뿌리로서 수많은 사상 · 문화유산을 남겨준 로마제국시대를 거쳐 경제사적으로 봉건제 생산양식 사회를 경험했다. 중세기 르네상스를 이룩하면서 계몽사상의 영향을 입은 중상주의가 봉건제를 붕괴시켰고, 상업활동으로 자본의 본원적 축적이 이루어지면서 맹아적 자본주의가 시작됐다. 또한 정치적으로도 시민혁명을 거치면서 자본주의 생산양식에 조응하는 근대국가를 이룩했다.

유럽에서 사회적경제의 태동과 발전은 선험적으로 경제적 자본주의와 정치적 민주주의의 병행발전이라는 역사적 경험과 맥을 같이 한다. 15세기에서 16세기 상업의 발전으로 교역이 증가하면서 도시의 번영과 함께 시장이 형성되었다. 도시지역에서는 화폐거래를 통해 부를 축적한 신흥 특권계층이 새로운 사회질서를 구성하기 시작했으며, 당시 지배권력인 절대왕정에 협조하거나 대립하며 성장해갔다. 이후 분업과 생산기술의 발전으로 대규모 공장생산이 이루어지고, 노동자들의 과잉노동과 저임금을 통한 자본가들의 극심한 착취, 아동 및 여성들의 장시간 노동, 열악한 노동환경, 대가족 중심의 봉건제 농업구조에서 도시중심의 임노동 형태에 따른 소가족으로의 가족형태 변화, 안정적인 임노동을 위한 고용보장시스템의 부재, 실업으로 인한 생계문제, 빈곤층 증가 등 다양한 사회문제들이 발생하기 시작했다.

1789년 프랑스 시민혁명을 통한 자유, 평등, 박애 이념이 새로운 사회체제에 걸맞는 사상으로 전파되면서 노동자들의 의식도 많은 변화를 겪는다. 19세기 사회주의 사상은 자본과 임노동이라는 사회계급 관계를 새롭게 바라보는 과학적 분석틀이 되었고, 다양한 정치조직들이 결성되면서 새로운 사회로의 이행을 위한 정치투쟁으로 이어졌다.

18세기 말 우애조합으로 출발한 노동자 자조운동(self-help movement)은 19세기로 이어지면서 다양한 협동조합운동으로 발전했다. 자본이 없는 노동자들이 착취를 덜 받기 위해 노동자협동조합을 결성했고, 비싼 생활필수품을 공동구매로 값싸게 구입하기 위한 소비자생활협동조합을, 담보물이 없고 지불능력이 없는 노동자들이 급한 돈이 필요할 때 돈을 빌려주는 신용협동조합을 만들었다. 갑작스런 질병이나 사고 등에 대비해 공제조합도 결성했다. 이렇게 19세기 유럽 사회적경제의 중추를 이룬 협동조합은 노동조합조직의 발전과 확대, 다양한 사회적 위험에 대비하는 자조단체들의 등장과 함께 발전해갔지만, 19세기 말 독일제국 비스마르크 수상의 사회보험법 제정으로 시작된 사회보장제도가 각 국으로 확대되면서 국가에 의해 제도적으로 흡수되어 그 규모가 줄어들었으나 협동조합운동은 계속 이어져갔다.

초기 자본주의 발생과 근대국가의 경험 속에서 시작된 유럽의 사회적경제는 근대 사회구성체계의 중요한 두 축인 국가와 시장의 상호관계 속에서 발전해온 역사를 바탕으로 한다. 이미 유럽의 사회적경제는 봉건제 붕괴와 초기 자본주의 발전역사 속에서 잉태되어 나름의 사회사상적 토대를 만들어갔고,

이러한 토대 위에 다양한 정치적 사건 속에서 치열한 부침을 이루며 형성되어왔다. 사회적경제는 자본주의 경제체제 내에서 시작되었지만 19세기 들어서는 사회주의와 동일한 의미로 이해되었다. 경제공동체로서 사회적경제는 협동조합, 공제조합, 결사체 등에서 이루어지는 경제행위이며, 이윤보다는 공동체 구성원들의 '사회적 필요'를 채우는 것을 우선적인 목표로 하고, 공동의 목적달성을 위한 민주적인 의사결정과정 구조, 자본의 소유가 아닌 공동소유와 노동을 우선에 두었다. 이 당시 협동조합 중심의 사회적경제는 공동체 안에서 살아가는 사회경제적 약자들이 사회적 욕구를 해결하고 인간다운 삶을 이루기 위한 잔여적 사회복지제도라고 볼 수 있다.

유럽국가들과는 달리 한국은 일제 식민지를 거치면서 자본주의 경제체제가 강제이식되었다. 한국에서의 자본주의 발전은 서구의 경험처럼 이전의 낡은 사회경제체제의 모순 속에서 새로운 사회를 지향하는 정치사상의 발전과 시민혁명을 통해 민주주의를 이룩한 '근대성'에서 출발한 것이 아니었다. 저개발국가들에서 나타나는 일반적인 현상처럼 억압적이고 권위적인 독재정권이 이끄는 국가주도 계획형 경제개발이라는 '한국식 근대화'가 그 자리를 대신했다. 재벌중심의 수출주도 경제는 내수기반을 취약하게 만들어왔고, 1990년대 김영삼 정부의 세계화 정책으로 인한 무차별적인 개방정책은 재벌기업의 무리한 해외진출과 설비확대를 위해 끌어들인 외자에 발이 묶여 결국 1997년 외환위기를 맞았다. 김대중 정부와 노무현 정부의 연이은 신자유주의 정책기조의 국가운영은 이명박 정부 들어서 더욱 왜곡·심화되었다. 이명박 정부는 비즈니스 프렌들리를 내세우며 낙수효과(trickle-down effect)를 위해 수출주도 재벌기업의 이윤을 극대화하기 위한 고환율정책을 펼쳤으나 결국 소득 양극화와 가계부채 증가라는 결과만 가져왔다. 한국에서는 민주주의 성장과 국가의 역할 – 복지국가모델 – 이라는 정치사회적 조건과 과제 속에서 사회적경제가 시작되고 있다.

2007년 '사회적기업육성법'이 제정된 이후 사회적경제에 관한 논의가 점차 지평을 넓혀가고 있다. 정부도 사회적기업이라는 단일조직 형태의 설립과 운영을 넘어서 사회적경제 영역에서의 조직적 활동의 전망을 내보이며 여기에 협동조합, 마을기업, 자활공동체 등 제반 사회적 목적을 갖고 경제활동을 수행하는 풀뿌리 기업형 조직을 묶어가고 있다.

그동안 사회적경제 논의를 돌아보면 이론의 뿌리가 되는 이념과 철학에 대한 논의가 거의 없었다고 해도 과언이 아니다. 사회적경제가 사회적 약자와 서민들의 희망이 되기 위해서는 현실의 문제를 통찰할 수 있는 '분석틀'이 되어야 한다. 또한 그동안 사회적경제 영역에서 거의 논의되지 않았던 국가와 시장에 관한 주제에 대해서도 더욱 활발한 토론이 있어야 할 것이다.

〈제1장 국가의 이해〉에서는 국가의 기원과 역할에 대해 논의하고자 한다. 1절은 역사적으로 중요한 사상가들의 국가에 대한 개념 정의, 자본주의 태동과 근대국가와의 관계, 이후 자본주의 발전에 따른 국가형태로서 복지국가의 기원에 관한 내용을 담았다. 2절은 유럽 복지국가 발전의 추진체인 사회정책의 발전과 복지국가의 형성에 관한 내용을 다룬다. 3절에서는 1970년대 발생한 두 번의 오일쇼크와 경기침체, 1980년 이후 신자유주의의 등장으로 인한 복지국가의 위기와 한국의 복지국가모델이 될 수 있는 독일과 스웨덴을 살펴보고 그 가능성을 탐색한다.

〈제2장 시장의 이해〉에서는 현대 자본주의 시장경제의 구성요소인 '자본'과 작동원리인 '이윤'에 대한 정치경제학적 분석을 통해 시장경제 메커니즘을 이해한다. 1절에서는 고전파경제학의 중심테제인 '시장'에 관한 내용이다. 자율적 경쟁을 통해 개인의 자유를 보장하는 시장이 과연 인간에게 어떤 의미가 있는지 살펴보고 시장의 실패가 불러온 결과에 대해서 논하고자 한다. 2장은 시장이 어떻게 기능하는지 정치경제학적 분석을 통해 자본주의 구조적 모순인 공황(경제위기)에 대해 살펴본다. 3절에서는 위기의 시기를 맞고 있는 지금 효율성과 개인의 자유를 기치로 시장의 합리적 기능을 강조해온 자유주의 시장자본주의가 우리에게 어떤 의미이며, 대안경제 패러다임인 사회적경제가 어떻게 새로운 사회질서를 만들 수 있을지에 대한 고민을 담았다.

〈제3장 사회적경제의 이해〉는 국가, 시장과 함께 다원경제를 이루는 한 영역으로서 사회적경제에 관한 전반적인 내용이다. 1절은 사회적경제의 발전과정, 개념, 조직의 발전과정에 대한 역사적 흐름을 살펴본다. 2절에서는 사회적경제의 사회철학적 기초와 이념에 관한 내용을 담았으며, 이론적 접근과 정책적 함의를 살펴봄으로써 '한국형 사회적경제'에 대한 이론적·실천적 논의의 틀을 나름대로 구성했다. 이 부분은 독자들의 많은 건설적인 비판과 발전적 논의를 필요로 하는 부분이다. 또한 낡은 제도를 바꾸는 '진보적' 성격을 가진 사회적경제가 국가권력, 시장권력과 함께 시민중심의 '사회권력'으로의 성장 가능성에 대해 살펴본다. 3절은 '지역'을 기반으로 하는 사회적경제가 지역발전을 위한 동력으로 자리매김 되기 위한 실천적 영역의 토대가 되는 지역발전 정책과 국내외 사례를 들었다. 특히 사회적경제의 발전을 위한 외적 조건으로서 한국 사회의 정치개혁과 시장개혁에 관한 제언을 담았다. 4절에서는 사회적경제와 복지영역과의 결합을 통해 새로운 복지국가 패러다임을 만들 수 있다는 가설을 제시한다. 시장과 국가 사이에서 사회적경제가 어떻게 사회발전의 새로운 동력이 될 수 있는지, 지역을 기반으로 사회적경제가 창출하는 '중간노동시장'에 대한 중요성과 사회적 욕구를 갖고 있는 지역주민의 자발적인 참여를 통해 '지역사회'에서 '일'과 '복지'가 융합된 '복지마을' 구축에 대한 비전을 제시한다. 전통적 복지국가체제의 변화와 새로운 복지환경이 조성됨에 따라 '사회적경제와 복지의 융합'이 새로운 대안임을 제시한다.

이 책을 통해 독자들과 나누고자 하는 것은 아직도 많은 사람들에게, 특히 사회적기업, 협동조합, 자활공동체 등에서 종사하는 분들에게조차도 생소한 단어인 사회적경제가 과연 한국사회 개혁의 새로운 대안으로 성장할 수 있는지에 관한 가능성이다. 이러한 가능성을 위해 많은 분들과 만나 대화를 나누며 실천적 활동을 펼치고 있지만 여전히 부족함을 느낀다.

이 책을 집필하는 동안 졸고에 대해 많은 의견과 도움을 주신 분들에게 감사의 마음을 전한다. 도시빈민과 지역운동에 관한 오랜 연구활동을 통해 사회발전의 큰 축을 이끌어 오신 사회투자지원재단 사회적경제연구센터 신명호 소장님께서 부족한 글이지만 기꺼이 추천사를 써주심에 큰 감사를 드린다. 경기복지재단의 '복지마을' 연구 프로젝트를 진행하며 많은 통찰을 주신 전 경기도장애인복지관 최 영 관장님, 2011년 봄부터 사회적경제 모임을 만들어 꾸준히 이끌어 오고 계신 우만종합사회복지관 강근수 관장님, 힘들 때마다 학문적 발전을 위해 많은 도전과 용기를 주신 서울기독대학교 사회복지학과 김형태 교수님, 월드비전 글로벌사회복지연구소 김재환 박사님, 협동조합의 새로운 사회복지 가능성 영역에 대해 함께 고민을 나누는 루터대학교 사회복지학과 노승현 교수님, 김민석 교수님께도 감사를 드린다. 협동조합과 사회복지의 환경변화에 관한 주제로 많은 논의를 해오는 경기복지재단 이상무 박사님과 양희택 박사님과 올해 초부터 시작한 사회적경제 강의를 경청해주시고 사회적경제 현장에서 열심히 활동하시는 경기복지시민연대 대안지역복지실천위원회 회원들께도 감사의 뜻을 전한다. 끝으로 도서출판 공동체 김동근 전무님의 배려가 없었다면 이 책이 세상에 나오지 못했을 것이다. 아빠의 뜻대로 모든 것을 결정한다고 늘 꾸지람(?)을 하지만 항상 응원을 아끼지 않는 사랑하는 딸, 예슬에게 더욱 큰 고마운 마음을 전하며, 두 아들을 위해 항상 기도해주시는 홀로 계신 어머님께 늘 빚진 마음을 갖고 살아가면서 작은 보답으로 이 책을 드린다.

작금 위기의 한국 사회가 필요로 하는 새로운 희망이 어떤 것인지 고민하는 많은 사람들과 생각을 나누고자 집필했지만 내용이나 구성에서 부족한 부분이 많아 책을 내놓기에 부끄럽기도 하다. 한국에서의 사회적경제는 이제 태동기이지만 불안의 시대를 살아가는 서민들에게 희망을 선사하는 복음이 되어야 한다. 앞으로 한국의 특수한 역사적 · 사회정치적 · 문화적 조건들을 반영하는 '한국형 사회적경제'가 이루어지고 지역에 뿌리내릴 수 있도록 더 많은 풀뿌리 경제주체들과 깨어있는 시민들이 자발적으로 참여하는 '협동과 연대의 공동체'가 더욱 많아지기를 희망해본다.

2013. 1.
칠보산 자락에서
정관영

CONTENTS

CONTENTS

제2장 시장에 대한 이해

CONTENTS

CONTENTS

CONTENTS

CONTENTS

CHAPTPER

01

국가에 대한 이해

chapter Ⅰ

이제는 사회적경제다

01 국가에 대한 이해

제1절 국가 유형과 복지국가의 기원

1 최초 국가의 기원 – 국가는 정의로운가

초기 국가의 발생 : 플라톤의 「국가」

인류 역사를 거슬러 살펴보면 인간은 국가라는 조직을 의식적으로 만들어 살지 않았다. 고고학적 분석에 의하면, 인간은 약 1만여 년 전부터 국가조직을 구성하여 살아온 것으로 추정된다. 최초의 국가는 근동지방이나 이집트・중국 등 농경지역에서 발생한 것으로 보이고, 초기 국가는 대체로 종교기능을 담당하는 부족이나 인물이 통치하는 작은 정치조직이었으며 조공을 바치는 주변의 작은 부족들로 둘러싸여 있었다. 중국은 3,500년 전 매우 체계적인 관료조직으로 구성된 부족국가를 형성하여 지배와 보호, 수탈과 재분배의 혼합적인 교환방식을 통해 주변 부족국가들을 지배했다.

BC 10~5세기경 그리스에는 도시국가 형태의 폴리스(polis)[1]가 등장했다. 폴리스는 대체로 지리적 조건에 의해 형태와 규모가 결정되었는데, 대부분이 소규모 자치도시형태의 정치구조를 갖고 있었다. 이 폴리스는 외부

1) 폴리스(polis)는 고대 그리스의 도시국가를 의미한다. 폴리스는 자유와 자치를 통치의 이상으로 보았고, 시민은 종족 및 종교공동체의 일원이면서 국가공동체 일원으로서 모두 정치와 군대에 종사했다. 폴리스는 다양한 유형이 존재했는데 대표적인 예가 아테네이며, 그 민주적인 조직체계는 다른 폴리스들에게 많은 영향을 주었다. 폴리스는 계속된 대립과 항쟁, 내부 당파싸움 등으로 인해 BC 4세기에 쇠퇴하기 시작했다.

에서 이주해온 가족이나 종족이 통합되면서 발달했고, 강한 응집력을 가진 국가조직이라기보다 친족·동료·군대 등으로 연결된 느슨한 형태의 네트워크였다. 그럼에도 일정한 공간을 점유하여 영토를 이루고 법에 의한 지배를 통해 시민권을 부여하고 있었다는 점에서 근대 국민국가와 유사하다.

이 시기 그리스 철학자 플라톤(Platon)은 폴리스를 배경으로 한 대화록 「국가」를 통해 '정의'와 '국가'의 문제를 제시한다. 사실 플라톤이 「국가」를 통해 보여주는 핵심은 '어떻게 사는 것이 잘 사는 것인가'에 관한 것이었다. '잘 사는 것'은 결국 '정의'와 연결되며, 정의는 올바른 어떤 것이고 그 올바른 것이 이루어지는 국가, 즉 이상국가를 의미한다.

플라톤(Platon, BC 427~BC 347). 그리스의 철학자. 소크라테스의 제자. 철학적 대화편을 저술했으며, 아리스토텔레스의 스승이다. 아리스토텔리스가 공부한 아테네에 아카데메이아를 세웠다. 그가 이성우위의 전통을 가진 서양철학에 미친 영향은 매우 크다.

「국가」는 '올바름(정의)'이란 무엇인지를 물으면서 시작된다. 플라톤에게 정의로운 국가는 올바른 국가로서 완성된 국가를 의미한다. 플라톤이 「국가」에서 말하는 국가의 의미는 그리스어로 폴리테이아(Politeia)로 폴리스의 정치체제나 폴리스에 거주하는 사람들의 삶의 양식, 그리고 폴리스 그 자체를 의미하는 단어다. 정확하게 말하면, 폴리스는 도시국가이며 국가는 정치체제를 뜻한다. 이 도시국가는 근대적 의미의 국가와는 전혀 다른 뜻을 갖고 있으며, 그리스인들이 발전시킨 최고형태의 공동체로서 '도시국가'의 의미를 담고 있다.

플라톤은 국가의 발생에 대해 아주 단순하게 답한다. 사람들은 누구라도 제각기 흩어져서 살아가면 자급자족할 수 없고 때문에 많은 사람의 손이 필요하므로 국가가 생겨났다. 또한 사람들은 다양한 욕구를 갖고 있으며, 그 욕구를 충족시키기 위해 다른 사람의 도움이 필요했다. 이렇게 많은 사람들이 서로의 욕구를 위해 모여 사는 공동생활체를 '국가(polis)'라 부르게 되었다. 플라톤은 국가 성립 기원에서 인간을 본성적으로 도시국가적 존재로 본다. 궁극적으로 국가는 인간의 본성에 기초해서 자연적으로 생겨난 산물인 것이다.

국가 기원에 관한 근・현대 사상가들의 주장－계약설, 계급설 등－들과 비교해 볼 때 플라톤의 주장은 특별해 보이지 않을 수 있다. 그러나 당시 그리스인들의 지배적인 사유체계였던 '신화(myth)'의 의미로 보면 국가는 신의 뜻에 의해 세워지는 조직임을 알 수 있다. 예를 들면, 유명한 비극무대인 테베는 신탁에 따라 암소를 쫓아간 카드모스에 의해 세워졌고, 트로이의 경우도 트로이 왕가 일로스에게 하늘에서 팔라디온[2]이 떨어져서 세워졌다고 한다. 그러나 플라톤은 국가의 기원을 신의 뜻이 아닌 '인간이 가진 기본적인 욕구'를 토대로 설명한다(이병길, 2007). 이러한 플라톤의 국가 기원론은 우리에게 단순한 설명으로 여겨질 수 있지만 당시 플라톤 시대 이전의 국가 기원과는 완전히 구별된다.

국가 : 인간의 욕망과 정의(正義)의 문제

국가는 인간의 필요에 의해 만들어졌다. 그 필요는 생존을 위한 기본적 조건을 충족시키기 위한 공동체를 구성하는 요소였다. 플라톤이 말하는 최초의 국가 구성원들은 자신들이 생존하는데 필요한 것들을 스스로 생산하는 사람들이다. 플라톤은 먹을 것, 입을 것 등을 필요로 하는 사람들이 모여 최소단위 국가를 형성한다고 보았다. 사람들이 모여 다양한 재화들을 만

2) 팔라디온(Palladion)은 아테나의 유명한 여신 신상을 말한다. 이 신상이 트로이성 중에 있는 한 트로이는 함락되지 않는다는 신념이 있었다. 그것을 알고 그리스 측의 오디세우스와 디오메데스가 변장하고 성 안으로 들어가 팔라디온을 탈취해왔으나 트로이는 그래도 무너지지 않고 버텼다.

들어내면서 인간의 욕망도 더 세분화되고 다양해진다. 이렇게 여러 직업을 가진 사람들이 만든 재화를 서로 교환해야 할 필요성이 생긴다. 물품교환을 위해 화폐가 생겨나고 물품교환을 전문적으로 수행하는 상인도 생겨난다. 또한 의사, 화가, 음악가와 같은 직업도 생겨난다. 이렇게 다양한 직업을 가진 사람들이 서로 교환과 교류하는 과정에서 정의와 부정의의 문제가 발생한다. 인간의 욕심이 생겨나는 것은 목축이나 농사를 짓는데 충분한 땅을 소유하기 위해 이웃 사람들의 토지를 빼앗으려고 하기 때문이다. 그러나 욕망을 충족시키기에는 근본적으로 한계가 있다. 플라톤은 국가가 개개인의 기본적인 욕망을 충족시켜주기도 하지만 무분별한 욕망을 통제하는 존재로 보았다.

정의로운 국가는 국가의 목적을 규정하는 명제이기도 하다. 우리나라도 대통령 선거 때만 되면 여러 후보자들이 자신들의 국가통치 비전을 공약으로 제시한다. 그러나 어떤 후보가 대통령으로 당선된다 하더라도 국민 모두가 원하는 국가를 만드는 것은 쉬운 일이 아니다. 그럼에도 국가를 만들기 위해서는 분명한 목적을 세워야 한다. 이는 국가의 존립목적이면서 올바른 국가역할에 대한 규정이기도 한다. 그렇다면 가장 단순하면서도 일반적인 목적은 어떤 것일까?

플라톤이 말하는 국가의 목적과 정의로운 국가는 단순하면서 모든 사람이 동의할 수 있는 그런 내용이다. 즉, 구성원 모두가 최대한 행복해지도록 하는 것이 국가의 목적이며 정의로운 국가의 모습이다.

> "따라서 우리가 지금 생각하고 있듯이 행복한 국가를 만드는 것은 소수의 사람들을 따로 분리해내서 행복하게 하는 것이 아니라 온 국민을 행복하게 하는 것이네."(420c)(장영란, 2008 : 131 재인용)

국가는 특정 계층의 행복을 위해서가 아닌 모든 사람의 행복을 위해 존재한다. 그러나 사람들 각자가 갖고 있는 욕망은 각기 다르기 때문에 모든 사람을 만족시키기는 어렵다. 플라톤이 말하는 행복은 단순하게 욕망의 충족만을 의미하지 않는다. 여기서 행복은 저마다 자신에게 맞는 일을 하며 다른 사람들과 조화를 이루며 사는 것을 뜻한다.

그렇다면 국민들이 행복하지 않는 이유는 무엇일까? 플라톤은 국가의 타락−정의롭지 못한 모습−을 든다. 국가의 타락은 '부'와 '빈곤'의 문제와 연관된다. 이는 오늘날 국가의 보편적 기능인 소득재분배 이전에 부의 소유와 집중에 관한 문제로 볼 수 있다. 플라톤은 지나친 부의 소유는 사치와 나태, 파멸을 불러오고 빈곤은 노예근성과 능력을 떨어뜨린다고 본다. 때문에 플라톤은 부와 빈곤 모두를 경계한다. 결국 재화의 생산과 소유 형태에 따라 국가와 개인이 타락하는 요인이 되며 정의로운 국가의 역할을 규정하는 사회경제적 기반이 된다.

2 근대국가의 정의

절대왕정에서 근대국가로 : 정치적 시민혁명과 경제적 산업혁명

국가의 기본 기능은 국가 구성원 간의 대립이나 갈등을 완화시키면서 사회적 통합을 이루며, 사회질서를 유지하고 외부의 침입으로부터 안전을 지키는 데 있다. 특정 영토 내에서 행사되는 국가의 보편적 관할권은 그 영토 안에 사는 모든 사람들이 국가의 법에 종속된다는 것을 의미한다. 이러한 국가개념은 근대에 와서 형성되었다. 중세 봉건제사회에서 유럽왕국들은 주민들의 안전을 제대로 책임지지 못했고, 때문에 국왕은 강력한 권위를 내세울 수 있는 처지가 못 되어 높은 수준의 충성을 요구하거나 강요하지 못했다. 주민들은 국왕보다 자신이 속한 지역(장원)의 봉건영주에게 더 큰 충성심을 보였다.

농노제와 가신제를 기초로 하는 봉건제는 일정한 토지를 갖고 있는 봉건 영주와 신하 간에 다양한 형태의 계약·동맹관계 구조로 이루어졌는데, 이 봉건제하에서 대부분의 왕은 명확한 영토 구분이나 실질적인 영향력이 없었고, 다양한 통치형태가 공존하는 사회질서를 이루고 있었다. 16세기 들어 봉건 영주들을 통합하고 교회 지배권을 억누른 강력한 왕이 등장하면서 봉건제 질서의 변화가 시작되었다. 절대군주가 된 왕은 계속되는 전쟁을 통해 정복과 약탈을 일삼았고, 여러 지방의 고유 전통과 문화를 해체하거나 흡수하면서 통일된 법제도를 실시하고 전국적 규모의 영토국가를 이루게 된다. 이런 강력한 중앙집권형태의 절대왕정시기에 중상주의 정책의 실시로 인해 상업이 발달하면서 맹아적인 자본축적이 이루어지기 시작했으며, 화폐에 의한 상품경제와 조세체계가 형성되고 자본주의의 기틀을 형성하게 된다.

정치체제로서 근대국가는 절대왕정의 군주들을 단두대의 사슬로 보내는 부르주아 시민혁명을 통해 등장했다. 16~17세기 유럽의 지배적인 국가형태였던 절대주의 국가는 17세기 말 영국을 시작으로 18세기에는 대부분의 서유럽 국가들이 국민국가로 넘어간다. 18~19세기 유럽 주요 국가들의 근대국가 형성 과정에서 나타난 공통점은 정치적 시민혁명이 발생한 뒤 기술과 경제가 완벽하게 결합된 산업혁명이 뒤따라 일어났다는 것이다. 영국의 경우 17세기 중반에 크롬웰 혁명[3]이 일어난 뒤 1750년대부터 1790년대에 걸쳐 산업혁명이 시작된다. 시민혁명과 산업혁명이 대략 백년의 시간차를

3) 올리버 크롬웰(Oliver Cromwell)이 이끈 의회군이 왕정파를 이기고 영국 사상 최초로 공화정 시대(1646-1660)를 열었다. 국내적인 혼란과 반항이 심하게 일어나는 상황에서 강력한 권력을 얻기 위해 올리버 크롬웰은 무기력한 의회를 무력으로 해산(1653. 4)시키고 지명으로 신의회(Barebone)를 세웠다가 다시 해산시키고 자신이 독재권을 갖는 신 국가를 수립하게 되었다. 군 내부 지지자들을 통해 통치장전(統治章典, Instrument of Government, 1653)을 만들어 자신은 종신호국경(Lord Protector)이 되었다.

두고 발생했다. 프랑스혁명은 1789년에 일어났고 산업혁명은 1830년대부터 시작되었다. 약 40~50년의 시간간격이 있다. 독일에서는 왕의 목을 치는 일은 없었지만 그와 견줄 수 있는 정치적 사건은 1848년 2월 혁명이었다. 독일의 산업혁명은 영국과 프랑스보다는 늦은 1870년대부터 시작되었는데 시민혁명과 산업혁명의 시차는 대략 30년 정도의 차이가 있다. 세 나라의 예에서 보듯 근대국가 등장의 역사적 배경에는 정치적 시민혁명과 경제적 산업혁명이 연관성을 갖고 있다.

근대로 들어서면서 도시국가(polis)나 중세의 왕국(realm), 제국(empire)과 다른 새로운 개념인 '국가(state)'가 등장하기 시작한다. 15세기 말부터 서유럽에는 새로운 종류의 정치적 결사체(association)가 등장했고, '국가'라는 새로운 사회적 현상에 대한 적합한 용어를 찾기 시작했는데 영어로는 state, 프랑스어의 état, 독일어의 Staat라는 단어를 사용하기 시작했다. 이 어휘들은 모두 라틴어의 status에서 유래된 단어들이다. 국가(state)라는 단어가 오늘날 사용하는 의미의 기본적인 법개념으로 자리를 잡은 것은 17세기 초 프랑스에서였다. 이때부터 국가의 의미는 단일 주권자가 지배하는 영토단위를 뜻하는 말이 되었고, 국가는 국왕에 충성하는 정부, 국왕의 생애와는 관계없이 유지되는 관료기구, 시민들이 합의한 공통의 주권하에서 정서적 일체감을 갖는 공동체 개념을 갖게 되었다.

16세기 말에 들어서면서 국가 개념이 중요한 정치적 개념으로 주목을 받게 되는데, 그 이유는 합법적 권위를 둘러싼 군주와 귀족의 갈등, 과도한 세금 부과와 사회적 의무에 저항하기 시작한 농민 반란, 무역과 상업으로 인한 시장의 확대, 인본주의를 앞세운 르네상스의 번영, 가톨릭교회 권위에 대한 도전으로 시작된 종교개혁과 그로 인한 종교분쟁 때문이었다.

근대국가 등장은 계몽주의 사조에 의해 형성되었고, 계몽주의 영향으로 국가 개념이 국민을 넘어 인류라는 이념까지 확장되었다. 근대국가는 개인에게 정해진 행동이나 가치를 강요하는 권위체계다. 근대 정치사상의 대부분은 근대국가라는 정치현상을 정당화하거나 대립되는 문제들을 중심으로 되어있다. 근대국가는 봉건 영주들의 통치지역인 장원을 흡수・통합하는 과정에서 발생한 결과물이며, 신성로마제국과 같은 중세시대 제국과 왕이 다스리던 왕국의 붕괴로 나타난 산물이기도 하다. 중세시대를 특징지어온 거대한 제국과 왕국은 각 지역의 봉건 영주들을 중심으로 유지되어왔으나 점차 이 제국과 왕국들이 무너지면서 통치권한이 약했던 군주나 유력한 영주들이 특정 지역을 통합하면서 근대국가가 모습을 나타낸 것이다.

장 보댕(Jean Bodin) : 근대 군주주권론

봉건제 유럽사회가 16세기 이후부터 근대적 발전단계로 접어들면서 봉건 영주 중심 지역이 통합되고 이를 다스리는 절대왕정체제가 수립되게 된다. 영토를 통일하면서 행정, 군사, 사법 등에서 강력한 중앙집권을 이루게 되고, 이전에 봉건 영주의 통치를 뒷받침하며 구시대의 권위를 정당화해온 역할을 한 '자연'이나 '자연법사상' 대신 왕의 존재와 권력을 합법화할 수 있는 새로운 정치사상을 필요로 하게 되었다.

장 보댕(Jean Bodin, 1530~1596), 프랑스의 종교전쟁기의 법학자・사상가. 리옹의 로마법 교수였으며, 화폐수량설과 중상주의를 주장하며 경제사상 사적으로 지대한 영향을 주었다. 프랑스 절대왕정의 이론적 기초를 만드는 데 중대한 역할을 했으며 근대 주권국가이론을 다듬은 정치학자로 칼뱅파 위그노에 속했다.

프랑스에서는 루이 13세에 의해 절대왕정 국가가 수립되는 과정에서 왕정통치 이념으로 '국가이성'을 내세웠고 이에 많은 귀족들이 왕권의 독립성을 인정하며 왕정에 참여하게 된다. 뒤이어 왕위에 오른 루이 14세는 "짐이 곧 국가다"라는 말로 직접통치를 하며 왕권을 강화시켰다. 당시 왕정이 강력한 왕권을 수립할 수 있었던 데에는 중세 법률가들이 제기한 '주권 개념'의 사상적 기반이 있었다. 법률가들은 국왕의 권력을 네 가지 개념-통치권, 존엄, 권위, 입법-으로 뒷받침했는데, 이론적으로 절대왕정은 국가의 모든 권력이 국왕의 배타적인 권위에 의존하며 오직 그 국왕의 권위에 의해 행사되는 통치방식을 의미한다. 국왕으로 대표되는 절대왕정과 국가와 공동체라는 국가이성이 합쳐지면서 국가와 왕을 일치시키는 것으로 나아갔다. 귀족의 반란이나 조세반란과 같은 절대왕정에 대한 저항도 있었지만 국가는 국가이성을 앞세워 대응했고, 이런 저항들은 결국 국가이성 앞에서 사라지게 되었다. 절대왕정을 통해 국가 개념이 형성되고, 국가이성의 강화로 점차 근대국가의 토대를 만들어가게 된다.

근대국가가 형성되어가면서 많은 정치사회사상가들이 근대국가에 대한 자신들의 주장을 피력하기 시작했다. 장 보댕은 프랑스 종교전쟁 시기를 겪으면서 국가만이 사회질서를 수립하고 유지역할을 할 수 있으며, 국가는 주권을 갖고 있을 때 성립할 수 있다는 '국가주권론'을 주장했다. 강력한 군주론을 주장한 보댕은 「국가론」에서 국가가 존재하는 진정한 목적이 무엇인지 밝히고 그 목적을 이루기 위한 수단을 찾고자 했다. 보댕은 "국가란 다수의 가족과 그들의 공유물로 이루어진, 주권에 의한 정당한 통치"(Bodin, 임승휘 역, 2005 : 23)라고 정의한다. 1517년 일어난 종교개혁이 유럽 전역으로 퍼져나가면서 프랑스에서도 전통적인 로마 가톨릭 세력과 프로테스탄트 세력 간의 갈등으로 인한 무력충돌이 계속됐고 이는 30여 년이 넘는 내전으로 치달았다.[4] 이 종교전쟁은 프랑스라는 국가체계와 왕정의 존립을 위협

4) 위그노전쟁(1562-1598)을 말한다. 위그노는 프랑스 개신교 신자를 의미하며, 개신교 신자 대부분이 상공업자였는데, 직업소명설을 주장하는 개신교의 교리에 영향을 받았기 때문이다. 위그노전쟁은 로

할 정도로 근본 질서가 흔들리는 대격변이었다. 보댕은 이러한 역사적 위기 속에서 국가에 대한 자신의 생각을 구상했고, 국가의 본질에 대한 근본적인 질문으로부터 시작하여 정치적 대안을 제시했다.

위그노전쟁(1562~1598). 로마 가톨릭교회와 개신교회의 종교전쟁. 개신교회가 종교자유를 요구하며 시작된 내전이었으나 상공업자 등 신흥 부르주아 세력이 주축이 된 구체제에 대한 사회적 저항이기도 했다.

보댕은 '주권'에 의한 정당한 통치를 주장했는데, '주권'은 국가를 존재하게 하는 핵심이며, 여기에는 국가의 법체계를 명령한다는 내용을 담고 있다. 그가 제시한 주권 개념은 국가를 둘러싼 장막을 걷어내는 동시에 권력에 대한 법의 승리와 봉건 영주들의 분할통치에 대한 통일적이고 중앙집권

마 가톨릭교회에 대한 종교개혁의 영향으로 성장한 프로테스탄트가 내세운 종교의 자유가 명분이었지만 상공업에 종사하던 신흥 부르주아세력이 앙시앵 레짐(Ancien Régime, 부르주아 혁명 이전의 15~18세기 구체제)에 반발한 것으로 본다. 로마 가톨릭교회가 귀족 등 구 기득권 세력과 결탁해 자신들의 기득권을 유지하면서 사회질서를 경직시키고 있었는데, 이러한 보수적인 신분사회는 신흥 부르주아에게는 커다란 걸림돌로 작용했다. 앙리 4세가 낭트칙령을 발표하면서 로마 가톨릭교회와 개신교회 사이의 종교분쟁은 종식되었다.

적인 국가를 이룩하는 토대가 되었다. 주권은 국가 안에 존재하는 권력의 표상이며, '유일주권'이 군주에 의해 구현될 때 국가질서가 자리잡으며 여기에 잘 부합되는 통치체제로 군주정을 지지했다.

보댕은 고대인들이 풍요롭고 행복하게 살기 위해 모여 만든 사회를 국가로 보는데, 이는 자연법에 입각한 적법한 통치가 이루어졌기 때문이었다. 그러나 여기에는 가족, 주권, 국가의 공공선이 빠져있기 때문에 국가의 주된 목적인 행복과 정의를 위해 부족한 이 세 가지가 필요하다고 보았다. 행복은 개인이 살아가면서 추구하는 근본적인 목표인 동시에 국가의 목적이기도 하다. 인간의 행복과 국가의 행복은 다르지 않다. 현명한 사람들은 완성된 인간과 훌륭한 시민을 따로 구별하지 않고 개인의 최고선과 국가의 최고선이 동일하다는 것에 동의한다. 결국 국가의 정당한 통치가 추구해야 하는 근본적인 목표로서 행복이 국가의 정점을 이룬다. 또한 행복과 함께 국가가 지향해야 하는 목표는 '정의'이다. 국가를 다른 공동체와 구별하는 기준이 '정의에 입각한 정당한 통치'이다. 정의는 훌륭한 국가의 본질이고 표상이며, 정의가 없으면 협약이나 평화를 체결할 때, 또는 전쟁을 비난하거나 공격을 위한 또는 방어를 위한 동맹을 맺을 때, 국경을 결정하고 군주와 주권 영주 사이의 문제를 해결할 때 취하는 행위는 어떤 정치적 의미도 없게 된다(Bodin, 임승휘 역, 2005 : 124).

중세기 혼란스러운 정치적 격변을 겪었던 유럽의 근대국가들은 물리적인 충돌 속에서 치열한 경쟁을 치르면서도 상대국의 주권을 인정하는 공존의 규칙과 규범을 만들어갔다. 보댕은 최초로 주권의 의미를 정치적 개념으로 정식화했다. 유럽의 여러 나라들이 내전으로 혼란을 겪고 있을 때 "오직 한 사람, 즉 국왕만이 주권을 갖는다"(Bodin, 임승휘 역, 2005 : 137)라고 주장했고, 국왕의 주권을 대내적 의미에만 국한했다. 대내적 차원에서 볼 때 주권은 국가가 가진 절대적이고 영속적인 권력이며 권력자는 주권의 행사자가 된다. 절대적 권력은 국가를 마음대로 다스리고 그 권리를 원하는 자에게 물려줄 수 있는 권한으로서 자신의 의사 이외에 다른 어떤 것도 개입되지 않는 절대성을 갖는다. 즉, 주권이 하나의 명령으로 기능하는 것이다. 그러나 국가의 명령권은 공적이기 때문에 주권을 가진 자는 공적 명령권을 갖게 되며, 이는 계약과는 다른 것이므로 복종해야 한다. 주권의 명령과 그에 대한 복종은 동전의 양면과 같지만 복종이 노예화를 뜻하는 것은 아니다. 주권을 가진 군주가 행사하는 공적인 정치권력이 국가의 가장 우선되는 원리이며, 주권 군주는 국가라는 배를 움직이는 선장인 것이다. 따라서 주권자는 법 위에 군림하는 법으로서 타인의 명령에 복종하지 않고 법을 제정하거나 불필요한 법을 폐지 또는 무효화하고 다른 법으로 대체할 수 있다.

그러나 권력의 절대성은 '정당한 통치'로 연결되어야 한다. 법에 의한 정당한 통치는 결국 주권자의 의지에 달려있다. 보댕은 당시 프랑스 국왕을 위해 봉사하는 정치가로서의 자신의 정체감을 분명히 하기도 했는데, 정치적 소용돌이 속에서 왕국이 겪고 있던 불행의 원인을 낡고 불합리한 제도에 있다고 보았다. 대내적으로는 낡은 법체제와 대외적으로는 교황령과 신성로마제국의 통치체제를 원인으로 보았고, 봉건제는 새로이 태어나고 있는 신흥국가들에게는 맞지 않는 제도라고 이해했다. 새로운 시대가 열리는 것을 감지한 보댕은 새롭게 바뀐 제도적 구조에 관해 연구하며 국가에 대해 존엄한 권위인 주권을 부여함으로써 국가의 정치적 자율성을 보장하고자 했다.

보댕이 제시한 근대국가의 특징 중 하나는 자연법이나 신법(神法)과는 완전히 분리된 주권의 명령으로서의 법의 개념이다. 법은 자연과 자연의 질서에서 나오는 것이 아니고 인간의 의지에서 비롯된다. 주권이 지배하는 것은 법이 지배하는 것이며, 이 법의 통치는 정의실현과 공평한 권리를 보장하는 것이다. 따라서 진정한 국가는 안정된 질서로서의 공공선, 즉 정의로움과 공평성이 실현된 국가를 의미한다. 보댕은 「국가론」을 통해 완전하고 세속적인 권력 개념을 토대로 국가에 대한 철학적・제도적 기초를 놓았다.

토마스 홉스(Thomas Hobbes) 「리바이어던」: 계약을 통한 국가의 성립

홉스는 중세시대 종교와 절대통치의 억압체제가 무너지면서 터져나온 인간의 원동력에 대해 지대한 관심을 갖고 있었다. 홉스는 일정한 공간에서 이익을 위해 경쟁하며 갈등하는 개인과 국가의 본질에 대해 파악하고 그 해결을 찾기 위한 새로운 정치사상을 만들고자 했다. 홉스 당시 지배적인 전통적 정치사상은 인간 사회에서 형성되는 정치질서에 의해 어떤 사건으로 통제되거나 이해될 수 없는 우연으로 만들어지는 것이었다. 그러나 자연과학이 발달하고 기계가 만들어지면서 고대의 '테크네'[5]를 대신하는 근대기술(technology)의 발전과 이에 따른 생산방식의 획기적 변화를 통해 세계 전체를 수량적으로 처리하는 새로운 이해도식이 나오게 된다.

토마스 홉스(Thomas Hobbes, 1588-1679) : 사회계약의 개념을 명시한 최초의 근대 사회철학자이다. 그는 서로 다투던 자연상태 속의 인간이 자신들이 갖고 있던 개인의 권리를 양도하여 주권을 창조했다고 보았다. 홉스는 국가의 이름을 리바이어던이라 불렀고, 이는 국가가 사회계약에 의해 창조된 인공적 산물이라는 점을 강조했다.

근대의 특성은 존재하는 모든 것을 대상화해서 파악한다는 점이다. 나와 타자(他者)의 관계는 타인과의 관계(정치・경제), 자연과의 관계(생산과정), 자기와의 관계(윤리 또는 정신)로 구현되는데, 이 세 가지 관계는 기계론적으로 혹

5) 그리스어의 '테크네'는 영어 technique과 독일어 technik의 어원이며, 회화・조각 등 여러 예술을 비롯하여 의학・건축법・변론술・요리법 등을 말한다. 대체로 인위(人爲)에 의한 산출에 대해 테크네라는 말이 적용되며, 그런 뜻에서 자연과 대립되기도 한다. 고대 그리스에서는 사람들이 수행하는 제작활동 일반에 따른 지식이나 능력을 테크네라는 말로 통칭했다.

은 방법주의로 이루어진다. 홉스는 인간을 타자와의 관계에서 대립이 발생되는 이기적 존재로 보았지만, 반면 이성적 존재로 간주되는 개인 주체는 국가와 정치를 만드는 존재이기도 하다. 인간을 자연상태로 두면 모든 사람이 모든 사람과 경쟁하는 만인 대 만인의 투쟁으로 나아가고 동물세계와 같이 약육강식이 지배하게 된다. 그러나 강한 사람은 소수이고 대부분의 사람들이 약자이므로 이들은 강자로부터 자신들이 보호받기 위해 계약을 체결한다. 일종의 사회계약을 맺기 위해 국가를 구성하게 된다. 홉스에 의하면, 국가는 사람들의 권리를 보호하는 기능을 한다. 즉, 국가 성립의 주요 목적이 우리 자신의 권리보호에 있다고 보는 것이다(Hobbes, 최공웅 · 최진원 역, 1988).

홉스가 말하는 자연상태는 근대 정치가 존재하기 이전의 상황이며 인간이 자신의 목숨을 보존하기 위해 치열하게 싸움을 벌이는 세계이다. 홉스는 정치공동체가 자연의 산물이 아닌 인간의 기술(art)을 통해 만드는 것으로 이해했다. 이는 정치경제체제와 같이 인간이 몸담고 살아가는 사회질서는 초자연적 의지가 아닌 인간의 의지로 만들어지는 것을 의미한다. 자연상태에 있는 인간은 매순간 공포심으로 불안한 삶을 살아가게 되지만 국가질서 안에 있는 인간은 이러한 공포심 없이 미래를 예견하며 안전하게 살 수 있다. 이러한 미래의식으로 인해 인간이 의미있는 정치행위를 할 수 있다. 홉스가 자연상태를 생각한 것은 아무런 국가적 조직이나 통제가 없이 인간의 이기적인 본성만 지배하게 될 때 어떤 상황이 벌어질 것인가를 그려보기 위한 가설이기도 하다. 결국 왜 국가가 필요한가를 주장하기 위한 논제였다. 인간이 이러한 자연상태에 그대로 놓이게 된다면 두려움과 공포만 있겠지만 사람들은 그 두려움과 공포를 해소하기 위한 방법을 찾게 될 것인데 그런 이유 때문에 국가가 필요하다는 것이 홉스의 주장이다.

사회계약론에서 국가는 처음 시민들의 동의에 의해 강제력을 갖게 된다. 강제력에 대한 동의는 법률 준수 문제를 야기한다. 최초에 국가의 성립에 동의한 시민들과 달리 후대 사람들은 자신이 살고 있는 국가의 법률에 명시적으로 동의한 적이 없다. 따라서 법에 불복종할 수 있는 여지가 생기게 된다. 홉스는 사회계약론을 통해 자신의 정치사상의 목표인 절대주권국가를 이끌어낸다[6]. 그러나 자연상태가 역사적 사실에 기반을 둔 것이 아닌 추론을 위한 가정인 것처럼 사회계약에 의한 국가 형성도 개인의 동의가 있을 때 국가가 만들어진다는 것을 강조하기 위한 논리적 절차였다. 홉스는 국가의 역사적 발전과정을 설명하거나 입증하기 위해서가 아니라 국가 형성에 이르는 과정을 설명하기 위해 사회계약을 제시한 것이다. 홉스는 국가를 자연적으로 존재로가 아닌 개인들에 의해 인위적으로 설립되는 것으로 보았는데 이는 인간의 주체성과 개인으로서 자아의식이 확립된 근대 초기부터 퍼지기 시작한 조류이기도 하다. 이것은 '인위적 국가(artificial state)'라는 개념이 시작되었음을 의미한다. 이로써 사회계약론이 인위적 국가 개념의 토대가 되고 개인이라는 개념이 정치적 의미를 갖기 시작했다.

근대국가이론을 살펴보는데 있어 오늘날 국가의 모습을 표현한 홉스의 '리바이어던'은 국가가 지닌 어떤 '능력'이다. 홉스의 사상을 통해 드러난 근대국가는 인간의 탄생에서 죽음까지 통제하는 기능을 한다. 홉스는 모든 사람의 권력과 힘을 한 사람이나 한 집단에 넘겨줌으로써 공통권력이 세워진다고 말했다. 사람들은 이 과정을 거쳐 인간을 모방한 리바이어던, 곧 국가를 만들게 된다. 리바이어던이 인간을 모방해 만들어진다는 것은 국가를 하

6) 사회계약이라는 개념을 바탕으로 절대왕권을 옹호한 홉스의 정치적 논제를 찰스 2세와 그 주변 참모들은 받아들이지 않았다. 시민들이 자신들의 생존을 위해 맺은 계약으로 왕이 권력을 얻는다면, 왕의 권력은 아래로부터 형성된 것이기 때문이다. 홉스는 왕이 절대권력을 가져야 한다고 결론을 맺었지만, 왕이 권력을 얻게 되는 과정에서 시민이 주체로 등장한다는 것을 수용할 수 없었다. 절대왕정은 홉스의 사회계약론 대신에 왕권은 신이 부여한다는 왕권신수설을 통치이념으로 수립했다.

나의 인격체로 본다는 의미이다. 홉스는 「리바이어던」 머리말에서 국가설립의 인위성을 강조한다.

> "한 걸음 더 나아가 기술(art)은 자연의 이성적이고 가장 뛰어난 작품인 인간을 모방한다. 이 기술에 의해 코먼웰스(Common - wealth)[7] 또는 국가(State), 라틴어로 키비타스(Civitas)라고 불리는 저 위대한 리바이어던(Leviathan)이 창조되는데, 이것이 바로 인공인간(artificial man)이다. 다만, 그것은 자연인보다 크고 힘이 세며 자연인을 보호하고 방어하도록 설계되어 있다"(Hobbes, 최공웅 · 최진원 역, 1988 : 16).

홉스의 국가론은 국가 형성과 국민의 의무와 권리에 대한 정당성 문제를 도덕적 규범에서 끌어오지 않고 현실적인 인간 본성에 대한 고찰과 분석을 통해 해명하려고 했는데 이는 이전의 정치사상이나 철학과 구분되는 중요한 지점이다.

막스 베버(Max Weber) : 폭력구조로서 국가

근대국가 성립과정에서 영토를 통합한 군주는 주권이라는 명목하에 중앙집권화된 절대권력을 쥐게 된다. 특히 새로운 주권국가는 개인을 법 앞에서 평등한 존재로 규정하며 주권 아래 결합시키는 역할을 하게 되었다. 이 역할을 뒷받침한 이론이 사회계약론이다. 주권국가의 역할 변화는 종교개혁 이후 일정한 단일 영토 안에서 종교적 · 정치적으로 다양한 집단이나 분파들 간에 일어나는 충돌들을 중단시켜야 하는 시대적 과제에 따라 이루어진 것이기도 하다. 상업의 발달로 새롭게 형성되는 도시들을 발판으로 맹아적인 자본주의 생산양식이 확대되고 외국 식민지 개척이 확대되면서 유럽

---

7) 홉스는 17세기 중반 프랑스에 망명하면서 이런 새로운 개념에 관심을 가진 듯하다. 홉스가 국가를 의미할 때 state 외에 즐겨 사용한 'commonwealth'라는 단어는 중세의 기독교 국가(Christian common - wealth)에서 비롯됐다. 이 '기독교 국가'는 보편적 복지를 위해 공동협력하는 단일조직의 공동 구성원을 일컫는 개념이다.

막스 베버(Max Weber, 1864~1920) 독일의 법률가, 정치가, 정치학자, 경제학자, 사회학자로서 사회학 이론, 특히 종교사회학 등의 분야에서 커다란 영향을 끼친 인물이다. 베버의 주요 저작들은 종교 사회학, 정치체제, 조직이론, 행위의 합리화 개념들을 다루고 있다. 대표적 저작인 「개신교 윤리와 자본주의 정신」에서 서방과 동방 문화가 각자 발전하는 방식의 여러 원인 가운데 종교가 한 요소였다고 주장하며 종교사회학의 지평을 넓혔고, 다른 저작인 「소명으로서의 정치」에서는 국가를 합법적 폭력을 독점하는 독립체로 규정했다.

경제가 활력을 띠게 되는 것도 국가의 역할 변화의 원인으로 들 수 있다.

초기 근대국가는 처음에 절대왕정의 형태로 나타났으며, 이는 귀족계층의 몰락과 함께 부를 축적하기 시작한 상인계층을 중심으로 하는 부르주아계급의 출현을 배경으로 한다. 절대왕정은 귀족과 신흥 상인세력들이 서로 대립하는 사이에서 권력을 유지했고 이는 유럽사회가 봉건사회에서 근대시민사회로 넘어가는 가교역할이 되기도 했다. 현대 모든 국가들이 공통적으로 갖고 있는 상비군이나 관료제, 조세제도 등의 권력수단은 근대국가에서 출발했으며 이러한 권력수단의 독점을 통해 사회질서 유지를 하는 역할을 수행하기 시작했다.

베버는 국가를 합법적 폭력을 독점하도록 주장하는 독립체[8]로 규정했는데, 이는 국가 이외의 개인이나 집단이 서로 간에 또는 국가에 대해 사적으로 행하는 폭력을 최소화하기 위한 방법이며, 그러한 상태를 유지하는 것이기도 했다. 즉, 개인과 집단의 이익이 최대한 실현되면서 갈등을 해결하기 위한 수단으로써 폭력 사용을 줄이는 것을 의미한다. 베버는 근대국가에 대해 다음과 같이 정의한다.

---

8) 막스 베버(Max weber)는 국가를 규정하는 중요한 요소로 폭력수단, 영토권, 주권, 입헌적, 비인격적 권력, 권위, 관료제, 시민권 등을 제시했다.

"사회학적으로 정치적 결사체나 국가를 정의하는데 있어서 그것이 수행하는 업무의 내용을 준거로 삼을 수는 없다. (----) 사회학적 관점에서 볼 때, 다른 모든 정치적 결사체들과 마찬가지로 근대국가란, 국가만이 하는 고유업무에 의해서가 아니라 그것이 고유하게 지니고 있는 특수한 수단을 준거로 정의될 수밖에 없는데, 그 수단이란 곧 물리적 폭력/강권력이다.(----) 물론 폭력/강권력이 통상적인 것은 아니며 국가가 의존하는 유일한 수단인 것도 아니다. 누구도 그렇게 말하지는 않는다. 하지만 폭력/강권력이 국가 특유의 수단인 것은 분명하다. 다른 어느 시기보다 오늘날은 국가와 폭력/강권력의 관계가 특히나 밀접하다. 과거에는 씨족사회를 필두로 해서 여러 결사체들이 물리적/강권력을 지극히 정상적인 수단으로 사용했다. 그에 반해 오늘날 특정한 영토 내에서-여기서 '영토'란 국가를 규정하는 또 다른 특징 가운데 하나인데-정당한 물리적 폭력/강권력의 독점을 (성공적으로) 관철시킨 유일한 인간 공동체는 곧 국가라고 하지 않을 수 없다"(Weber, 박상훈 역, 2011 : 109).

국가의 폭력성은 법제정과 함께 통치 메커니즘으로 이해된다. 베버는 국가의 기본적 속성으로 폭력/강권력을 들고 있다. 근대국가가 권력으로서 폭력이 정당화되는 이유는 국가의 성립이 개인들의 동의에 기반하고 있기 때문이다. 개인들이 근대국가가 폭력을 직접적으로 행사하는 것을 동의하는 것으로 해석할 수 없으나 한편으로 자신의 안전과 보호를 위해 국가를 만들고 위임한 것으로 본다. 국가가 폭력을 독점함으로써 사회질서와 안정을 유지해간다. 국가를 폭력의 독점체로 보는 베버의 견해는 근대에 와서 국가 이외의 다른 모든 조직체나 개인이 오직 국가가 정하는 범위 내에서만 물리적 폭력을 행사할 수 있는 것으로 제한되며, 국가는 폭력/강권력을 사용할 '권리'의 유일한 원천으로 간주되기 때문이다. 베버가 정의하는 '폭력의 독점'은 근대국가를 이루는 가장 중요한 근간이다. 이는 대내적으로는 사회의 평화와 안정을 유지하고, 대외적으로 생존과 독립성을 위해 폭력을 권리로 독점하려는 조직체계로서 근대국가의 기본적 특성을 규정한 것이다.

칼 마르크스(Karl Marx) : 계급국가론

칼 마르크스(Karl Marx, 1818~1883), 독일 역사학자, 경제학자, 철학자, 사회학자, 마르크스주의 창시자. 1847년 프리드리히 엥겔스와 공동으로 집필한 「공산당 선언」을 1848년 2월에 발표했고 1867년에 「자본론」 초판을 출간했다.

마르크스의 국가론은 역사발전을 계급투쟁의 과정[9]으로 보고 철학적 사유를 변증법적으로 이해하는 것에서 시작된다. 즉, 인류 역사의 진보는 원시공동체 사회를 시작으로 생산력이 발전함에 따라 이에 조응하는 생산관계가 형성되어온 계급투쟁의 역사로 본다. 낮은 생산수준의 사회에서 높은 단계의 생산력의 사회로 이행하는 과정은 생산력과 생산관계의 갈등이나 모순에서 비롯되며 이 과정에서 적대적 계급 간의 대립이 변증법적 발전을 거치며 인류 역사가 발전해왔다고 설명한다(Werke, Bd. 4, 1990).

마르크스의 변증법적 유물론에 의하면, 인간이 생산활동을 시작하면서 잉여생산물을 둘러싸고 만들어지는 소유관계의 변화가 새로운 사회로 이행하는 주요한 동인으로 작용한다. 따라서 근대국가의 출현은 인간의 의지와 계약을 통해 만들어진 것이 아니고 이전 사회구성체인 봉건제 생산양식에서 발생한 부르주아와 왕정 간의 계급투쟁의 산물이다. 마르크스주의의 국가 이해를 위해서는 유물론적 역사관, 노동과 소외 개념, 사회적 지배관계에 대한 분석, 자본주의 생산양식에 대한 비판적 분석 등의 이해가 필요하다.

9) "이제까지 사회의 모든 역사는 계급투쟁의 역사이다, Die Geschichte aller bisherigen Gesellschaft ist die Geschichte von Klassenkämpfen"(Werke, Bd. 4, p.462).

마르크스는 사회를 분석하는 데 있어서 '인간의 문제'를 철학적 사유의 가장 중심에 두었다. 근대 유럽 사상사에서 관념철학의 새로운 지평을 세운 헤겔의 영향을 받은 마르크스는 헤겔 사후 '현실을 철학으로 사유하는 것'을 목표로 하는 헤겔우파와는 달리 '철학의 실현'을 목표로 하는 헤겔좌파에서 활동했다. 이러한 마르크스의 사회발전에 관한 철학적 입장은 "포이어바흐에 관한 열한 번째 명제"에서 분명하게 나타난다.

> "철학자들은 세계를 단지 다양하게 해석했다. 중요한 것은 세계를 변혁시키는 것이다"(Werke, Bd. 3 : 7).

헤겔의 관념적 변증법을 유물론적 변증법의 사유와 실천체계로 승화시킨 마르크스는 1843년 집필한 「헤겔 국가법 비판(Kritik des Hegelschen Staatrechts)」에서 가장 중요한 국가와 국내법에 대한 비판적 생각을 분명하게 드러낸다. 헤겔은 「법철학」에서 국가를 '인륜적 이념'으로 설명했다. 그는 사회의 역사적 발전을 개인 → 시민사회 → 국가 순으로 진행되는 것으로 서술했고, 국가는 다시 법 → 도덕 → 인륜 단계로 이어지며, 이 인륜단계에서 '절대정신의 구현체'로서의 국가는 계약으로 이뤄진 시민사회의 모순을 해결할 수 있는 외적 계기로 작동한다. 보편적 이성(인륜)이 지배하는 국가단계가 시민사회의 불완전성을 해결하는 국가의 최종 완성단계인 것이다. 헤겔은 이러한 자신의 내용을 자신의 역사철학, 즉 '절대정신의 변증법적 자기구현'으로 설명하면서 당시의 프러시아 절대주의 국가를 자신이 말한 인륜단계의 예로 제시했다(Werke, Bd. 1 : 201-346).

그러나 마르크스는 「국가법 비판」에서 헤겔의 주장을 비판하고 시민사회와 국가 모두를 지양하는 공산주의를 말하기 시작했다. 헤겔은 국가를 시민사회가 갖고 있는 모순해결의 주체로 본 반면, 마르크스는 시민사회에서 그 모순해결의 동력을 찾고자 했다.[10] 마르크스는 「서문」에서 시민사회 내의 노동계급을 그 지양의 주체로 설정한다. 국가의 이념에서 시작해서 가족과 시민사회를 연역적으로 발전시킨 헤겔의 국가철학은 가족과 시민사회가 '국가의 실재적 부분' 또는 '국가의 실존방식'으로 설명된다. 그러나 마르크스는 이와 반대로 가족과 시민사회는 스스로 국가를 만들어가기 때문에 국가의 전제조건이 된다고 주장한다. 이는 헤겔의 국가철학에 대한 반명제로 국가는 추상적이며, 현실에서 살아가는 국민만이 구체적인 존재라는 것을 강조하는 것이다. 현실적인 정치생활의 유일한 구체적 기반이 국민이라는 마르크스의 생각은 '국민주권'의 원리로 국민 개념을 수용한다. 국가를 포함한 마르크스의 현실비판은 자본주의 생산양식하에서 '물질적 토대'가 시민들의 구체적인 삶의 기반이며, 이를 '토대'로 국가를 유지하는 지배구조인 정치, 법, 철학, 종교와 같은 '상부구조'가 형성된다. 경제적 생산양식을 의미하는 물질적 토대는 생산관계(자본가와 노동자)와 생산수단(기계, 공장, 토지, 재료 등)으로 이루어진 상부구조의 형상이다. 반면 상부구조는 정치, 종교, 대중매체, 교육, 가족 등으로 이루어지며 물질적 토대를 유지하고 정당화하는 이념체계를 의미한다(Werke, Bd. 3 : 26)〈그림 1 참조〉.

국가에서 인간의 존재양식이 사회의 경제적 이해관계에서 비롯된다고 보는 것은 상부구조에 대한 물질적 하부구조(토대)를 인과적 관계로 설명하기 때문이다. 어떤 사회의 발전단계에서든 물질적 생산력은 특정한 발전단계와 일치하며, 이러한 일치관계를 통해 그에 맞는 사회적 생산관계(공동생산과 물물교환, 노예와 지주, 농노와 군주, 자본가와 노동자)를 이루게 된다. 이러한

10) 헤겔은 시민사회와 국가를 서로 대립되는 것으로 인식했다. 국가는 보편적 원리에 기초하지만 시민사회는 사람들의 본능적이고 특수한 욕구들 간의 충돌로 인해 통제되어야 한다고 보았다. 그러나 헤겔과 달리 마르크스는 국가가 오히려 시민사회의 모순을 보존하고 강화시키는 것으로 보았다.

생산력과 생산관계의 조응방식을 생산양식(원시공동체, 노예제, 봉건제, 자본주의)이라고 부르며, 자본주의 생산양식 단계에서는 부르주아 계급이 생산력의 확대재생산을 위한 수단으로써 국가를 수립한 것으로 본다.

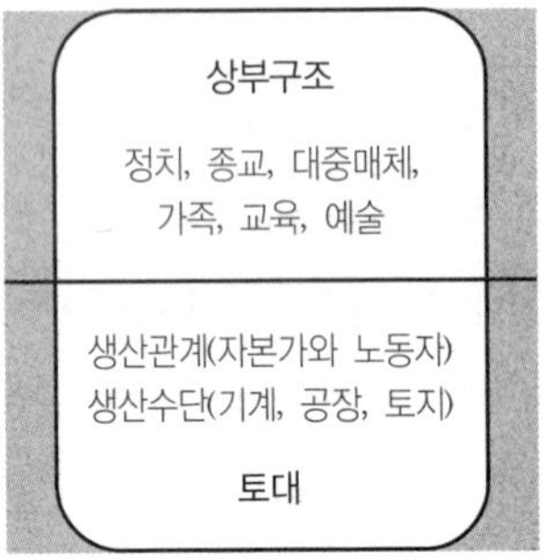

| 그림 1 | 마르크스의 국가구조분석

엥겔스는 「가족, 사적 소유, 국가의 기원」에서 "국가가 발생하게 되는 과정에서 가족단위의 노동력으로 생산한 생산물들을 교환 등을 통해 얻어진 생활품 이외에 잉여생산물이 생겨나면서 이를 유산으로 남겨주고, 새로운 재산을 취득하는 과정에서 사회적 승인을 갖추며, 소유계급이 비소유계급을 착취하고 지배하는 소유계급의 권리를 영원한 것으로 인정해 주는 제도로써 국가가 만들어졌다"(Werke, Bd. 21 : 105-106)고 설명한다. 엥겔스는 마르크스와 함께 국가문제에 대한 기본적인 해답을 제시한다. 일정한 사회적·정치적 조직으로서 국가는 역사적 산물이며, 그것은 분업의 일정한 형태와 계급사회에서 비롯된다.

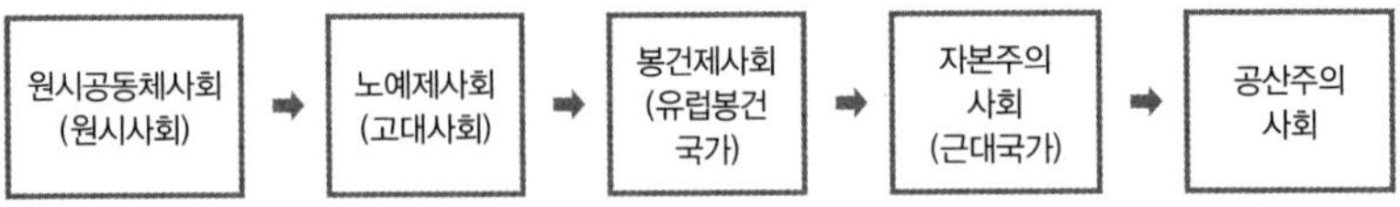

| 그림 2 | 사회구성체의 역사적 발전단계

근대국가는 생산수단을 독점한 자본가계급이 노동자계급에 대한 착취와 억압을 통해 더 많은 이윤을 획득하고 축적할 수 있도록 지원하고 그에 유리한 환경을 조성하는 역할을 한다. 「공산당 선언」에 따르면, 국가는 '부르주아의 집행위원회' 그 이상도 이하도 아니다. 한 마디로 근대국가는 '계급 착취의 도구'이다. 마르크스주의 국가론은 역사적 과정 자체가 자본주의 경제체제와 자본가계급의 필요에 따라 결정되었다고 본다(Werke, Bd. 4 : 464). 이에 근거해 보면, 근대국가가 유럽에서 처음 등장한 것은 당시 유럽경제가 봉건적 생산양식에서 자본주의 생산양식으로 전환된 결과이며, 근대국가의 조직과 역할이 몇 차례 변화를 거듭한 것 역시 자본주의 생산양식의 변화와 밀접한 관련이 있음을 알 수 있다.

현실 읽기 영화 '두 개의 문' : 용산참사와 합법적인 폭력으로서 공권력

2012년 7월 대한민국 주요 일간지들은 한 다큐멘터리 영화의 흥행을 소개하는 기사를 실었다. 개봉 한 달만에 누적관객 5만 명을 넘긴 이 영화는 용산참사를 다룬 독립 다큐멘터리 '두 개의 문'이었다. '두 개의 문'은 철거민 5명과 경찰 특공대원 1명이 사망한 용산참사를 조명한 영화다. 이 영화는 당시 현장을 촬영한 경찰의 증거수집 영상과 인터넷 방송 영상 등 객관적 기록을 토대로 해서 만들어졌다.

용산참사는 2009년 1월 20일 서울시 용산구 한강로 2가 용산 4구역 한 건물 옥상에서 점거농성을 벌이던 세입자와 농성을 지원 나온 전국철거민연합회 회원들, 경찰, 용역직원들 간의 충돌이 벌어지는 가운데 화재로 인해 사상자가 발생한 사건이다. 이 사건으로 철거민 5명과 경찰특공대 1명이 사망하고 23명이 크고 작은 부상을 입었다. 사고 당시 발생한 폭력사태 진실, 안전대책, 과잉진압 여부 등에 대한 논란이 일면서 검찰수사가 이어졌고, 수사결과 발표 후에도 사라진 3천여 쪽에 이르는 수사기록 등에 대한 논란이 계속 되었다.

참사발생 전 날인 1월 19일 오전 5시 33분 용산 4구역 철거민과 전국철거민연합회 회원 등 약 30여 명은 참사가 일어난 5층 상가건물 옥상을 점거하였고, 경찰은 진압병력으로 3개 중대 300여 명을 투입했다. 철거민들은 옥상건물 위에 망루를 세우고 화염병과 돌을 던지며 철거반에 저항하였으며, 경찰은 물대포를 쏘며 이들과 맞서는 과정에서 불길이 솟으며 사상자가 발생했다.

영화 '두 개의 문' 포스터

경찰의 과잉진압 논란을 불러온 용산참사(화재사진)

용산 4구역 재개발사업은 도시정비사업의 일환으로 추진된 부동산개발사업이었다. 도시개발법, 도시 및 주거환경정비법, 도시재정비 촉진을 위한 특별법, 토지보상법 등으로 법률 간 일치되지 않거나 행정적 판단을 하기에 매우 복잡한 도시정비사업 관련 법체계 허점을 이용하여 공공연하게 불법행위가 저질러졌다. 용산참사는 서울시와 자치구들이 토지보상법에 규정된 주거이전비용을 철거지역 세입자들에게 지급하지 않고 강제로 이를 철수시키는 과정에서 물의를 일으켜 일어난 사건이며, 이 과정에서 무리한 공권력진압이 이루어진 것이다. 영화 '두 개의 문'은 경찰과 철거민의 대립구도를 벗어나 무리한 진압작전 자체를 지적한다. 즉, 공권력의 남용을 사태의 핵심으로 제기하고 있다. 국가의 폭력성에 대한 문제가 논란이 되는 지점이다.

3 자본주의와 근대국가

구시대는 간다 : 절대왕정국가와 중상주의의 등장

근대국가 기원에 대한 질문은 다음과 같은 역사적 과정과 흐름을 같이 한다. 국가는 오랜 기간에 걸쳐 이어져온 사회구성원 간의 대립과 투쟁의 산물이고, 생산과정에서 우위에 서는 계층이 자신들에게 이익이 되도록 소유관계(생산수단으로 토지, 자본 등)를 강제해주는 국가를 만들었다는 점이다. 사회구조에서 일련의 소유관계는 사회의 계급체계를 만든다. 어떤 소유관계 구조이든 그것을 통해 하나 또는 복수의 소유자들이 경제적 이득을 취하지만, 그 외 다른 계급(소유대상이거나 소유한 것이 없는 사람들)은 경제적 불이익을 당하게 된다. 이러한 재산의 소유관계 구성이 유지되기 위해서는 강제력을 사용할 수 있는 특별한 제도가 필요하게 된다. 이런 측면에서 볼 때 국가는 이런 특징을 완전할 정도로 갖고 있다.

15세기 말 무렵부터 유럽에서 초기 자본주의 발전을 이끌어온 화폐경제의 발달은 봉건제사회에서 시작되었다. 봉건제사회의 귀족이라는 사회계급은 파편화된 주권과 종속적 재무관계라는 정치적 구조 속에서 개인적 권위와 재산을 향유하고, 법률에 대한 배타적 독점과 개인적 사법권을 행사하는 특권층으로 존재했다. 농민들을 군사적으로 보호하면서 법적으로는 농노로 삼아 그들의 생계를 직접적으로 보존해 주던 집단이기도 했다. 봉건제는 유럽에서만 찾아볼 수 있는 독특한 사회체제인데, 봉건제가 보편적인 사회체제로 자리잡은 것은 7세기 말 프랑크 왕국부터였다. 영주와 가신(家臣) 간의 개인적 유대관계를 바탕으로 왕 또는 영주가 군사협력에 대한 대가로 가신들에게 봉토를 공여하는 관계로 이루어졌다. 영주와 가신은 귀족과 하위계약에 의해 재생산 될 수 있었고, 이런 피라미드식 위계질서 바닥에는 지배의 대상이면서 결코 정치관계의 주체가 되지 못하고 생산을 담당하는 절대

다수의 농민들이 자리하고 있었다. 그러나 수 백 년에 걸친 도시의 성장으로 인해 경제적 부를 가진 새로운 상공업계급이 생겨나고 귀족이 중심이 되는 기존 질서에 도전하기 시작하면서 봉건제적 사회질서가 차츰 무너지기 시작했다.

신흥도시상인 계급이 증가하면서 귀족들은 자신들의 정치적 권위를 유지하기 위해 절대주의 왕정을 지원했다. 봉건제도를 유지해오던 농노제가 점차적으로 소멸하면서 정치적이고 법적인 강제력으로 중앙집권적 통치가 이어졌는데, 이것이 강력한 군주를 옹호하는 절대주의 국가로 나타났으며, 절대주의 국가는 근대국가의 원초적 형태가 되었다. 봉건제가 절대주의 국가로 바뀌면서 나타난 현상은 첫째, 국왕 또는 군주의 중앙집권체제 강화였다. 이것은 농노에서 해방된 개인을 기초로 하여 사회질서와 안정을 이룩하는 과제를 해결하는 방법이었다. 둘째, 상공업자를 중심으로 한 시민계층의 성장이다. 르네상스와 종교개혁을 거치면서 유럽인들의 경제활동은 전 세계로 확대되기 시작했는데, 이는 상업활동이 활발해지면서 새로운 중상계급이 나오게 된 요인이기도 했다. 셋째, 초기 자본주의 경제제도가 발전하기 시작했다. 길드제도[11]를 제조업 체제로 전환시키면서 시장의 확대를 초래하는 등 초기 자본주의 발전의 발판이 만들어졌다. 넷째, 절대주의 국가를 통해 관료제, 상비군, 공통된 법체계, 국민적 조세제도, 무역, 외교 등 근대국가 통치기구의 근간이 형성되기 시작했다.

절대군주의 권력 강화는 곧 강력한 절대국가를 유지하는 것으로 풀이된다. 당시 신흥 상공업자계급들은 절대왕정에게 자신들의 권리를 보장해 주

11) 중세에서 근대 자본주의로 넘어오는 과정에서 유럽 여러 도시의 상공업자들로 결성된 각 직업별 조합을 뜻하며 상인길드, 수공업 길드 등으로 구분된다. 봉건제 사회질서에서 만들어졌으나 초기 자본주의 발전을 이루는 데 필요한 맹아적 자본축적과 수공업적 생산에서 공장제로 이행하는 출발이 되었다. 절대왕정하에서 길드는 왕권에 굴복하고 이익집단으로써 자신들의 이권옹호를 도모했다.

고 특권층에게만이 아닌 자신들에게도 공평한 제도적 지원을 해줄 것을 요구했다. 그러나 절대군주는 수공업단계에 머물러 있던 생산체제 발전을 위해 직접 나서서 일부 계층에게 특권을 부여하면서 매뉴팩처를 설립하도록 지원하거나 보조금을 지급하는 형태로 공업발전을 유도했고 수입관세를 강화했다. 이렇게 이루어진 상공업의 발달은 신흥 상공업자들의 이해와는 관계없이 절대왕정의 이익을 위해 자본세력과 결탁한 위로부터의 압력에 의한 산물이었다.

이 당시 절대왕정의 이익과 근대국가의 건설을 위해 실시한 정책이 중상주의였다. 당시 중상주의는 절대왕정에 기여하기 위한 중요한 수단이었으며, 부강한 국가를 만든 것보다 왕조의 부강을 목표로 했다. 왕실과 귀족관료들의 열망은 민족주의 국가와 절대주의 국가시대를 여는 것이었다. 특히 절대왕정이 특정 상인들에게 부여한 특권과 독점권은 교역을 확대하고 국가의 부를 늘리는 가장 안전한 방법이었다.

중상주의는 자본의 공급에 의해 국가의 번영을 일으킬 수 있다는 경제이론이다. 역사적으로 1500년에서 1750년 사이의 유럽 경제학자들이 중상주의를 주장함에 따라 유럽 국가들이 이를 채택하여 국내산업을 보호하고 해외 식민지 개척에 나섰다. 중상주의를 통해 초기 자본주의 경제가 이루어졌고, 이를 통해 절대왕정국가들이 근대국가체제로 바뀌어갔다. 중상주의는 유럽의 봉건제가 무너지는 사회 변동기에 형성된 이론이었다. 이 시기 부와 권력은 봉건 영주의 손을 떠나 점차 근대국가로 넘어가고 있었는데, 특히 해운업의 발전으로 국제무역이 급증하고 도시가 성장하면서 다양한 기술변화가 가속화되었다. 중상주의는 국가 간 무역에서 민족국가의 이득을 최대화하기 위한 정책적 수단으로 기능했다.

장 바티스트 콜베르(Jean-Baptiste Colbert, 1619~1683), 프랑스 루이 14세 당시 1665년부터 1683년까지 재무장관을 역임. 대표적인 중상주의 정치가로 무역수지 개선과 식민지에 의한 수입을 중요한 경제정책으로 실시했다. 공공사업을 늘리고 관세를 높임으로써 산업을 일으키고 도산상태의 프랑스 경제를 살렸다는 치적을 인정받았다.

250년간 지배적인 경제이론으로 군림해온 중상주의는, 특히 1600년대 프랑스의 재무장관이었던 장 바티스트 콜베르의 경제정책으로 인해 더욱 발전했다. 그러나 18세기 들어서면서 인기를 잃기 시작했는데 이유는 국가 간 무역거래에서 절대우위와 비교우위에 입각한 무역의 이득을 설명할 수 없었기 때문이었다.[12] 이러한 중상주의를 비판한 대표적인 경제학자로 애덤 스미스(A. Smith)와 데이비드 흄(D. Hume)을 들 수 있다. 비교우위에 입각한 무역이론에 의하면, 무역을 하는 상대국 모두 이득을 얻을 수 있는데, 예를 들면, 스페인이 더 질이 좋은 포도주를 생산하고 영국이 싼 옷감을 생산한다면 두 국가는 무역을 통해 상대국가의 질 좋은 상품을 교역함으로써 서로 이득을 얻을 수 있다는 것이다. 비교우위이론이 등장하면서 무역이 더 이상 상대국에게 손해가 되는 제로-섬게임이 아니라는 점이 부각되었다.

근대국가는 자본주의 경제에서 계약 보증인

자본주의가 발전하면서 근대국가의 모습도 함께 변해왔다. 이는 유럽에서 초기 자본주의 경제가 화폐를 중심으로 하는 시장경제와 병행하면서 경

12) 절대우위와 비교우위 개념은 1817년 데이비드 리카도(David Ricardo)에 의해 확립되었다.

제 행위자들 간에 계약에 의한 거래가 더욱 활기를 띠게 된 것과 관련이 있다. 서유럽 절대왕정국가가 시민혁명으로 붕괴되는 과정에서 국가의 주권이 군주에 있다는 군주주권론이 국민으로부터의 권력을 주장하는 국민주권론으로 바뀌고 이에 기반한 국민국가가 서서히 등장하게 되었다. 국민국가는 자본주의 발전을 이끄는 동력이었으며 이에 따라 국가의 역할도 확대되기 시작했다. 사회질서의 안정을 보장하는 능력을 가진 근대국가는 화폐를 통한 신용거래에서 발생되는 위험을 막을 수 있는 최고의 역할자로 나섰다. 서로 알지 못하는 경제행위자들이 거래를 위한 계약을 안전하게 체결할 수 있도록 보장하는 보증인이 곧 국가였다. 법적 강제력과 구속력을 가진 국가가 계약위반에 대해서 처벌하고 제재를 가하는 새로운 근대국가의 역할을 수행함으로써 자본주의는 더욱 발전할 수 있었다. 자본주의의 핵심적인 부의 소유형태인 '재산권(property right)'이 확립되는데 근대국가의 역할이 매우 컸다.

자본주의 발달은 근대국가 성립과 그 흐름을 같이 한다. 근대국가 출현과 초기 자본주의 생산양식의 형성이 일치하는 것은 우연만이 아니다. 서유럽에서 근대국가 수립에 성공한 나라들은 공통적으로 상공업이 발달한 도시경제와 깊은 관계가 있음을 알 수 있다. 도시는 상업과 수공업을 기반으로 해서 산업을 발전시켰고, 생산과 소비를 화폐경제 영역으로 끌어들임으로써 교환경제의 중심이 되었다. 도시는 시민들의 경제활동을 충분하게 영위하도록 시장이 활성화될 수 있는 규칙과 질서를 만들었다. 영주와 농노라는 신분질서에서 벗어나 도시로 이주한 사람들은 생산과 소비를 이어주는 시장질서가 만드는 활력에 자유로움을 느꼈다. 이처럼 도시는 자본주의 경제활동의 구심이 되어갔다. 유럽은 자치를 기반으로 하는 도시가 새로운 구심으로 성장하면서 구체제가 무너지고 근대사회를 성립시키는 중요한 역할을 했다. 근대국가는 이렇게 번영하는 도시를 자신의 틀 속에 담아 결속시키면서 발전해나갔다. 근대국가는 화폐경제의 다양한 경제질서를 용해시키면서 자본주의 경제를 확대시키는 여러 가지 요소들이 정착될 수 있는 토양이었다.

베네치아. 이탈리아 북부에 위치한 운하도시. 자본주의가 발전하면서 유럽의 번영은 지중해지역과 북해지역으로 나뉘어졌는데 베네치아는 지중해지역 무역중심도시였다. 지중해 동부로부터 유럽으로 운반되는 상품의 집산지였으며 독특한 문화를 만들어낸 중세의 대표적인 도시들 중 하나이다.

근대국가가 자본주의 발전에 공을 들인 이유는 국가 존립을 위한 물질적 부의 창출이 자본주의 경제를 통해서 가능하고, 이를 통해 대내외적으로 국가의 위상을 높이며 영향력을 행사하기 위한 것과 세금징수를 통해 더 많은 자원을 확보하기 위해서였다. 결과적으로 국가의 이익을 경제발전과 동일시하는 것은 국가가 경제자원을 효율적으로 활용하면서 경제발전을 이끌기 위함이었다. 근대국가와 자본주의는 발생되는 이익을 서로 수렴하며 영향을 주고받으면서 흘러왔지만 서로의 이익이 다를 경우 조정 또는 조율되지 않으면 양자의 충돌 가능성도 배제할 수 없었다. 이러한 근대국가와 자본주의의 역할과 기능이 서로 커짐에 따라 근대국가는 국민국가로서 사회적 재화를 공평하게 재분배하는 공공성의 역할을 요구받게 되고 자본주의는 시장을 통해 더 많은 잉여이익을 창출하기 위한 경쟁체제로 변모해오면서 점차 그 영역을 확대하기에 이른다.

4 사회보장의 제도화-복지국가를 만들다

봉건제 붕괴와 새로운 사회관계

지중해 문명을 중심으로 세력을 넓혀온 로마제국이 무너진 7세기 말부터 10세기 중엽까지 중세 유럽에는 커다란 변화가 일어났다. 중세 유럽을 특징짓는 중요한 요소 중 하나는 로마제국의 경제적 기반이었던 노예제가 붕괴되면서 만들어진 봉건제였다. 봉건제는 일종의 농노제로서 경제적 지배구조는 영주와 농민 간의 예속적 관계로 유지되는 제도였다. 영주는 정치적 강제를 통해 농민에게 경작의무를 부과하고 그 대가로 지대를 받았으며, 농민은 영주에게 봉건적 의무에 예속되어 잉여생산물들을 바쳤다. 영주의 봉건적 지배가 미치는 지역을 장원이라 불렀고 영주는 이 장원 내에서 사법 및 군사권한을 갖고 있었으며, 장원에 거주하는 농민들은 장원의 토지를 경작하며 경제적 기반을 유지했다.

봉건 영주는 농민에게 부역과 현물형태의 지대를 부과하고 농민이 장원을 함부로 벗어나지 못하도록 인신 구속권한을 갖고 있었다. 장원에서 생산을 담당하는 사람들은 농민뿐만 아니라 수공업자들도 포함되었는데, 이들은 약간의 생산수단을 소유한 직접생산자로서 농민과 마찬가지로 봉건적 예속관계에 놓여 있었으며, 영주와의 지배관계에 의해 부과되는 의무를 감당하는 소생산자였다. 농민과 수공업자는 자신의 생존을 위해 필요한 생산물을 직접 생산했으며, 기본적 생활에 필요한 소비를 제외한 잉여생산물들을 영주에게 제공하고 일부는 시장에서 교환대상 상품으로 공급했다. 봉건제하에서 영주에게 신분적으로 지배적 관계에 있던 농민들은 자신들의 사회적 지위가 농노임을 인식했다. 또한 영주들도 이들을 보호하는 역할을 하고 있었으므로 농노들은 자신들의 생계가 영주가 지배하는 장원에서의 경작을 통해 해결되고 있었기 때문에 커다란 저항없이 순응하며 살아갔으나, 13세기가 지나면서 이들 농민들의 반란으로 중세의 질서가 무너지는 조짐을 보이기 시작했다.

죽음의 춤에 그려진 흑사병. 1350년 흑사병이 퍼지기 직전의 유럽의 인구는 7,500만 명으로 추정되었는데, 흑사병이 퍼지고 난 이후 인구는 4,000만~5,000만 명 정도로 감소했다.

14세기 들어 유럽은 격변의 소용돌이에 빠지게 되고 봉건제가 서서히 붕괴하기 시작했다. 간헐적으로 일어나던 농민반란은 이때부터 농촌과 도시 전역으로 확산되고 중세 도시들을 중심으로 형성된 화폐경제가 확산되면서 이에 영향을 받은 농민들이 신분해방을 목적으로 봉기를 일으켰다. 화폐경제가 장원제도에 영향을 끼치고 영주와 농노라는 지배구조 관습과 이를 유지하던 전통적 가치관을 붕괴시키면서 새로운 사회관계를 만드는 단초가 되었다. 봉건영주들과 귀족들은 화폐거래로 인해 발생되는 부의 축적을 부러워하면서도 신분제에 의한 속박과 세습이 화폐경제가 지향하는 경쟁적 관계로 대체되는 것을 경계했다. 화폐를 전파시키는 상인들과 수공업들을 경계했고 지배계급으로서 상인이 되는 것을 백안시했다. 화폐경제의 영향과 함께 1348년과 1349년에 발생한 흑사병[13]으로 수많은 사람들이 죽었는데, 이는 봉건제도를 아래에서부터 무너지게 하는 또 다른 원인으로 작용했다.

인클로우저운동과 구빈법

양모산업의 발전으로 인클로우저(enclosure)운동[14]이 일어나기 시작했다. 15~16세기 이후 인구가 증가하고 섬유기술이 발달하면서 양모의 수요가 늘어나면서 대규모의 인클로우저가 이루어졌다. 지주 입장에서는 농지를 농민에게 빌려주고 지대를 받는 것보다 목장화해서 양을 키우는 것이 더 많은 이익을 가져오기 때문이었다. 봉건제하에서 장원의 토지는 택지나 채소밭을 제외하고는 개인이 토지사유화 권리를 행사할 수 없었다. 경작지에서는 지분만 허용되었고 공동지에서는 가축이나 양을 방목하거나 목재를 채취할 수 있는 권리만 허용되었다. 인클로우저는 이처럼 사적인 소유가 허용되지 않는 땅을 개인이 잠식해서 개인토지로 만들면서 일어났다. 16세기 들어서면서 인클로우저는 광범위하게 확산되고 지주들이 자신들의 일방적인 이익만을 목적으로 경작지를 목장으로 전환하면서 더욱 빠르게 진행되었다. 이로 인해 영국을 비롯한 유럽 각지에서 경작할 농지를 빌릴 수 없게

---

13) 14세기 들면서 유럽의 기후가 한랭해지고 강우량이 늘어나기 시작했는데 1315-1317년 사이 유럽 곳곳에서 자연재해가 발생하여 흉작이 계속되고 기근으로 인해 많은 사람들이 영양실조로 인해 아사자가 증가했다. 14세기 중엽부터 유럽 전역을 휩쓴 흑사병으로 인한 희생자들의 대부분은 농민들이었고 이는 농업파탄의 원인이 되었다. 당시 흑사병으로 인한 희생자 수가 2,500만~3,000만 명으로 추산되는데 당시 유럽 인구의 약 30%에 달하는 숫자였으며, 최초의 흑사병이 퍼진 이후 1700년대까지 100여 차례의 흑사병이 유럽 전역을 휩쓸었다.

14) 15세기 중엽 이후 유럽, 특히 영국에서 영주나 지주가 목축업이나 집약농장을 운영하기 위해 공동경작권이 있던 토지개방지 · 공동방목지 · 황무지 등을 돌담이나 울타리 등의 경계표식으로 담을 치고 사유지 경계를 명시하여 집약적 관리운영을 하기 위한 집단농장화를 의미한다. 이로 인해 영국 농지의 비율은 1600년에 47%에서 1700년에 71%로 높아졌다. 17세기 말에는 영국인구 40%가 농업공용에서 밀려나와 공장으로 옮겨갔다.

된 수많은 농민들이 생계수단을 잃게 되었다. 많은 경작지들이 목장으로 바뀌는 인클로우저 과정에서 농민들은 공동지 생산물에 대한 권리를 얻지 못하고 과거로부터 관습적으로 갖고 있던 토지에 대한 사유권조차 보장받지 못하게 되면서 경작지에서 추방되었다. 경작지의 인클로우저화는 농민들의 자급자족 기반을 붕괴시켰고, 이들은 공업이 형성되는 대도시로 이주하면서 임노동자가 되었다. 인클로우저와 빈곤문제는 동전의 양면처럼 얽히며 빈곤층을 양산하는 결과를 낳았다. 공장 일자리를 얻지 못한 농민들은 부랑인이나 걸인이 되었고, 농지 축소와 식량 감소로 곡물가격이 상승하면서 농민들의 빈곤상태는 더욱 가속화되었다. 지주에 의한 인클로우저의 피해가 확산됨에 따라 농민들의 빈민화가 심각한 사회문제로 대두되자 영국 왕실은 1531년과 1536년 헨리 8세에 의한 구빈법(Poor Law)과 1601년 엘리자베스 구빈법을 실시했다.

국가가 국민의 안전을 보장하다 – 사회보험, 복지국가를 향한 움직임

중세 봉건제하에서 만들어진 구빈법은 산업혁명과 함께 공장제 대량생산체제로 발전하면서 발생되는 각종 사회문제들을 담아내기에는 한계가 있었다. 산업화의 진전으로 인한 빈곤문제와 노동문제가 중요한 사회적 문제로 등장하기 시작하면서 근대국가의 역할에도 변화가 일어나기 시작했다. 앞서 살펴본 것처럼 근대국가는 중앙집중화된 권력을 행사하여 대내적으로는 사회질서를 안정적으로 유지하는 것이고 대외적으로는 다른 나라들과 경쟁하며 이들 나라로부터 자율적이고 배타적인 독립성을 선포하는 제도였다. 이러한 근대국가가 대내외적 목적을 이루기 위해 치안과 국방에 많은 비중을 두는 것에서 점차 경제와 사회문제에 관여하는 빈도를 높이기 시작했다.

영국은 유럽의 다른 나라들보다 일찍 봉건제가 해체되어 정치적인 안정을 이루면서 신분이 자유로워진 농민층이 나타나기 시작했다. 이들이 주축이 된 농촌에서는 모직물 공업의 발달로 근대적인 산업발전의 기틀을 다져갔다. 18세기 들어서 영국에서는 면직물 수요 급증과 제임스 와트(J. Watt)의 증기기관 발명으로 대량생산이 가능한 산업혁명이 시작되었다. 산업화 과정을 통해 사회적으로 많은 부를 축적하는 계층이 나오기도 했지만, 반면 많은 농촌인구가 도시로 이주하여 공장의 임노동자로 고용되면서 인구가 폭발적으로 증가했고, 그 결과 도시위생과 생활환경은 더욱 악화되었다. 노동자들에 대한 장시간 노동 강요와 착취가 이루어졌고, 작업장에서의 감독과 감시도 극심했다. 또한 아동노동이 성행하여 7세 이하의 아동이 공장에서 장시간 노동을 하는 일이 빈번했다. 더욱 심각한 문제는 산업화 혜택을 고스란히 독점한 자본가계급과 기본적인 생활유지만 가능한 임금으로 살아가는 임노동자들 사이의 빈부격차였다.

산업혁명 당시 아동노동을 묘사한 그림

이러한 사회문제에 대해 개혁적 지식인들과 노동자들이 자본가와 국가에 대항하기 시작하자 영국 정부는 19세기 들어 일련의 공장법(factory act)을 제정하여 아동노동을 금지시켰다.[15] 그러나 영국의 공장법은 당시 산업화로 인해 발생되는 심각한 사회문제에 대해 인정하는 것이었지만 실상은 최소한의 노력만 보여주었다. 반면 비스마르크에 의해 제정된 독일의 사회입법은 오늘날의 '사회보장제도'와 '복지국가'의 기틀을 놓는 혁신적인 조치였다. 1883년 의료보험법, 1884년 재해보험법, 1889년에 노령연금보험법을 제정하고 가입을 의무화하였다. 당시 유럽의 다른 국가들로부터 호응을 받은 독일의 사회보장 입법은 사회문제에 대한 인식변화로 볼 수 있다. 19세기 말과 20세기 초 정치적 격변을 경험한 유럽 근대국가들은 자본주의 발전으로 인한 빈곤, 실업, 재해 등의 사회문제가 더 이상 개인의 책임이 아닌 사회의 책임으로 받아들이면서 제2차 세계대전 이후 본격적으로 복지국가 건설에 나서게 된다.

15) 1802년 제정된 공장법의 주요 내용은, 9~13세 아동은 일일 최대 8시간 이상 노동이 금지되고, 14~18세 청소년은 12시간 이상 노동이 금지되었다. 이외 공장 내 환경개선규정 등이 포함되었다. 이루 몇 번에 걸쳐 공장법이 계속 제정되었는데 1878년 공장법에는 10세 이하 아동노동이 전면금지되고 10~14세 아동은 성인 노동자의 절반수준으로 노동하며, 여성의 주당 최대 노동시간은 최대 56시간으로 제한되었다.

제2절 복지국가의 등장

1 사회정책의 구성

사회정책과 경제정책

사회정책은 공공문제를 해결하거나 목표달성을 위해 정부가 결정한 행동방침이며 국가에 의한 조치 또는 방안으로 보는 것이 일반적인 견해다. 일반적으로 어느 정책이든 사회적 환경에 어떤 형태로든 영향을 주기 위한 목적을 갖지만, 반대로 직·간접적으로 영향을 받기도 한다. 정책은 해당 정책환경과 긴밀한 상호 영향을 주고받으면서 형성되고 집행되고 평가된다.

사람은 살아가는 동안 장애, 질병, 실업, 빈곤 등의 사회적 위험을 겪게 된다. 이러한 위험들에 대비하거나 도움을 받기 위한 제도적 장치로서 사회보험이 실시되기 이전에는 가족이나 친척, 이웃들로부터 일시적이고 비체계적인 자선형태의 도움을 받는 데 그쳤다. 그러나 국가에 의한 사회복지, 즉 복지국가가 등장하면서 이러한 위험들은 예방적이고 항시적인 지원을 통해 해결할 수 있게 되었다. 질병과 실업, 사고, 사망, 노령 등으로 인해 본인과 가족부양을 위한 수입이 중단되어 생존의 위협을 받게 될 때 이를 국가가 책임지는 제도가 사회보험이며, 이는 국가의 중요한 의무 중 하나이고 국가 사회정책의 영역으로 자리매김되어 왔다. 국가 사회정책 영역에는 노동보호정책, 노동정책, 기업지원, 주택·가족·교육정책, 소득재분배정책, 아동청소년·노인·여성정책, 생활보호정책 등이 포함된다.

사회정책은 현실체계와 구성요소들에 대해 전문적인 서술과 과학적 분석을 통해 문제해결과 실천적 대안을 찾기 위한 국가차원의 방안이다. 특히 사회정책은 경제정책과 깊은 관련성을 갖는데 경제정책이 사회정책을 좌우하고, 사회정책 집행에 소요되는 정부재정지출이 경제정책에 의해 결정되기 때문이다. 독일의 경우 1940년대 뮐러-아르막(Müller-Armack)은 국가정책에서 경제정책이 가장 우선함을 주장했고 경제정책이 사회복지를 발전시키는 수단으로 보았다.[16)]

사회정책을 집행하는 정부관료들은 사회정책 집행재원을 사적 부분의 시장경제영역에서 조달되어야 한다고 생각하는 경향이 강하다.[17)] 국가와 사회를 유지하기 위한 부는 시장에서 생산되는 상품과 서비스를 통해서 제공되므로 사회정책은 우선적으로 창출된 부를 재분배하려는 기능을 수행한다. 정부의 일차적인 목적은 어떠한 사회적 욕구에 필요한 사회정책을 실시할 것인가에 대한 의사결정에 앞서 사회적 부의 창출을 보장하는 경제 프레임을 만드는 데에 있다. 사회정책에 관한 결정은 항상 비용지출 문제를 수반하기 때문에 경제적 상황과 연관된다. 사회정책 실행을 위한 예산비용 지출은 서로 다른 사회적 프로그램과 우선순위와 관련한 재원조달과 연관된다. 보편적 복지를 위한 교육, 의료, 사회보장 등에 관해 많은 정책들을 수립하고 발표할 수 있지만 실제 이러한 정책실현을 위한 지출, 조세, 보험료 부담률에 관한 의사결정을 통해 재원을 조달해서 정책이 실현되기 전까지는 하나의 수사(rhetoric)로 끝날 가능성이 많다.

제2차 세계대전이 끝난 1945년 이후 약 20여 년간 전 세계는 경제적 번영을 이루었고 사회정책이 발전하는 주요한 발판이 되었으며, 서구 복지국

---

16) 알프레드 뮐러 아르막(Alfred Müller-Armack, 1901-1978). 독일의 경제학자이며 문화사회학자, 독일 경제정책의 근간인 '사회적 시장경제론(soziale Marktwirtschaft)'을 수립했다. 뮐러-아르막은 1946년 그의 저서 『경제운용과 시장경제(Wirtschaftslenkung und Marktwirtschaft, 1947)』에서 '사회적 시장경제론'의 개념과 사상을 담아냈다. 그는 사회적 시장경제를 "보충적 관계에 있는 시장경제 내에서 사회정의 수행자로서 역할"로 설명했다.

17) 이는 우리나라의 사회적기업 정책을 살펴보면 더욱 명확하다. 유럽처럼 시민영역에서 자발적으로 시작된 사회적기업과는 달리 한국의 사회적기업은 정부주도의 성격이 강하다. 이는 사회적기업의 목적을 '일자리 창출'에 두고 개별 사회적기업의 생존을 사적 시장에서의 경쟁으로 요구하기 때문이다. 사회적기업 지원과 육성을 시장에서의 경쟁을 통해 생존 정도에 따른 보상적 차원으로 해결하려는 것은 시장지향적인 관료주의를 분명하게 보여준다. 이는 사회적 약자에 대한 소득재분배를 사회적기업이라는 수단을 통해 경쟁시장에서 실험하려는 정책의 한 방편으로 볼 수 있다.

가 수립의 중요한 기반을 만들어갔다. 그러나 1970년대 일어난 두 번의 오일쇼크와 이로 인한 경기침체는 1980년대와 90년대에 걸쳐 복지국가 축소로 일컬어지는 사회정책의 후퇴를 가져왔다. 경제성장 시기에는 높은 고용율과 개인과 가계의 가처분소득 증가와 소비지출이 늘면서 정부의 세수수입이 증가함에 따라 복지지출을 늘리게 된다. 반면 경기침체와 재정긴축은 공적 지출을 줄이게 하는 요인이지만 반면 실업자 증가와 저소득층의 생계위기 등으로 사회지출비용이 증가하는 모순된 상황을 초래한다. 따라서 사회정책은 경제상황과 불가분의 관계를 이루며, 사회정책은 사회적 연대와 정치적 안정에도 영향을 미치게 된다. 사회정책은 안정적인 거시경제정책의 틀을 만드는 기초가 되고, 이를 통해 각 경제주체(국가, 자본가, 노동자)들이 경기변동에 따른 안정된 고용과 임금정책뿐만 아니라 교육과 의료와 같은 공공재를 위한 사회투자결정에 중요한 역할을 한다.

사회정책의 발전조건

사회정책의 발전은 산업화와 함께 이루어졌고, 경제정책과 사회정책은 목적과 수단에서 많은 연관성을 갖고 있으며 중복되기도 한다. 사회적 약자들의 삶의 조건을 향상시키려는 사회정책의 목표는 경제적 삶의 조건 향상 속에 포함되는데 경제질서의 영향, 경제구조나 과정을 통해 이루어진다.

사회정책의 주요 목적 중 하나인 '사회보장'은 완전고용과 경기안정, 성장정책을 통해 달성된다. 경제성장은 사회정책의 경제적 토대를 보장하고 확장시킨다. 또 다른 중요한 목적은 '사회정의의 실현'이다. 사회정의는 기본적으로 분배원리이며, 사람들이 내는 기여금과 사회로부터 받아야 하는 어떤 것의 비율과 관련된다. 사회보장은 서비스 비용을 지불하는 사람들과 서비스를 받는 사람들이 동일하지 않다는 점에서 본질적으로 재분배이며,

사회복지는 재분배를 정당화하기 위한 강력한 수단이다. 사회보험의 발전과 긴밀하게 관계되는 이러한 원리는 공공의료, 연금, 실업급여, 장애수당 등 국민의 기본적 생존권의 발전과정에서 중심역할을 한다. 사회정의와 소득재분배 실현의 중요한 수단인 사회정책이 발전하기 위해서는 몇 가지 조건이 필요하다. 발전조건은 사회정책이 담아야 할 사회적 수요의 범위, 내용의 발생시기, 사회정책 발전에 영향을 끼치는 결정요인들에 의해 만들어진다. 사회정책 발전의 기준에 대한 가정은 한정된 자원으로 특정한 목적을 이루기 위해 어떻게 접근할 것인가에 대한 문제에서 출발한다. 여기에는 사회정책의 필요성과 가능성에 대한 세 가지 기본적인 영역이 제시된다.

- **문제해결의 긴급성** : 서로 다른 사회적·개인적인 욕구와 다양한 사회정책 수요의 긴급성에 따른 차이 비교를 통해서 사회정책이 보전해야 하는 긴급성에 관한 것을 의미한다.
- **문제해결능력** : 사회정책 목표달성을 위한 경제적 수단의 활용과 적절한 도구, 특히 제도 수립 가능성에 관한 것이다.
- **정치적 책임 수행자의 문제 해결준비** : 문제해결능력과 함께 병행되는 독립적인 역할수행을 의미하는데, 특정한 문제해결의 긴급성 정도 수준에도 불구하고 준비된 자원을 어느 정도 범위에서, 그리고 어떻게 다룰지 결정하는 영역에 관한 부분이다.

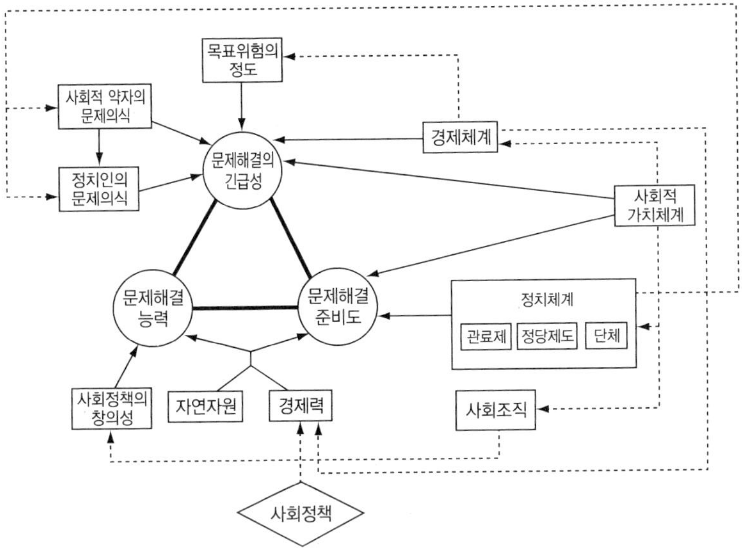

❙그림 3❙ 사회정책 발전의 일 · 이차 결정요인

출처 : Lamper & Althammer, 2001 : 146 재인용

위의 ❙그림 3❙에서 보듯 문제해결의 긴급성에 영향을 주는 일차 결정요인은 경제체계, 사회적 가치체계, 목표위험의 정도, 사회적 약자와 정치인의 문제의식이며, 여기에 영향을 주는 이차 결정요인은 정치체계이다.

사회적 가치체계와 정치체계는 동시에 문제해결의 긴급성과 문제해결 준비에 영향을 주는 일차 결정요인이며, 경제력과 자연자원은 문제해결 준비와 문제해결 능력에 영향을 주는 일차 결정요인이다. 사회정책과 경제체계는 경제력에 영향을 미치는 이차 결정요인이 되고, 사회적 가치체계는 경제체계에 영향을 미치는 이차 결정요인이 된다.

2 사회적 위험과 국가관리 – 국가개입의 정당화

사회주의 운동의 확대와 국가의 역할문제

사회정책은 자본주의 시장경제에서 나타나는 실업, 질병, 산업재해 등의 다양한 위험으로부터 노동능력을 유지시킴으로써 개인과 가족생활의 안정적인 유지를 돕기 위한 다양한 국가방책과 함께 발전해왔다. 봉건제 사회에서는 농작물을 경작하고 수확하는 데 필요한 노동력은 모두 가족 구성원으로부터 충당되었다. 가족의 생계를 위한 자급경제로 농작물을 수확했고, 부모로부터 경작기술을 전수받은 자녀들이 자연스레 경작지를 관리하고 농사를 이어갔다. 때문에 부모가 나이가 들거나 질병으로 더 이상 농사를 할 수 없게 되었을 때에는 자녀나 다른 가족구성원의 대체노동으로 이어갈 수 있었다. 그러나 자연적 위험들로 더 이상 노동을 더 할 수 없게 되었을 때 가족과 이웃들의 도움으로 해결할 수 있는 잔여적이고 보충적인 해결방법도 자본주의 경제가 시작되면서부터는 충분한 기능을 할 수 없게 되었다.

봉건제가 해체되면서 발생한 심각한 사회문제는 빈곤이었다. 산업혁명을 통해 기술발전이 이루어지고 이에 따른 분업과 공장제 수공업 생산이 증가하면서 더 많은 사람들의 노동조건이 극적으로 변화하기 시작했고 정부가 개입해야 할 필요성이 점차 커지고 있었다. 자본가의 부의 집중이 노동자들의 장시간 노동과 저임금을 통해 이루어지면서 빈곤층이 늘어갔다. 노동자 빈곤층의 증가는 새로운 사회운동의 원인으로 작용했다. 1890년대에 자본주의 사회의 계급 간 격차를 해소하려는 사회주의 운동이 대규모로 일어났다. 유럽 전역에서 사회주의 정당들이 만들어졌고 노동자들의 지지가 급속히 성장했다. 사회주의 정당의 성장으로 노동자들에게 선거권이 부여되자 사회주의자들의 의회진출은 더욱 확대되었다. 사회주의 정당들은 정부에 대해 사회개혁을 위한 강력한 압력을 가했지만 이에 맞서 독일의 비스마르크 수상이나 영국의 디즈데일리 수상과 같은 보수주의자들도 똑같이 개혁요구를 들고 나왔다. 정부활동이 새로운 많은 분야로 넓어졌고 새로운 조직들이 출현하면서 국가의 역할도 증대하기 시작했다.

노동자들의 정치의식 성장은 1824년 '단결금지폐지법'[18] 이후 노동조합 결성이라는 조직적인 실천력으로 이어지기 시작했다. 숙련공들부터 시작된 노동조합은 비숙련노동자들에게도 확대되면서 노동조건 개선 요구가 더욱 거세졌다. 19세기 들어 자본주의가 성장하면서 노동조합의 결성도 활발해지기 시작했는데 노동조합과 사회주의의 출현은 서로 깊은 연관성을 갖고 있다. 유럽의 사회주의 운동은 온건한 개량주의자들로부터 혁명적 마르크스주의자들까지 광범위한 스펙트럼을 갖고 있었다. 사회주의 운동은 정치경제적으로 중요한 문제를 제기했는데, 그것은 국가의 역할을 설정하기 위한 기본적 원리를 만드는 것이었다. 즉, 국가는 언제, 어디서 그리고 어떻게 시장에 개입해야 하느냐와 관련된 사항들이었다. 이전 세대 경제학자였던 애덤 스미스(A. Smith)[19]와 밀(J. S. Mill)도 자유방임에 근거한 고전파 경제학자로서 국가개입 문제를 논의했으나 이들의 분석은 장기적 성장에 중점을 두었다. 이들 학자들은 국가의 활동을 판단할 수 있는 일반적 원리나 자원을 어떻게 할당 또는 분배할 것인가에 관한 구체적인 문제들은 다루지 않았다.

---

18) 영국에서는 1799년 노동자들이 고용안정을 목적으로 노동조합 결성 등의 단결을 불법화하는 단결금지법(Combination Act)이 제정되었다. 단결금지법 제정 후 노동자들의 투쟁이 강력하게 전개되었고 이에 대한 기소, 유죄판결, 가혹한 처벌 등이 행해졌다.
산업혁명으로 수공업이 기계공업으로 대체되면서 점차 일자리를 잃게 된 노동자들이 '기계=적'이라는 생각에서 기계를 파괴하기 시작하였다. 1811년에는 시도란트 지방의 피혁공장에서 시작된 기계파괴운동(Luddism)을 중심으로 한 노동자들의 투쟁의 결과 영국 정부는 그 원인이 단결권에 대한 탄압에 있다고 보고 1824년에 단결금지법폐지법(Combination Laws Repeal Act)을 제정하였다.

19) 아담 스미스(Adam Smith)는 그의 저서 『국부론』에서 '보이지 않는 손(invisible hand)'이라는 표현을 사용하여 국민적 자유 또는 자유경쟁체제가 경제를 촉진시키고 효용을 증대시킨다고 주장했다. 생산자들이 시장에서 자신들의 이해관계만 높이려는 것에 관심을 가질지라도 그들은 마치 '보이지 않는 손'에 이끌리듯 공공선에 봉사한다는 것이다.

시장 대 정부 – 가치의 차이

경제는 한정된 자원으로 경제주체들의 필요(need)와 요구(demand)를 어떻게 충족시킬 것인지에 대한 목적달성을 이루는 일종의 사회적 행위이다. 이 사회적 행위주체를 크게 정부, 기업, 가계 세 부문으로 구분한다. 근대국가 생성과 자본주의 시장경제가 발전해오면서 사회적으로 생산된 자원배분 문제를 가격이라는 시장 메커니즘에 따라 시장에 맡길 것인지 아니면 정부관료들이 결정하는 형태, 국가가 개입해서 맡을 것인지에 대한 논쟁이 계속되어왔다. 시장의 자율적 기능을 중시하는 입장은 시장을 중심으로 경제규모가 커지고 있고 해외교역 비중이 확대되면서 시장의 복잡한 이해관계 때문에 정부가 일일이 간섭하거나 통제하는 것이 어렵다고 본다. 또한 경제적 이해관계와 관련된 여러 정치적 갈등을 효율적으로 처리할 수 없다고 주장한다. 이러한 주장의 근저에는 시장을 통해 이루려는 가장 중요한 목표가 '개인의 자유'이며, 개인들이 시장에서의 자율적인 선택과 교환을 통해 자원이 '효율적'으로 분배되고, 이에 따라 개개인의 효용이 최대로 채워지므로 국가가 개입하여 이러한 시장의 자율적 기능을 통제해서는 안 된다는 '자유방임(laissez-faire)사상'이 깔려있다.

20세기 들어서면서 시장과 국가의 기능에 대한 논의가 확대되고, 세계경제체제는 1919년 러시아 혁명 이후 국가에 의한 계획경제와 자유주의 시장경제로 양분되어 대립했다. 1929년 미국 증권시장 폭락과 대공황으로 인한 자본주의 위기를 극복하려는 새로운 시도로 국가주도의 계획경제와는 다른 성격을 갖는 복지국가체제가 수립되었다. 정부의 재정확대정책을 통한 유효수효 증가로 소비확대를 위해 적극적 국가개입을 주장한 케인즈(J. M. Keynes)의 이론[20]이 유럽 복지국가 수립의 기반이 되었다. 반면에 시장

---

20) 케인즈(J. M. Keynes)는 그의 저서 『고용 · 이자 및 화폐에 관한 일반이론 The General Theory of Employment, Interest and Money』(1936)을 통해 자본주의 경제체제에서 시장은 항상 효율적으로

기능을 중시하는 신고전파가 국가개입에 대해 항상 대립해왔다. 결국 국가와 시장의 역할은 사회구성원들의 사회적 필요에 대해 '자원을 배분하는 방식과 주체'의 문제로 귀결된다. 즉, 불평등한 사회구조에서 생겨나는 불합리한 현상의 해결방법으로 국가는 사회정책을 통해 공공재를 제공하고 생산된 재화를 공평하게 재분배하는 역할을 적극적으로 수행하는 것이 우선인지, 아니면 시장에서 개인의 자유로운 선택을 통해 경쟁을 통한 차별된 소득을 얻는 것이 우선인지에 관한 것이다. 국가나 시장 모두 자원배분의 기능을 수행하는 경제주체이다. 그러나 어느 쪽이 더 중시되어야 하는지는 가치판단의 문제이며, 이는 사회구성체를 바라보는 관점, 이념과 철학의 문제이기도 하다.

케인즈(John Maynard Keynes, 1883-1946). 영국의 경제학자. 그의 경제이론은 영국 정부의 경제정책뿐 아니라 거시경제학 이론에 지대한 영향을 끼쳤다. 재정·통화 지표를 통해 경기순환에 영향을 주는 요인들을 분석했는데 자유시장의 완전고용은 공황 등의 경기순환으로 인해 지속적으로 이루어지기 어렵다고 보았다.

작동하지 않으며, 시장의 효율성에 문제가 발생했을 때 국가가 적절히 개입해야 한다는 점을 이론적으로 설명했다. 케인즈는 자본주의 경제체제가 시장질서에 의해 작동하지만 시장의 효율성에 문제가 생기는 시기가 불황이며, 자본주의는 주기적으로 불황과 호황을 반복한다고 보았다. 1930년대 경제공황에 대해 고전파 경제학자들이 현실적인 대응책을 제시하지 못하는 가운데 케인즈는 불황기에는 국가가 재정확대를 통해 공공사업을 늘려 일자리를 확대하고 실질수요를 늘려야 한다는 '유효수요이론'을 주장했다. 케인즈 이론은 기존의 공급의 경제학에서 수요의 경제학으로 이론적 패러다임이 전환되는 계기를 만들었고, 당시 태동하던 복지국가체제에 중요한 이론적 기반을 제시했다.

국가개입과 시장중시의 판단을 가름하는 중심에는 '자유와 평등'이라는 근대사회의 출발이 된 가치관이 자리한다. 분배적 평등인가, 개인의 자유인가라는 문제는 이념적 지평으로 넓어지며, 사회체제의 구성 및 운영원리뿐만 아니라 '인간에 대한 이해'에서도 전혀 다른 관점을 갖게 된다. 국가를 신뢰하지 않는 시장신봉자들은 인간을 자신의 이익만 위해 행동하는 본성을 갖고 있는 이기적이고 기회주의적인 존재로 본다. 그러나 이기적인 본성을 가진 인간들이 시장에서 자신의 효용을 채우기 위해 경쟁하지만 효용(만족)에는 한계가 있어 어느 정도 채워지면 그 이상의 수요욕구를 갖지 않는다고 한다. 때문에 이러한 효용은 수요와 공급의 조절기제를 통해서 효율적으로 조절될 수 있다. 반면 국가개입을 중시하는 입장은 인간은 본질적으로 공동체적이며, 인간의 이기적인 속성은 경쟁에 기반하는 자본주의 자유시장이 출현하면서 나타난 현상으로 본다.

자본주의 시장의 본질을 살펴보면 시장은 강자와 약자의 불공평한 경쟁상황에서 절대 약자의 편을 들지 않으며, 이들에 대한 보호기능도 갖지 않는다. 때문에 국가가 개입하여 불공정한 경쟁을 주도하는 시장을 견제해야 한다. 또한 경쟁시장에 진입하기 어려운 사회경제적 약자를 지원하고 모든 인간이 사람답게 살 수 있는 공평한 사회를 만들 책무가 있다. 따라서 자유시장경제하에서는 강자와 약자가 공정하게 경쟁할 수 없기 때문에 국가가 보다 적극적으로 시장에 개입해야 한다는 요구를 받는다.

국가의 개입 – 복지국가의 시작

국가가 시장에 개입하는 중요한 이유는 자원배분의 효율성과 형평성을 높일 수 있다고 보기 때문이다. 시장은 시장참여자들에 대해 자율적 조정기능을 기반으로 하는 합리적 판단을 하도록 만든다고 주장한다. 시장은 이윤과 효용 극대화를 추구하지만 생산과 부의 불공평한 재분배로 인한 결과를 개인의 책임으로 돌린다. 시장을 통한 분배는 소수에 의한 지배로 이루어지고 불공정한 규칙으로 인해 공평한 분배가 어렵기 때문에 국가의 개입이 불가피하다. 국가는 공적 이익을 지향하고 법이나 규제를 통한 권력적 수단을 이용하여 조정자 · 중재자 역할을 한다.

베버리지(William Henry Beveridge, 1879-1963). 영국 경제학자, 사회개혁가. 베버리지 보고서로 잘 알려진 그는 종전 이후 이 보고서에 담긴 사회보장에 관한 내용을 1945년 노동당이 집권하면서 복지국가의 기초로 삼았다. 처칠 수상 집권 당시 무역부에 근무하면서 실업보험을 담당하는 시설부처 설립을 모색했다.

국가가 시장에 개입하는 정도에 따라 경제사상적으로 몇 가지 이론으로 구분된다. 17~18세기 고전파 경제학자들이 주장한 자유방임주의(야경국가)는 국가를 치안과 질서유지 역할만 하는 것으로 제한한다. 국가의 역할은 근본적으로 시장기능을 원활하게 작동하도록 하는 것이기 때문이다. 시장이 자원배분기능을 제대로 수행하면 모두가 가져갈 수 없는 희소자원을 효율적으로 분배할 수 있기 때문이다. 케인즈주의는 시장경제의 틀은 유지해야 하지만 경제안정을 위해서는 국가가 적극적으로 개입해야 한다는 입장이다. 자본주의는 반복적인 경기순환(변동)을 갖게 되는데 경기순환에 대해 재정정책과 통화정책으로 시장에 개입하여 그 변동폭을 감소시켜야 한다고 주장한다. 국가개입의 중요한 분기점이 된 것은 영국에서 베버리지(W. H. Beveridge)가 1942년 발표한 「사회보장과 관련 서비스」[21]라는 베버리지 보고서인데, 이 보고서에서 베버리지

21) 베버리지 보고서는 영국에서 1921년 국민보험법이 통과된 후 국가에 의한 사회보장이 확대되면서 이를 운용하는 행정기관들 간의 역할의 중복 및 혼선 등의 문제가 발생했다. 이는 사회보험을 총괄하는 조정기구 부재로 인한 문제라 보고 실태조사와 문제해결을 위한 발족된 조사위원회가 베버리

는 핵심개념으로 '복지국가'라는 용어를 사용했고, 이후 많은 나라들이 복지정책을 세우는 목표가 되었다. 복지국가주의는 국가가 국민들의 가장 기본적인 생활을 보장하는 '국민최저생활(National Minimum)'을 실현시켜야 한다는 개념이다. 국가는 실업자에게 직장을 구할 때까지 생계를 지원하고, 최소한의 의료 · 교육 등의 혜택을 제공해야 한다. 1944년 영국 정부도 「베버리지보고서」를 받아들여 백서를 작성했고 복지국가 실현을 위한 정책으로 삼았다. 베버리지보고서는 강제적 사회복지를 위한 국가개입의 구체성을 담고 있는 효시이다.

3 복지국가의 태동과 확장

모든 국민은 행복을 추구할 권리가 있다

인류 역사의 어느 시기를 살펴보더라도 자본주의 경제체제를 이룩한 지금의 시기만큼 물질적으로 풍요로운 생활을 영위한 때는 없었다. 기술발전과 생산력 향상은 엄청난 생산성 증가를 가져왔고 각종 문명의 이기들이 인간의 삶을 대신하거나 보조하고 있다. 인류의 역사는 계속 발전해왔다. 근대가 인류에게 가져다준 선물은 '인간 존재에 대한 깨달음'이었다. 인간은 종교 · 권력 등 사회구조적 권위에 억압받는 대상이 아니라 자유 · 평등 · 정의의 가치로 상징되는 가장 존엄한 존재라는 것이다.

인류가 이룩한 최고의 발전된 사회라 할 수 있는 자본주의는 20세기 들어 두 번의 세계대전과 대공황을 겪으며 위기의식이 커져갔다. 소비에트연방에 세워진 사회주의 체제 또한 자본주의 국가들에게도 커다란 위협이 되

지 보고서를 작성했다. 주요 내용으로 강제적 사회보험을 위한 6가지 원칙(정액급여, 정액기여, 행정책임 통일, 급여 적절성, 포괄성, 피보험자 세분화)과 공공부조, 임의보험 등의 중요한 사회보장계획을 담고 있다.

었고 이는 양 체제의 우월을 내세우는 체제경쟁으로 이어지면서 선진 자본주의 국가들은 전쟁의 폐해에서 절망적인 국민들이 갖는 사회주의에 대한 기대를 차단하고 자본주의의 우월성을 강조하기 위해 각종 사회보장제도를 수립하면서 국민들의 복지에 대해 제도적 접근을 하게 되었다.

우리나라 헌법 제10조는 "모든 국민은 행복을 추구할 권리가 있다"고 규정하고 있다. 인간으로 살아가는데 필요한 것을 보장받을 때 행복하다고 말할 수 있고 행복하게 살기 위한 조건을 요구하는 것 또한 권리이다. 국가는 모든 국민들이 어떤 상황에 있든지 행복을 보장해 주는 것이 기본적 책무임을 법으로 명시한 것이다.

국민국가의 성공은 산업자본주의의 발전 덕분이었다. 이와 함께 노동자계급은 노동조합을 통한 단결권과 정치적 활동의 확장으로 높은 임금, 더 나은 주거환경, 의료보호, 자녀양육 및 교육과 같은 요구들을 나타냈다. 이러한 요구들은 국가를 통해서만 가능했다. 이들이 원하는 국가의 형태는 시민의 복지에 대한 포괄적인 책임을 갖고 시민적 권리로서 최소한의 소득, 영양, 건강, 주거, 교육을 제공하는 국가였다.

사회보장제도는 사회적 안전을 유지하기 위해 국가가 적극적으로 개입하여 수행하는 사회정책이다. 사회적 안전은 인간이 살아가면서 겪게 되는 불안과 위험을 보호하거나 해결될 때 유지될 수 있다. 개인의 행복을 유지하기 위한 전제조건으로 사회적 안전이 보장될 때 인간은 비로소 진정한 인간다운 삶을 살아갈 수 있는 환경이 만들어지는 것이다. 인간답게 살아갈 수 있는 사회적 환경이 만들어질 때 모든 개인은 행복해질 수 있다. '행복'은 개인이 느끼는 삶의 만족에 대한 감정이지만 '복지'는 삶의 만족 정도에 대한 개인의 감정을 넘어서는 제도적 장치이다. 행복은 가변적이고 주변의 상황에 따라 느끼는 정도의 크기가 다양하지만 복지는 항시적이며 사회구성원 전체에게 영향을 준다. 즉, 복지제도가 수립되고 그 수혜 정도가 클수록 사회구성원이 느끼는 행복은 커지게 된다. 복지라는 용어는 그 자체로 사회적이고 공동체적 의미를 포함하고 있어서 일반적으로 '사회복지'라는 용어로 표현한다. 사회복지는 사회적 안전을 위협하는 사회적 위험들을 예방하거나 또는 그런 위험들로부터 겪는 곤란을 해결하기 위한 국가적이고 제도적 장치이다. 사회복지는 자본주의 경제체제의 산물이며 자본주의 위기가 심화되면서 더욱 확대되어왔다.

'위험'의 사회화 : 사회복지 개입의 필요성

복지국가는 국민의 복지를 위해 국민생활에 구체적으로 개입하는 국가조직을 말한다. 국가가 개입하는 국민생활 영역은 사회적 위험을 당하게 되는 모든 사람들인데, 빈곤층에 대해서는 소득을 직접 지원하여 일정 수준 이하로 떨어지지 않도록 하고, 실업자에게 일자리와 직업훈련 기회를 제공하며 실업급여를 지급한다. 치료비가 없어 질병을 제대로 치료받지 못하는 저소득계층에게 의료급여를 제공하는 것 등이다. 사회보장제도는 국가가 주도하는 사회복지활동이며 사회보장제도를 통해 국민들의 생활수준을 보장한다.

자본주의 사회구조에서 야기되는 퇴직, 실업, 질병, 산재 등의 사회적 위험으로부터 보호와 지원을 위해 사회보장제도를 시행하는 국가를 전통적 복지국가라고 일컫는다. 전통적 복지국가에서는 자본주의 국가들이 공통적으로 겪는 사회문제에 대응하는 방식이 거의 같다. 즉, 질병, 사고, 노령, 실업, 빈곤, 사망 등으로 인한 노동력 상실과 생계곤란 문제를 사회보험방식으로 해결하는 제도를 실시한다. 사회보장제도는 국가별로 차이가 있기는 하지만 대체로 재해보험, 의료보험, 실업보험, 연금보험, 간병보험 등의 사회보험체계로 구성된다. 이러한 사회보험의 필요성은 산업화된 국민경제에 종사하는 대부분의 국민들은 자신의 노동력 가치에 의존하며 그에 따른 임금으로 생존해간다. 때문에 일시적이거나 영구적인 노동력 상실은 농경사회도 아닌, 조직화되고 고도로 전문화된 현대 자본주의 사회에서 자신의 생존을 위협하는 커다란 요인이 아닐 수 없다.

근대사회로 접어들면서 사회적 위험의 발생 가능성이 더욱 높아졌다. 사실 질병이나 노령, 사망은 누구도 피할 수 없는 보편적 위험이지만 실업이나 빈곤은 누구나 겪을 가능성이 큰 위험이다. 이는 사회구성원들이 계층화되고 질병, 노령 등과 같은 위험이 교차하면서 노동력 상실로 인한 소득감소 또는 소득상실이라는 더 큰 위험으로 확대된다. 또한 개인적인 위험이 사회적인 위험으로 전화될 때 더 큰 문제가 발생하므로 이를 해결하기 위해 국가의 개입이 필요하다. 이러한 이유로 인해 사회적 위험의 관리방식이 점점 집합적 방식으로 바뀌게 되었다. 임노동에 의존하면서 가족을 부양하는 문제 때문에 핵가족이 주된 가족형태가 되었으나 가족으로만 이러한 사회적 위험에 대처하는 것이 어려워졌다. 또한 종교단체나 자선단체, 이웃들로부터 충분한 자원을 확보하여 위험에 대비하거나 해결하는 것이 쉽지 않게 되면서 사회보험을 통한 사회보장제도의 필요성은 더욱 커졌다.

전통적 복지국가는 완전고용[22]을 전제로 하며, 특히 가족부양자로서 남성의 역할을 중요시하는 특징이 있다. 때문에 실업은 가족생계 차원을 넘어 사회불안을 야기하는 요인이 될 수 있기 때문에 산업화가 더욱 빠르게 진행되면서 노동자의 고용과 실업문제는 정부의 가장 중요한 사회정책으로 떠올랐다. 영국이 1911년 공식적으로 실업보험을 실시함으로써 전통적 복지국가의 모델이 되고 사회복지제도가 확장되는 커다란 사건이 되었다. 이전

22) 사회보험 확대의 첫 출발이 된 베버리지 보고서는 사회보험의 성공적인 정착을 위해 세 가지를 주창했는데 그 중 하나가 적극적 노동시장정책을 통한 완전고용이었다. 완전고용은 실업자가 전혀 없는 100% 고용을 의미하지 않는다. 대체로 3% 내외의 실업률일 때 완전고용으로 평가한다.

의 실업문제에 대한 해결은 노동자들의 자조적인 시도로 노동조합을 결성하여 시행한 실업공제기금이었다. 20세기 초 영국, 프랑스, 독일 등지에서 실업공제기금에 정부가 보조금을 지원하기 시작했지만 여전히 임의적인 실업보험제도였다. 실업기금이 노동자들의 자구적인 노력에서 제도적인 강제성을 갖게 된 최초의 형태가 영국의 실업보험이었다. 실업보험의 실시는 당시로서도 파격적인 조처였다. 그 전까지 노동자 자신이 스스로 생계를 책임져야 하는 자조정신으로 실업공제기금을 운영해왔지만 실업문제를 노동자 개인의 문제가 책임이 아닌 사회적 책임으로 보고 이를 지원하는 것은 실로 국민복지제도로의 대전환이었다.

유럽의 많은 국가들이 20세기 중반에 들어서면서 가족수당을 도입했다. 당시의 사회적 인식은 가족부양의 책임이 가장인 남성들에게 있고 여성은 보호제공자라는 가족모델이 지배적이었다. 때문에 사회보험을 통해 남성 가장에게 현금급여를 지원하는 것을 중요하게 여겼지만 여성의 취업을 지원하기 위해 제공되는 아동 양육이나 노약자 돌봄 같은 사회서비스는 매우 취약했다. 사회구조의 변화로 아동들에게 보편적 교육이 실시되면서 아동 양육의 책임이 부과되고 이에 따른 가계지출이 늘어나게 되었다. 농업이 주된 경제활동방식이었던 봉건제 사회에서 가족 구성원이 같은 공간에서 노동과 생활을 함께하며 부모가 자녀의 양육을 담당했던 것과는 달리 자본주의 사회에서는 주거와 일터가 분리되면서 자녀양육의 책임이 더해지기 시작했다. 따라서 부모의 노동으로 아동양육이 소홀해지거나 실업이나 질병 등으로 가족부양이 어려워질 경우 이를 한 가구의 불행이 아닌 사회적 위험으로 보고 가족수당을 도입한 것이다.

복지국가의 확대

1911년 영국의 강제적 실업보험의 시행으로 점차 많은 나라들이 실업보험과 함께 노령연금, 산재보험, 건강보험, 아동수당제도를 실시하기 시작했다. 1930년대 대공황과 제2차 세계대전 이후에는 많은 나라들이 복지국가로서 기본 틀을 다듬어가고 있었다. 1900년에 정부예산 중 국내총생산(GDP) 대비 사회보장비가 3%가 넘은 나라는 독일과 스위스였고, 영국, 덴마크, 스웨덴은 1910년 이전에 이미 3%선에 달했으며, 공황기였던 1930년에는 프랑스, 네덜란드, 오스트리아, 벨기에 등 대부분의 유럽 국가들이 사회보장비 지출이 5%에 달했다(표 1 참조).

〈표 1〉 선진 자본주의 국가들의 사회보험 도입과정

	산재보험	의료보험	연금보험	실업보험	가족수당
벨기에	1903	1894	1900	1920	1930
네덜란드	1901	1929	1913	1916	1940
프랑스	1898	1898	1895	1905	1932
이탈리아	1898	1886	1898	1919	1936
독일	1884	1883	1889	1927	1954
아일랜드	1897	1911	1908	1911	1944
영국	1897	1911	1908	1911	1945
덴마크	1898	1892	1891	1907	1952
노르웨이	1894	1909	1936	1906	1946
스웨덴	1901	1891	1913	1934	1947
핀란드	1895	1963	1937	1917	1948
오스트리아	1887	1888	1927	1920	1921
스위스	1881	1911	1946	1924	1952
오스트레일리아	1902	1945	1909	1945	1941
뉴질랜드	1900	1938	1898	1938	1926
캐나다	1930	1971	1927	1940	1944
미국	1930	–	1935	1935	–

출처 : Pierson(2006).

유럽 복지국가가 성립하는 데 영향을 준 정치사회적 요인들을 살펴보면 첫째, 직접민주주의 제도를 통한 노동자계급의 정치세력화이다. 사회보장제도가 도입되는 과정에서 참정권을 얻은 노동자들이 노동조합활동을 넘어 좌파정당을 결성하며 적극적으로 정치에 참여하게 된다. 노동자계급의 정치세력화 확대는 복지국가 성립에 많은 영향을 끼쳤다. 둘째, 사회민주주의의 등장이다. 19세 말 자본주의 이후 새로운 사회에 대한 혁명을 주창한 칼 마르크스 이론에서 벗어나서 자본주의 체제 안에서 자본의 역할을 인정하는 대신 국가의 강제적 개입을 극대화시키는 정치세력으로서 수정 자본주의 입장을 갖는 페이비언주의나 강단사회주의자들이 포함된다. 사회민주주의자들은 자본주의 사회의 모순을 국가가 개입함으로써 개선하거나 제거하는 데 초점을 두었다. 셋째, 1930년대 발생한 대공황과 케인즈 경제 이론이었다. 대공황으로 인한 각 국의 국민총생산과 실질국민소득의 하락, 대규모 실업 등으로 인한 빈곤층 증가는 국가의 제도적인 개입이 요구되었다. 대공황의 원인이 된 고전파 경제학의 자유방임 시장경제이론은 케인즈의 일반이론(유효수요이론)으로 바뀌게 되었다. 고전파 경제학은 시장은 항상 수요와 공급의 균형을 통해 자기규제적이고 조절적인 능력을 가지고 기능한다고 주장했으나 제1차 세계대전 이후 10년간의 호황 끝에 찾아온 대공황의 원인에 대해 설명하지도, 해결책도 제시하지 못했다.

대공황시기 미국의 빈곤가정 모습

케인즈의 일반이론으로 국가의 적극적 개입을 통한 복지국가가 이룩되고, 이를 통해 대공황으로 발생한 문제들이 해결되면서 국가의 적극적 개입이 모든 국가에서 정당화되었다. 케인즈식 복지국가가 확대되면서 나타난 공통적인 정책기조는 완전고용의 실현, 국민최저생활(National Minimum) 설정, 보편적 사회서비스 확립이었다.[23] 또한 복지국가의 발전과정에 나타나는 현상으로 복지국가 수립의 중요한 제도적 조건이 사회보험이지만 그것만으로 복지국가를 받치기에는 불완전했다. 때문에 많은 나라들이 복지국가의 틀을 형성해가는 과정에서 사회보험제도의 도입과 더불어 노동시장정책을 포함한 경제정책, 보건의료정책, 교육정책 등 다양한 사회정책들을 시행했고 이로써 복지국가의 틀을 만드는 데 중요한 역할을 했다.

23) 미쉬라(R. Mishra)는 복지국가의 3대 조건으로 이 세 가지를 제시했다. Mishra, 남찬섭 역(1996). 복지국가의 사상과 이론. 한울아카데미.

4 복지국가 발전의 두 동력 : 산업주의와 사회민주주의

자선에서 사회복지로

복지국가는 자본주의가 발전하면서 성립된 국가제도이다. 복지국가 이전에도 나라별, 시대별로 다양한 차이가 있지만 어려움을 당한 사람들을 위한 전통적인 구휼제도는 항상 있어왔다. 일정 지역에서 생활을 함께하는 이웃들 중 신체적 조건으로 경제활동을 할 수 없거나, 또는 취약한 사회적 조건에 있는 이들의 경제활동능력을 보완하고 강화하는 등의 원조방식은 항상 있어왔다.

유럽의 경우 이러한 자발적인 원조활동은 종교단체들이 담당했다. 사회복지제도의 초기 형태는 이러한 종교공동체와 혈연을 매개로 한 지역공동체에서 시작되었다. 민간의 자발적 자선과 봉사활동은 그 자체로 사회적 위기에 대한 공동체적인 책임과 연대라는 가치를 실천하는 중요한 활동이긴 했으나 도움을 받는 사람의 입장보다는 도움을 주는 사람 입장에서 선의를 베푸는 형태가 되다보니 도움을 바라는 사람들의 진정한 욕구를 충족시키지 못하거나 불규칙적이고 자의적이었다. 자발적인 도움으로 이루어지는 자선이나 봉사행위는 생각이 바뀌거나 환경이 달라지면 언제든지 중단될 수 있기 때문이다.

'복지'의 의미는 다양한 뜻으로 풀이된다. 가장 단순하게는 '행복(well-being)' 또는 '행복을 위한 물질적 · 사회적 조건'으로 설명할 수 있다. 피어슨은 복지의 하위체계로 사회복지, 경제복지, 국가복지 세 개의 영역을 말한다(Pierson, 2006). 사회복지는 집합적(또는 사회적)으로 제공되는 급여 또는 복지 수혜를 포괄하는 것이며, 경제복지는 시장이나 공적 경제를 통해 보장되는 복지의 형태를, 국가복지는 국가기구를 통해 제공되는 사회복지 급여를 말한다. 사회복지는 국가에 의해 제도적으로 항시 시행되는 사회정책의 중요한 실천체계이며, 국민의 기본권을 보장하는 국가의 가장 기본적 의무사항이기도 하다. 그러나 모든 국가의 사회복지정책체계나 제도들이 항상 안정적이고 규칙적일 수만은 없다. 권력을 잡은 통치자의 의지에 따라 복지체계가 바뀌거나 축소될 수 있다. 따라서 대의민주주의를 정치구조로 하는 서구국가들은 이러한 복지국가로서의 정체성을 훼손하지 않기 위해 법률로 제도화했다. 제도화된 복지국가는 국민들의 복지를 위해 항시적인 사회정책을 시행하며 사회경제적 변동에 따라 그에 맞는 대응을 하게 된다.

복지국가를 이끈 이념, 산업주의와 사회민주주의

복지국가 발전단계는 대체로 네 시기로 구분한다. 첫 번째는 복지국가 태동기로 유럽 자본주의 국가들이 사회보험을 도입한 1880년대에서 1914년이며, 두 번째는 복지국가 정착기로 사회보험제도가 정착되는 1920년에서 제2차 세계대전이 종전한 1945년, 세 번째는 복지국가 팽창기로 세계 선진 자본주의 국가들에서 사회복지제도가 확대되면서 소위 '복지국가의 황금기'라 불리는 1945년부터 1975년까지이며, 마지막은 복지국가 재편기로 신자유주의로 인해 복지국가 축소가 이루어진 1980년 초부터 현재까지 시기이다(Pierson, 2006).

어느 사회이든 제도로서 사회가 발전하는 과정에서 사회의 기원이나 성격, 본질 및 사회의 변화에 대한 구조적인 관념체계가 있기 마련이다. 이를 일컬어 흔히 사회사상이라 하는데, 복지국가가 발전해오는 과정에서 나라별로 다른 환경적 요인은 있지만 공통적으로 사회복지가 시작된 기원이나 발전해오는 과정의 변화들을 추적하고 분석하면 나름의 사상과 이론체계를 갖고 있다. 서구의 복지국가 발전을 이끈 중요한 사상으로 산업주의와 사회민주주의를 들 수 있다.

사람들이 겪는 다양한 개인적 위험들이 점차 사회적인 위험으로 전환되고, 노령과 같은 생애주기위험 등도 점차 집단적이고 제도적인 방식으로 해결해야 필요성이 커지면서 사회복지가 발전했지만, 한편으로 시장경제의 발전이 이러한 위험의 강도를 더욱 크게 확대시켰다. 사회적 위험으로부터 사람들을 보호하기 위한 목표로 사회정책이 더욱 강화되었고 평등주의는 이러한 목표의 파생적 결과였다.

복지국가 기원에 대해 기능적으로 설명하는 산업주의의 시각에서는 사회적 위험을 가족으로 내부화하는 모델이 더 이상 작동하지 않는 것을 복지국가 발생의 요인으로 본다. 산업화이론은 복지제도가 형성되고 수립되는 과정에서 산업화의 역할을 강조한 이론으로 수렴이론(convergency theory)[24]이라고도 한다. 서구의 정치적 가치나 정치제도보다 산업주의(industrialism)를 더 강조함으로써 마셜의 시민권 이론[25]보다 복지에 관해 더 넓은 관점을 제공한다. 산업화이론으로 볼 때 복지국가는 산업화 과정에서 생겨난 새로운 욕구와 자원의 산물이다. 또한 산업화 배경 속에서 완전한 시민권을 얻기 위한 성공적인 정치적 행동의 산물이기도 하다.

수렴이론은 산업사회의 사회구조를 결정하는 요인이 사회적 합의, 이데올로기, 계급 간의 대립이 아니라 기술의 발전 정도, 즉 산업화이며 어느 정도 산업화를 이룬 국가들의 사회제도는 어느 한 점으로 수렴되어 비슷하게 되어간다는 입장이다. 수렴이론에 기초한 산업주의는 사회복지발전을

24) 윌렌스키(H. L. Wilensky)와 르보(C. N. Lebeaux) 등이 대표적인 학자들이다. 수렴이론은 경제발전 수준이 높아질수록 사회복지가 유사한 행태로 수렴된다는 이론이다(Wilensky & Lebeaux, 1965).

25) 마셜(T. H. Marshall)은 영국의 시민권이 세 단계를 거쳐 발전해왔다고 보았는데, 18세기에는 공민권(언론, 집회, 결사의 자유, 사유 재산권 보장), 19세기에는 정치권(선거권과 피선거권을 통해 공적 활동에 참여할 수 있는 권리), 20세기에는 사회권(건강, 교육, 적정한 생계비)으로서 시민권이 등장했다. 사회권 보장은 시장에서 발생하는 불안정성을 낮추고, 시장에서 야기된 불평등을 완화시킨다. 사회권은 복지국가의 등장과 중요한 관련을 갖고 있으며 시민권의 확장은 근본적으로 평등지향이라고 본다(Marshall, 1963).

다음과 같이 평가한다.

첫째, 산업화는 구 사회체제를 해체시키면서 노동형태를 변화시켜 새로운 노동구조로 편입해야 하는 피고용자들을 만들어낸다. 즉, 자본이 없어 노동력을 팔아 생계를 해야 하는 사람들을 증가시킨다. 임노동자로 고용된 사람들의 소득이 질병, 실업, 사고, 노령 등으로 중단되면 그들의 삶이 위협받으므로 제도적인 소득보장 프로그램을 도입하게 된다. 둘째, 산업화는 도시화를 불러오고 이에 따라 주택, 보건, 환경 문제 등이 발생한다. 또한 산업화는 숙련된 노동력과 교육받은 시민을 필요로 하기 때문에 이들에 대한 교육이 중요하게 된다. 이러한 변화들과 함께 지리적 이동 등으로 핵가족제도가 정착되면서 확대가족이나 이웃, 친척, 교회 등 공동체의 비공식적인 사회적 원조망에서 멀어지게 되고 우애조합, 자선부조, 정부의 보조 프로그램 등과 같은 공식적이고 조직된 사회복지제도가 도입된다. 셋째, 산업화는 전통적인 가족형태에도 변화를 불러왔는데 가정주부 역할에만 머물던 여성들이 노동시장에 참여하게 되고 이로 인해 가정 내에서 전통적인 여성의 역할을 대신할 제도적 필요성이 증가하면서 '돌봄' 등의 사회서비스가 발달하게 된다. 수렴이론에서는 상이한 정책과 복지체계는 산업화 초기단계에서만 나타나며 사회가 점차 고도의 산업화를 이루면 초기의 차이는 빠른 속도로 좁혀진다.

산업주의는 자본주의 체제에서 사회복지제도를 보완적인 형태에서 제도적인 것으로 정착시키고, 국가별로 상이한 복지체계를 제도적으로 수렴시키는 것으로 본다. 그러나 다양한 복지제도를 가진 선진 자본주의 복지국가 간의 사회복지 수준의 차이에 대한 원인분석에 대한 설득력은 약하다. 그러나 산업주의 이론은 산업사회에서 어떤 정치체제와 관계없이 정부와 기업이 사람들의 기본적인 욕구를 충족시키는 데 주도적인 역할을 하는 것으로 보았으며, 특히 복지와 관련해서 국가가 핵심적인 제도로 나타났는지 잘 설명한다. 산업화이론이 제시하는 설명범위가 광범위하여 넓은 시각에서 복지국가의 발전을 볼 수 있게 하는데, 그 이유는 복지제도가 어떤 특정 국가나 서구사회에 한정된 것이 아니기 때문이다.

복지국가 성립배경에서 산업화와 산업주의 이론과 완전한 시민권을 얻기 위한 정치적 집합의 산물로 보는 흐름과 함께 중요한 또 다른 축은 정치적 이데올로기인 사회민주주의 이념이다. 사회민주주의는 산업주의와 시민권의 획득이라는 두 해석에 기반하면서, 특히 자본주의를 점진적으로 개혁시키려는 사회민주주의의 성공적인 정치적 노력이 케인즈 경제이론과 결합되면서 복지국가를 더욱 발전시켰다고 평가된다. 더 구체적인 평가는 사회민주주의 이념이 갖고 있는 정치적 힘과 자본의 경제적 힘 사이의 권력투쟁이 복지국가를 태동시킨 요인으로 본다. 영국에서 1834년 제정된 구빈법은 산업혁명의 결과로 생긴 빈곤문제에 대한 국가의 대응조치였다. 구빈법에 의해 스스로를 돌볼 능력이 없는 사람들을 구빈원에 감금시켰는데 구빈원의 상황은 너무 열악하여 이들이 여기서 돈을 벌 수 있는 대안적인 일자리를 만드는 것은 불가능했다. 빈곤계층들은 시장을 자신들의 빈곤문제 해결책이기보다 문제를 만드는 근원으로 보았다. 이는 시장에서 자신들의 노동력이 항상 낮은 가격으로 제공되고(저임금) 노동조건이 더 좋아질 수 없음을 의미했다. 결국 빈곤계층은 문제해결을 위한 방법으로 시장보다 정치를 신뢰하게 되었다. 1800년대 중반부터 사회주의 운동에 영향을 받은 노동자들은 스스로 정치적 조직화를 이루어나갔으며, 이어서 유럽의 자본주의 국가들에서는 적어도 하나 이상의 사회주의 이념을 근간으로 하는 노동자 정당이 생겨났다. 1863년 독일 사회민주당(Sozialdemokratische Partei Deutschlands), 1889년 스웨덴 사회민주당(Sveriges socialdemokratiska arbeparti), 1893년 프랑스 사회당(French Parti socialiste), 1898년 영국 노동당(British Labour Party)이 만들어졌다. 이러한 노동자 정당을 통해 사회민주주의는 유럽 복지국가와 가장 친화적인 이념으로 자리잡아갔다. 근대 유럽의 정치사상적 흐름에서 중도좌파에 속하는 이들 정당들은 공통적으로 자본주의 사회에서 인구학적 구성으로 다수를 차지하는 노동자계급의 이익을 대변하면서 선거를 통해 권력을 획득하려는 목표를 갖고 있었다.

1930년대까지 노동조합과 사회주의 운동은 사회적 안전과 보호의 공급자 역할을 했다. 이후 복지국가체제가 수립되면서 사회민주주의는 복지국가 운영이념으로서 제도적 틀을 형성하는 데 많은 기여를 해왔다. 사회민주주의는 자본주의 사회의 불평등과 소득편중현상에 대해 개인의 노력과 능력의 차이와 비교할 때 너무 과도하다는 것과, 부의 공평한 분배를 위한 사회정의 실현을 정치의 궁극적 지향점으로 제시한다. 따라서 개인의 노력과 능력에 따른 형평성이 보장되는 사회를 만들고 인간의 노동가치가 존중되는 사회를 목표로 한다. 이렇게 사회민주주의가 지향하는 사회상은 복지국가와 맞닿아 있으며, 이 때문에 복지국가와 사회민주주의가 동일화되기도 한다. 복지국가모델에서 더 구체적으로 다루겠지만 스웨덴의 경험을 보면 사회민주주의는 복지국가를 통해 구현되고 복지국가는 사회민주주의 이념을 구현하는 전략적 도구로 기능한다.

제3절 복지국가 – 위기에서 전환으로

1 현대 복지국가의 구조문제

복지국가의 위기 : 사회적 위험의 변화와 새로운 복지체제의 필요성

국민국가의 경제주체는 국가, 시장, 가계로 구성된다. 아울러 사회적 위험을 관리하는 세 영역은 복지국가, 시장, 시민사회(가족)이다.[26] 복지국가는 사회적 위험의 범위와 그로 인한 보호 대상자의 자격 등과 관련하여 제도적이고 포괄적으로 규정할 것인지 아니면 최소한의 잔여적인 범위와 대상으로 할 것인지를 규정한다.

복지국가는 사회적 위험이 개인으로 전이됨으로써 야기되는 사회적 불행을 완화시키고 인간다운 삶의 영위를 위협하는 기본적인 위험들을 분산시키기 위해 사회정책을 확대하는 것뿐만 아니라 정부와 시민 간의 사회계약을 다시 쓰는 노력이었다. 복지국가는 국가와 시민 사이에 새로운 계약이 성립됨을 나타내는 표상이다. 이는 시민들의 사회권을 인정하는 동시에 계급분열의 다리를 놓겠다는 의미이기도 했다. 복지국가는 역사적으로 개별 국민국가의 특수한 경제사회적 조건에 따라 발생되는 각종 사회적 위험과 인구분포에 조응하는 형태로 구성되었다. 1945년 전후의 복지국가는 1930년 대공황과 대량실업이라는 사회적 상황하에서 남성 생산 노동자들의 완전고용을 목표로 세워졌다. 이안 고프(I. Gough)는 복지국가를 "자본주의 사회에서 노동력의 재생산을 수정하기 위한 그리고 비노동 인구를 부양하기 위한 국가권력의 사용"(Gough, 김연명 · 이승욱 역, 1990)으로 정의한다. 노동력

---

26) 에스핑-안데르센은 가족을 중요한 복지의 원천으로 본다. 하지만 이 책에서는 제3섹터의 복지공급원을 가족을 포함한 시민사회로 확대하여 사회적경제 영역에서의 복지자원 생산과 분배구조를 살펴보고자 한다.

의 재생산을 국가의 중요한 복지활동으로 보는 것이다. 그러나 복지국가에서 사회정책의 주된 대상자는 주된 노동력인 가정생계 부양자로서 남성의 역할을 중시하고 노동시장에서의 이들의 고용안전과 가족들의 생계보호였다. 여성은 가사를 전적으로 하는 주부임을 전제로 하였기 때문에 어머니로서 여성의 위험은 사회정책에서 중요한 관심사가 되지 못했고 따라서 육아휴가나 출산휴가 등은 거의 존재하지 않았다.

복지국가의 위기는 1970년 후반과 1980년 초반 미국의 레이건과 영국의 대처가 연이어 신자유주의를 정부정책으로 내세우면서 1970년대 경기침체를 극복하기 위한 방안으로 복지국가 축소가 전면에 대두되었다. 역사적으로는 후기 산업사회에 들어서면서 가족의 불안정과 실업의 증가, 고용불안이 사회적 특징으로 대두되었다. 이러한 특징들이 점차 자본주의 국가들의 사회적 위험으로 일반화되면서 복지국가 역할에 대한 새로운 모색이 시작되었다.

복지국가는 사회적 위험에 대응하는 공적 관리로서 사회정책을 시행하는데, 사회정책은 복지국가 없이도 존재하지만 반대로 사회정책이 없는 복지국가는 존재하지 않는다. 복지국가에 대한 규정은 사회정책을 통해 공적 부문에서 제공되는 복지 서비스에 대해 초점을 맞추게 되므로 사적 부문에서 제공되는 잔여적 복지(residual welfare)문제가 남는다. 때문에 에스핑-안데르센은 복지의 생산과 분배라는 좀 더 광범위한 차원에서 '복지체제(welfare regime)'라는 용어를 사용한다(Espimg-Andersen, 박시종 역, 2006). 복지체제는 국가와 시장, 시민사회 사이에 생산되고 분배되는 상호 의존적인 결합방식으로 설명할 수 있다.

사회적 위험은 자본주의가 만들어내는 부정적 결과이며 이 영향으로 사람들의 삶이 훼손되거나 희생당하지 않도록 하는 보호가 필요하다. 어떤 위험은 무작위적으로 발생하기도 하지만 대부분의 위험은 규칙성을 띠고 발생한다.[27] 복지체제를 구성하는 내용물에는 이러한 사회적 위험에 대한 대응을 포함한다. 사회적 위험이라는 부정적 결과들을 극복하는 방법이나 반응은 국가, 시장, 가족 또는 시민사회에 의해 수행되며, 보호반응은 구축되는 방식에 따라 그 결과는 다양하게 나타난다. 국가는 가족이나 시민사회와는 다른 방식으로 사회적 위험에 대한 보호를 수행한다. 이는 개별국가의 역사적으로 특수한 조건에 따라 다르게 나타나는데, 어느 사회에서는 전통적으로 국가의 중요성을 강조한 반면, 다른 사회에서는 가족이나 시민단체가 중요한 역할을 해왔다. 어느 사회이든지 자본주의에 대한 반응은 다르게 나타나지만, 공통적인 현상은 자본주의로부터 많은 이익을 얻어내려 하나 자본주의의 부정적 결과에 대해서는 서로 다른 방식의 보호책으로 대응한다.

전통적 복지국가가 남성 중심 및 소득 이전 중심의 사회정책의 편향성을 계속 유지할 수 있었던 것은 가정에서 스스로 필요한 서회서비스를 공급해 왔기 때문이다. 남성 주생계부양자 가족은 맞벌이 가정에 비해 공적 또는 사적 서비스 수요가 적다. 가족들이 서비스를 자급자족하게 되면 노동공급이 줄고 서비스 지출이 위축되면서 시장에 직접적인 영향을 주게 되고 여성들의 노동시장 진입도 낮아지게 된다. 반면 국가에 의한 서비스가 제공될 경우 취업을 하려는 가정주부가 많아지면서 노동력이 증가하고 맞벌이 가정이 서비스를 구매하려는 수요가 늘게 된다.

전 지구적 자본주의화가 이루어진 지금 복지정책의 변화로 인한 전통적 복지국가의 한계가 드러나고 있다. 많은 나라들에서 국가가 정당하게 부과할 수 있는 최고세율은 이미 정점을 지났고 이로 인해 복지서비스의 확대는 정체되고 있다. 지속적인 복지확대가 복지국가 에토스(ethos)의 핵심이었던

---

27) 에스핑-안데르센은 사회적 위험을 '계급위험(class risks)', '생애주기 위험(life-course risks)', '세대 간 위험(intergenerational risks)' 세 가지 축으로 분류한다. 이 세 가지 위험은 가족에 의해 내부화되거나, 시장에 의해 배분될 수도 있고, 복지국가에 의해 흡수될 수도 있다. 계급위험이나 세대 간 위험은 자본주의가 만들어낸 부정적 결과이다.

만큼 복지서비스의 둔화와 정체는 복지국가의 정체성에 대한 혼란과 자신감의 문제로 나타나고 있다.

자본주의 시장위험에 대한 보호기제[28)]– 국가, 가정, 시민사회

자본주의 발전으로 사회적 위험의 범위나 정도가 점점 더 커지는 것은 가계소득을 전적으로 시장에 의존할 수밖에 없는 경제구조에 기인한다. 개인의 생존이 개인이 선택할 수 없는 조건 속에서 이루어지고 시장참여자에 대한 조건이 더욱 강화되고 있기 때문이다. 그러나 점차 개인들은 시장이 안전한 소득을 보장해줄 수 없고, 안정된 일자리도 보장하지 않는다는 사실을 점차 깨달아가고 있다. 시장은 경쟁 메커니즘으로 작동되므로 숙련도가 떨어지는 노동자들은 언제든 시장에서 주변으로 밀려나거나 쫓겨나게 된다. 사회적 위험이 일반화될수록 가족과 시장이 실패할 가능성이 더욱 높은데 그 이유는 가족과 시장이 위험들을 충분히 흡수할 수 있는 능력이 소실될 가능성이 커지기 때문이다.

사회적 위험을 관리하는 형태가 개인이나 소집단에서 점차 집합적인 대응방식인 사회적 보호로 바뀌어 온 것은 개인적 위험이 사회적 문제로 전이되기 때문이다. 개인의 질병은 사회적으로 보면 노동력의 상실과 부족이라는 문제를 발생시킨다. 이러한 개별적인 위험상황이 많은 개인들에게 발생

---

28) 칼 폴라니(K. Polanyi)가 그의 저서 『거대한 전환(The Great Transformation)』에서 밝힌 '이중적 운동(double movement)과 '자기보호(self-protection)' 개념에 기반한 내용이다. 폴라니는 시장경제는 애초부터 사회에서 분리되지 않고 사회의 통제를 받는다는 의미에서 '배태(embeddedness)'라는 개념을 사용했다. 이는 경제가 자율적인 것이 아니라 정치・종교・사회관계들에 종속되어 있다는 생각을 나타낸다. 이중적 운동은 사회 안에서 작동하는 두 가지 조직원리활동인데, 이 원리들은 모두 각각 자신에 맞는 특수한 제도를 확립한다는 목적을 설정하여 일정한 사회세력을 모아 고유한 방법으로 행동한다. 첫째 원리는 경제적 자유주의로서 자기조정 시장의 확립을 목적으로 사업에 종사하는 사회계급의 지지에 의존하는 것이며, 다른 하나는 사회보호의 원리로서 인간, 자연뿐만 아니라 생산조직을 시장의 부정적 결과로부터 직접 영향을 받은 계급들을 보호하는 것이다. 시장의 해로운 운동에 대한 자기보호는 보호입법, 경제규제를 위한 연대 및 기타 경제개입의 수단을 방법으로 삼는다. 칼 폴라니, 홍기빈 역(2009). 거대한 전환. 길 참조

될 때 사회적 보호가 필요하게 된다. 때문에 사회적 보호가 경제적 효율성의 전제조건이 된다. 복지가 경제를 추동하는 동력으로 작용하는 것이다. 예를 들어, 신기술의 발전이나 변동으로 저숙련 노동자들이 실업위기를 맞게 될 것으로 예상한다면 이에 대해 저항하거나 스스로 주저앉게 될 가능성이 높아질 것이다. 또한 사회가 점점 복잡해져가면서 더 많은 위험들이 발생하고 이 위험들은 개인이 통제할 수 없는 원인에서 비롯된다.

새로운 복지체계의 필요성은 전통적 복지국가의 역할의 변화에서 비롯된다. 경제구성의 세 주체인 국가와 시장, 가족은 상호 인과적으로 연결되어 있다. 시장의 부정적 결과는 모든 사회영역이나 경제주체에 영향을 끼친다. 그렇다고 국가나 가족 또는 시민사회가 시장과 항상 대척점에 서있는 것은 아니다. 오히려 시장이 양산하는 부정적 결과들에 대한 방어역할을 하며 자본주의가 만들어내는 해로운 부차적 효과들을 보완해 준다. 사회는 시장이 마음대로 바꾸거나 만들고 필요하다면 다시 변화시킬 수 있는 대상이 아니다. 국가나 시장도 사회가 필요로 하는 기능을 수행하기 위한 제도이다. 시장이 사회를 위해 존재하는 것이지 사회가 시장을 위해 존재하는 것이 아니다. 때문에 시장과 사회의 관계를 재정립하는 일이 필요하다.

시장이 모든 것을 해결하고 자본주의가 최상의 제도라고 주장해온 신고전파 경제학자들의 순진한 주장이 틀렸음이 다양한 경제현상—실업, 공황, 성장의 정체, 인간성의 말살 등—을 통해 증명되고 있다. 사실 지금껏 자본주의가 생존해왔던 것은 스스로 결함을 수정하는 조절능력이나 치유할 수 있는 능력이 있어서가 아니었다. 오히려 자본주의의 생존은 시장 내부가 아닌 시장 바깥환경의 도움이 있어서 가능했다. 시장을 둘러싼 가족, 친척, 이웃, 단체, 종교, 국가와 같은 보호기제들이 있어서 시장이 무너지지 않고 유지되어 올 수 있었다.

칼 폴라니(Karl Polanyi, 1886 - 1964). 헝가리 태생으로 경제사학, 사회철학, 경제인류학 분야를 연구했으며 저서 『거대한 전환, The Great Transformation』을 통해 전통적 경제사상에 대해 상반된 견해를 펼쳤다. 그는 경제는 사회와 문화 속에 묻혀 들어 있음을 강조하면서 경제학에 대한 문화적 연구를 펼친 '실체론(substantivism)'의 선구자이다.

폴라니는 시장이 자기조정능력에 대한 확신만으로 확대되려 할 때마다 항상 이에 맞서는 이중적 운동시장이 펼쳐져왔다고 주장했다. 그는 자본주의라는 악마의 맷돌이 자연, 인간, 사회 모두를 상품으로 둔갑시키는 운동이 펼쳐지는 동시에 그에 저항하는 사회운동 역시 전개되었다고 본다(Polayi, 홍기빈 역, 2009). 보호기제는 시장세력으로부터 사람들을 보호하는 역할을 하지만 한편으로는 시장세력에 맞춰 적응할 수 있도록 준비시킨다. 성공적인 시장 참여자가 되도록 교육하고, 사회화시킨다. 보호기제는 사람들을 보호하면서 시장이 매기는 사회적 비용을 줄이면서 자본주의와의 공존을 유도한다. 보호기제는 사람들을 시장과 조응할 수 있도록 도와줌으로써 자본주의 효율적 기능을 보장한다.

보호기제로서 가정은 기본적으로 가족 구성원들을 보호하는 일을 한다. 가정 안에서 제공되는 서비스는 가족 개개인에 맞춰진 개인화된 특성을 갖는다. 가족들은 정서적 관계로 이어지고 친밀감과 안정된 공간을 공유함으로써 안전, 보호, 긴장해소 등을 해결한다. 그러나 가정은 시장에 대해서는 약한 조직이다. 또한 가정의 구성과 유지는 가족들의 신념이나 가치관, 행동에 달려있으므로 서로에 대한 감정이나 정서적 유대감이 깨어지면 쉽게 해체되기도 한다. 이는 보호기제로서의 가정이 갖는 역할의 한계이다.

가정 외부의 보호기제인 시민사회는 종교단체, 정치활동조직, 동호회, 비영리단체, 협동조합 결사체 등으로 이루어져 있다. 이런 다양한 시민사회를 구성하는 조직들의 특징은 사회 안에서 특정한 위치를 점하고 있다는 점이다. 개인과 시장 사이에서 가족보다 더 재미있는 공간으로 기능하며 낯선 타인들과의 연계망을 통해 공동의 목표를 세우고 함께 학습하며 행동한다. 시민사회의 이런 중간적 위치는 그 안에 담겨있는 조직들이 보호기제가 될 수 있도록 해준다. 특히 협동조합과 같은 결사체는 공급과 수요 논리로 작동하는 시장의 비인간적 힘이 아닌 내부 조합원들에게만 독특한 방식으로 적용되는 규칙에 지배를 받는다. 개인적 관계는 더욱 단단해지며 결사체를 위한 충성과 공동의 목표를 위한 기여를 요구받으며 결속력을 강화시킨다. 결사체 가입은 시장에서의 소외를 극복하는 중요한 기능적 활동이며, 개인의 능력과 여건을 고려한 생산활동 참여를 보장한다.

국가는 사회에서 잠재적으로 시장보다 강력한 유일한 세력으로 위치한다. 국가의 중요한 역할은 강제력을 동원하여 자원을 재분배하는 일이다. 국가는 강력하기도 하지만 견고하다. 각종 제도와 법적 조항들에 의해 운영되는 국가는 사실상 국가에 종속된 국민들의 행동이나 반응에 대해 독립되어 있다. 그러나 실제적으로 국가는 항상 보호기제로만 작동하지 않는다. 국가는 활동을 위한 재원확보를 위해 시장으로부터 양보하도록 강요받아왔다. 기업가들과 금융가들의 요구를 충족시켜 하는데 그렇지 못하면 경제성장의 어려움을 겪는다. 국가가 빠지게 되는 모순은 유권자와 기업가들 사이에서 이 둘 모두를 만족시켜야 한다는 것이다. 때문에 국가는 시장에서 발생되는 문제를 알려줌으로써 국민들을 보호하지만 이 보호가 시장활동을 저해해서는 안 되는 것이다. 또한 국가는 완벽한 보호자의 역할을 수행하지 못한다. 국가가 할 수 없는 일들이 있다. 사람들은 자신만이 갖고 있는 고유한 정체성을 가진 개인으로 인식되고 대우받고 싶어 한다. 그러나 국가는 집합적 구성원으로서 '국민'에 대해 신경을 쓰지 개개인에 대해서는 아니다. 때문에 국가는 때때로 시장만큼 몰인격적이며 시장 못지않게 무감각하다.

2 국가의 개입과 정부의 실패

국가개입에 대한 찬반논의들

시장과 국가의 관계에 대한 유럽의 역사적 경험은 실로 중층적이다. 자연발생적으로 생겨난 시장질서는 자유가 최대한 보장되는 영역이며 이를 통해 이루어지는 경제적 효율성은 시장에 참여하는 개인의 행복을 최대로 보장할 수 있다고 보았다. 이러한 자유방임을 주장한 고전파경제학자들의 이론은 1919년 제1차 세계대전 이후 경제회복을 위한 주된 논리로 작용했고, 소비를 높이기 위한 공급확대정책이 경기과열을 불러일으키면서 1930년대 대공황의 비참한 결과를 가져왔다. 시장의 실패로 불리는 대공황의 공포 속에서 자유시장주의자들과는 정반대로 수요확대를 통한 경기회복을 주장한 케인즈의 유효수요이론은 시장에 국가의 개입을 정당화하면서 복지국가의 기틀이 되었고 이후 국가의 역할에 대한 논의가 지속되어왔다. 후생경제학(welfare economics)은 이러한 국가개입의 필요성을 주장한 접근이다. 후생경제학은 파레토의 최적화[29]를 경제적 효율성의 기준으로 보고 완전경쟁균형(일반균형)은 시장경제가 자원배분의 효율성을 실현하므로 파레토 최적화가 효율적이라고 본다. 그러나 효율적 조건들을 충족시키지 못하는 여러

29) 경제상태가 사회적으로 얼마나 바람직한지를 평가하는 후생경제학은 이러한 가치판단을 위해 특정한 규범적 영역을 포함한다. 효율적 자원배분을 위해 '파레토 효율(Pareto Efficiency)' 개념을 사용하는데, 사회적 후생의 기준은 파레토의 최대상태를 의미하며 이는 사회적 잉여가 극대화되어 자원배분의 효율성이 달성되는 지점이다. 그러나 '파레토 최적'에서는 자원배분이 이루어질 때 어느 한 사람의 희생이 있어야만 다른 사람이 행복해진다. 이는 자원분배의 공평성 문제로 이어지고 '공평한 분배'를 위해 국가의 개입이 필요하게 된다.

조건들 – 불완전경쟁, 외부성, 공공재, 소득분배의 불공평성, 정보의 비대칭성 – 때문에 시장의 실패가 발생하고 이 같은 실패를 교정하기 위해 국가의 개입이 필요하게 된다. 국가는 공공재 및 재산권 재분배, 가격조절, 정보제공 등의 수단을 통해 시장의 실패를 보완하는 역할을 한다.

자유시장이론 또는 자유방임시장이론은 1945년 제2차 세계대전 이후 자본주의 체제 국가에서 완전히 신뢰를 잃었다. 두 번의 세계대전 사이 10여 년의 호황기 동안 시행된 자유방임정책은 거품경제를 불렀고 1930년대 대공황을 야기시켰으며 이에 대한 해결책도 제시하지 못한 채 어느 누구도 부인할 수 없는 실패를 자행했다. 자유방임시장이론은 종전 이후 국가개입의 필요성을 주장하는 이론들이 지지를 얻으면서 거의 끝나가는 듯했다. 그러나 1960년대 하이예크(F. A. Hayek) 등 오스트리아학파로 불리는 신자유주의 흐름이 대두되면서 시장에 대한 국가개입을 강하게 반대해왔다. 이들은 현대 자본주의 경제체제가 더욱 복잡하게 연결되어 있으므로 국가가 개입하는 것은 시장을 '계획'하는 것이기 때문에 실패할 수밖에 없다고 주장한다. 국가개입은 시장의 실패를 교정하는 것이 아니고 자원배분의 비효율성, 공적 비용의 확대로 이어지고, 국가의 속성상 국가가 시장에 개입하는 것은 정치적으로 특정한 당파집단의 이익을 보장하거나 관철하기 위한 도구이므로 국가개입은 차단해야 한다고 주장했다.

1970년대 두 번의 오일쇼크와 이에 따른 경기침체는 이들 자유방임 시장경제론자들의 완전한 부활을 알리는 서곡이었다. 1970년대 중반 이후 자유방임 시장주의자들은 신자유주의 이데올로기로 이전보다 더욱 강력한 시장중심 원칙을 부르짖으며 국가의 역할에 대한 논의의 새로운 흐름을 만들었다. 신자유주의는 효율적 시장이론의 가정대로 모든 경제주체들의 행위동기를 물질적 이익의 최대 극대화로 보았는데 이는 국가에 대해서도 마찬가지였다. 결국 국가영역에서 정치란 국가의 강제력을 통해 시장의 결과를 바꾸는 합법적 수단으로 여겼다. 따라서 신자유주의가 거세지면서 국가의 최소개입이 정책적 목표가 되고 이에 따라 '작은 정부'가 국가정책의 큰 흐름으로 자리잡아갔다.

국가개입의 문제는 자유시장이 사회적으로 적정한 결과를 생산하는지와 국가개입이 자유시장의 결과를 개선할 수 있는가라는 질문과 관련된다. 신자유주의자들은 자유시장이 대부분 적정한 결과를 생산하며, 국가개입은 자유시장의 결과를 개선하지 않는다고 본다(장하준, 2007). 중요한 것은 '국가개입'의 의미에 대한 규정이다. 이는 '시장의 자유'와 연관된 주제이기도 하다. 국가개입의 정당성이 단지 시장의 실패에서만 비롯된다면 무의미한 논의가 될 수 있다. 왜냐하면 진정 '자유로운 시장'이 존재하는지에 대해 '그렇다'고 단언할 수 없기 때문이다. 시장의 역사를 볼 때 어떤 조건이나 형태로든 국가의 시장개입은 지속적으로 있어왔기 때문이다. 유럽에서는 자생적인 시장이 형성되면서 자본주의 시장이 발전했지만 계약법, 재산권 보호 등 시장질서 유지를 위한 국가의 역할이 컸음을 알 수 있다. 그러나 후발 자본주의 국가들의 경우 국가개입은 유럽처럼 자생적인 자본주의 시장형성이 아닌 국가권력이 차관도입 등을 통해 자본을 형성하고 특권세력과의 결탁으로 생산 · 상품 · 자본 · 노동시장을 형성시키면서 국가주도의 시장체계를 만들어 오기도 했다. 서구 복지국가에서 보듯이 국가의 개입은 사회발전에 바람직한 역할을 해왔음을 보여준다. 국가개입의 문제는 개입을 통해 얼마나 성공적인 결과를 가져올 수 있는 지가 중요한 과제이기도 하다.

정부의 실패

국가의 개입문제는 국가의 바람직한 역할에 대한 규정인데 이에 대한 논의는 국가행위가 바람직한 분배를 가져오는지, 그리고 적절한 비용으로 수행할 수 있는지와 관련된다. 또한 경제행위에서 시장실패의 원인이 되는 '외부효과'[30]와 관련하여 국가개입의 필요성이 제기된다. 외부효과는 경제적 행위의 파급력 정도에 따라 무임승차와 같은 사회적 문제를 야기시키고 이를 해결하기 위한 국가개입이 필요하게 된다.

국민경제의 주체인 기업과 가계는 시장에서 이윤과 효용의 극대화를 통해 사적 이익을 추구하지만, 정부는 공공재 생산 및 분배를 통해 공적 이익을 지향한다. 정부는 이러한 공적 이익을 달성하기 위해 직접적인 행동을 통해 법·규제·명령 등의 강제적 방법과 권력적 수단을 사용하며 조정자·중재자·심판자 역할을 한다. 국가가 개입하는 가장 중요한 이유는 자원배분의 효율성과 형평성을 높일 수 있다고 보기 때문이다. 또한 정부는 개인이나 기업의 활동에 대해 일정한 제약을 가함으로써 규제를 행한다. 규제를 하는 목적은 소득재분배, 소비자보호, 공정거래질서, 환경보호 등 다양하다. 그러나 정부의 규제는 일종의 경직성을 갖기 때문에 잘못 적용될 경우 적지 않은 사회적 비용을 수반한다. 또한 정치적 환경에 따라 규제의 효과가 다른 결과를 초래할 수 있는데, 예를 들면 정치적 영향력을 가진 소수에게 이익이 돌아갈 수도 있다. 정부가 지나치게 많은 규제를 남발할 경

---

30) '외부효과'는 어떤 한 사람의 행동이 제3자에게 의도하지 않은 이익이나 손해를 끼쳤음에도 불구하고 그에 대한 대가를 받거나 또는 지불하지 않는 경우를 의미한다. 외부효과가 이익을 얻게 될 경우는 외부경제(긍정적 외부효과)라 하고, 손해를 입게 될 경우에는 외부 비경제(부정적 외부효과)라 한다. 예를 들어, 외부경제는 정원을 잘 꾸며놓은 집 주인이 담장을 허물어 이웃 사람들에게 아름다운 정원을 즐길 수 있는 기회를 주고 동시에 주택가격을 상승시켜 이웃들에게 경제적 이익을 제공하는 경우이며, 외부 비경제는 마을 주변에 폐수를 방류하는 공장이 있어서 주민들의 건강을 해치고 이에 따라 의료비가 증가할 수 있다. 폐수를 방류하는 공장은 주민들의 부담에 책임을 지지 않고 생산활동을 계속할 경우 외부 비경제가 발생한다.

우에는 '지대추구행위'[31]를 유발하게 된다. 정부가 공공의 목적을 위해 개입하더라도 결과적으로 시장실패가 교정되기보다 자원배분의 비효율성과 불공정성을 심화시키게 되면 정부도 실패하게 된다.

정부실패에 대한 논의는 무엇보다 시장실패를 치유하기 위한 정부의 개입에 문제가 없는지에 대한 것에서 출발한다. 즉, 시장실패를 치유하기 위해서는 현실적인 정치적·정책적 측면과 영향을 고려하여야 하며 그렇지 못할 경우 시장실패를 치유하려는 정부개입이 더 부정적인 결과를 낳을 수 있다. 결국 정부의 실패는 정부개입이 자원배분과정에 왜곡을 초래하여 시장이나 경제활동의 비효율을 초래하게 된다. 다시 말하면, 정부개입으로 발생하는 사회적 편익이 사회적 비용보다 커야 정부의 실패가 발생하지 않음을 의미하는 것이다.

정부의 실패의 주요 원인은 첫째, 제한된 정보 때문이다. 제한된 정보는 불충분성과 비대칭성의 특징을 갖는데, 불충분성은 정보의 특성인 사적 경향으로 인해 정부의 정책결정자들이 정보를 얻을 수 있는 유인기회가 민간부문, 특히 시장영역보다 약하기 때문에 의사결정을 위한 정확한 정보수집이 어렵게 된다. 또한 정보의 비대칭성은 정보의 독점으로 인해 발생하는데, 특히 공공서비스 제공을 위한 비용에 대한 정확한 정보는 해당 부처관료들에 의해 독점되고 이는 관료조직에 대한 불완전한 통제로 이어진다. 둘째, 공공재와 서비스의 독점이다. 공공재를 포함해서 정부가 제공하는 재화와 서비스는 '독점적'으로 제공된다. 따라서 경쟁으로부터 자유롭기 때문에 공공재를 생산 또는 제공하는데 있어서 요구되는 기술적 가능성을 무시하

31) 사회 내에서 주인 없이 떠도는 이권을 '지대(地代)'라고 하는데, 지대추구행위는 이 이권을 먼저 차지하려고 노력하는 것을 의미한다. 즉, 지대를 자신의 이익으로 만들기 위해 로비, 방어 등 비생산적인 활동에 경쟁적으로 자원을 지나치게 소비하는 현상을 말한다. 정직하게 노력해도 성공하지 못한다는 인식은 기존 기득권자에게는 자신의 이익을 놓치지 않으려는 경쟁적인 지대추구행위로 나타난다. 그러나 이러한 행위는 다른 계층의 사람들에게 좌절감의 원인이 될 수 있다.

고 불필요한 비용을 지불하기도 한다. 정부의 독점은 사적 시장과는 달리 가격인상과 생산량 감소를 인위적으로 통제할 수 있지만 결과적으로 사중 손실(deadweight loss)[32)]을 유발하며 비효율을 초래한다(Wolf, 1988).

기업들은 경쟁시장에서 이윤의 최대화를 위해 많은 정보들을 획득하고, 투입된 자원보다 더 많은 생산성을 유지하려고 한다. 독점적 지위를 갖고 있는 기업은 경쟁상태에 있는 기업처럼 노력하려는 유인요소가 상대적으로 적을 수밖에 없다. 더구나 정부는 어떤 정부시책을 성공적으로 수행하거나 실패하더라도 이에 대한 직접적인 평가에 대한 기대나 불안이 크지 않아서 그 유인요소는 기업의 경우보다 더 약하다. 그 결과 투입된 자원은 기대할 수 있는 최적의 생산량에 미치지 못하는 비효율을 발생시키기 때문에 '배분적 비효율성'이 발생한다. 기업은 비용최소화를 달성하는 '배분적 효율성'과 함께 심리적인 요인처럼 눈에 보이지 않는 부분까지 효율성에 영향을 주는 'X-효율성(X-efficiency)'을 달성하고자 노력한다. 이외에 경쟁에서의 생존노력, 정보탐색, 새로운 정보의 조직화 등을 기업성장의 중요한 요소로 보고 국가도 X-효율성을 높일 수 있는 기업으로서의 역할을 강조하기도 한다.[33)]

---

32) '배분적 비효율성(allocative inefficiency)' 또는 '초과부담(excess burden)'이라고도 한다. 재화나 서비스의 균형이 파레토 최적과 같지 않음으로 인해 발생할 수 있는 경제적 효율성의 손실을 의미한다. 한계비용보다 한계수익이 더 많은 사람이 상품을 구매하지 않거나, 한계비용이 한계수익보다 더 많은 사람이 상품을 사는 경우이다. 중압손실을 일으키는 원인은 인위적인 희소성을 유발하는 독점가격, 외부효과, 세금 또는 보조금 등이다. 즉, 정부독점에 의한 가격과 생산량은 한계수입과 한계비용이 같을 때 결정되지 않는다.

33) 장하준은 그의 저서 『국가의 역할』에서 "국가는 국민경제의 진로를 파악할 수 있는 위치에 있으며, 또한 국가는 기업가적 요소를 갖고 있음"을 언급한다. 따라서 "국가는 기업자 정신으로 미래를 위한 비전을 제시하며, 그 비전을 현실적인 제도로 만들어야 한다"고 주장한다. 국가의 이러한 노력은 실패할 가능성이 있지만 그래도 새로운 조절구조 수립에 국가의 역할을 필요로 한다. 이는 사적 시장에서 구조변동으로 인한 위험들에 대해 조화롭게 대처하지 못하는 민간기업을 대신해서 국가가 나서야 되는 문제이다. 그로 인해 국가는 국민경제가 얻을 수 있는 엄청난 규모의 이익을 얻기 위한 'X-효율성'을 높이는 기업과 같은 역할을 해야 된다고 주장한다. 장하준, 위의 책, pp.81-87. 참조

3 복지국가모델의 비교 : 독일 조합주의 사회국가와 스웨덴 사회민주주의 복지국가

복지국가 발전에 관한 연구는 주로 영국을 중심으로 이루어져왔다. 제도적 복지국가의 발전이 영국에서 시작되고, 특히 국민건강서비스(National Health Service)와 같은 제도는 복지국가를 발전시키는 사회정책의 선구적인 공헌으로 평가한다. 그러나 복지국가모델을 연구하는데 있어서 중요한 것은 일국의 복지국가 발전을 보다 넓은 관점에서 조망할 수 있도록 여러 나라들의 경험도 고려해야 한다. 복지국가의 의미가 무엇이고 현재 이루어지고 있는 복지국가의 변화에 대한 문제는 분명 복잡한 문제이며, 편향적 관점(복지제도 축소, 시장만능주의 등)에 근거한 단순한 견해로는 설명할 수 없는 문제들이다.

특정 국가 내에서 행해졌거나 이루어지고 있는 복지국가모델 연구는 복지에 대한 민족중심적인 관점에 빠질 수 있는 위험이 있다. 사회정책이 발달하는데 중요한 영향을 미치는 것은 정치・사회적 요인이 중요한 연결고리 역할을 한다. 따라서 복지국가의 발전모델은 다른 나라들과 체계적으로 비교하지 않으면 복지제도의 발전에 영향을 미치는 여러 요인들이 각기 어떤 중요성을 갖는지 알 수 없다. 특히 여러 요인들 중 구조적으로 정치・경제・사회적 요인으로 계급적 역학관계와 노동조합운동, 정치적 이데올로기 등과 같은 요인들을 고려하지 않으면 각 국가들에서의 사회정책과 복지국가발전 과정에서 나타나는 차이들을 올바르게 이해하기 어렵다.

여기서는 에스핑－안데르센의 복지국가 세 유형[34] 중 자유주의 복지국

---

34) 에스핑－안데르센은 복지국가의 체제-유형을 세 가지로 분류하는데 국가, 시장, 가족이 어떤 역할과 위상이 어떻게 다른지를 기준으로 한다. '자유주의적 복지국가'는 복지가 시장의 효율성을 저해하는 것을 막고자 사회적 위험을 사적 보험에 의존하도록 한다. 복지 수혜자 선정도 자산조사에 의한 보조로서 국가에 의해 보호될 필요가 있는 저소득층이 대상이 된다. '조합주의적 복지국가'는 시장의 효율성이나 노동력의 상품화가 문제가 되지 않는다. 복지급여는 직업에 따른 분류에 의해 제공된다. '사회민주주의적 복지국가'는 보편주의 원칙과 사회권이 인정된다. 완전고용을 추구하며 사전적인 국가책임에 의한 안전망을 구축하여 일할 권리와 사회복지권리를 보장한다.

가를 제외한 보수주의 복지국가와 사회민주주의 복지국가의 주요 국가로 독일의 조합주의 사회국가와 스웨덴 사회민주주의 복지국가를 살펴보고자 한다.

제2차 세계대전을 거치면서 유럽 자본주의 국가들에서는 조직노동자들이 모여 새로운 강력한 정치연합체를 구성하게 되는데, 이를 '조합주의자(corporatist)'연합으로 표현했다. 전후 시기에 등장한 파시스트 정부에 대해 좌파와 노동자 세력이 강력하게 저항했고, 이후 사회적 계급 타협에서 노동자계급의 가장 중요한 목표로 완전고용과 사회복지제도 확립이 최우선적인 정치적 의제로 부상하면서 조합주의적 정치동원이 활발히 이루어졌다.

독일 조합주의 사회국가

조합주의는 노동조합이나 사용자단체처럼 이해집단 간 이해관계를 국가와의 합의를 통해 이루어가는 방식이다. 국가와 사회집단 간의 관계는 대결보다 협상기제가 중요한 특성으로 나타난다. 협상기제가 작동할 수 있기 위해서는 협상주체가 자신이 속해 있는 분야에서 나름의 독점적 대표권을 갖고 있으며 이 협상 결과를 해당 집단의 구성원들이 언제든 받아들일 수 있는 합의구조가 이해집단 내에 존재해야 한다. 또한 협상과정에 참여하는 주체는 동등하게 결정권과 거부권을 갖는다. 조합주의는 지위분화적인 사회보험제도로 정착되어 실시되고 있다. 이는 사회적 위험을 소속된 지위에 따라 분산시키는 역할을 한다. 직업적 구분이 조합주의의 가장 중요한 기준이 되는 이유는 직업상의 지위에 따라 통상적인 위험분류표가 비슷해지고, 직업은 사회적 구분과 집합적인 동원의 근거가 되기 때문이다. 사회적 구분을 보장하고 조합주의적 연대를 극대화하기 위해 이런 프로그램들은 보통 강

Gøstav Esping-Andersen(1990). The Three Worlds of Welfare Capitalism. Cambridge. 박시종 역(2007). 복지 자본주의의 세 가지 세계. 성균대학교출판부.

제가입을 전제로 한다.

조합주의 복지국가에서는 시장의 효율성 또는 노동력의 상품화를 중요하게 여기지 않는다. 대신 사회복지급여는 직업이나 사회적 지위에 따라 제공된다. 국가책임의 사회보험제도가 중심이지만 사회적 지위에 따라 가입이 달라지므로 재분배효과는 거의 없으며 탈상품화 효과에도 한계가 있다.

조합주의 복지국가는 사회보험 중심의 복지체계를 그 특징으로 한다. 자유주의 복지국가는 공공부조를 중심으로 저소득층에게만 급여를 제공하는 선별주의 유형이지만 조합주의 복지국가는 사회보험 중심의 보편주의 유형으로 구분된다. 그러나 사회보험제도는 시장에서의 성과를 그대로 반영하는 유형이라 재분배 효과는 떨어진다. 전통적 가정구조로서 남성 가족부양자와 여성 가사전담주부와 보호제공자라는 가족모델을 유지하고 남성가장을 지원하기 위해 사회보험을 통한 현금급여를 중시하고 여성 고용지원을 위해 제공되어야 하는 아동 보육지원과 노령자 돌봄과 같은 사회서비스는 대체로 약한 편이다. 사회보험도 남성 노동자에게 중점을 두고 있으며 직업적 계층과 지위에 따라 분화되어 있다. 이는 사회보험 급여가 재분배가치보다는 시장에서의 지위와 소득을 반영한다는 의미이며, 그 결과 연대와 사회적 위험 분산 효과가 크지 않고 계층별로 독립적이고 배타성이 높은 특성을 갖게 된다.[35)]

대표적 조합주의 복지국가인 독일은 '사회국가'라는 표현을 사용한다.[36)]

---

35) 에스핑-안데르센은 조합주의 복지국가에서 이러한 제도적 특성이 나타나는 것은 기독교 민주당 주도의 보수적인 이념을 배경으로 하기 때문이라고 분석한다. 기독교 정당은 전통과 질서에 대한 가치를 중요한 판단기준으로 하고, 전통적 가족유지와 이를 지원하는 복지제도를 중요하게 여긴다.

36) '사회국가(Sozialstaat)'는 복지국가의 발전과정에서 나타난 독일식 복지국가를 일컬으며 '복지국가(Wohlfahrtsstaat)' 라는 용어와 차이점은 복지국가를 단지 국가 복지시설의 총합으로 보는 것이 아니라 국가의 법적 규정의 한 요소로 보는 데서 기인한다. 즉, 사회국가를 복지국가보다 더 총체적 개념으로 본다. 사회국가는 절대주의 국가에서 시민적 자유권으로 제한되는 가부장적 복지국가와의 연관성이나 저소득층에게만 제공되는 미국형 선별적 공공부조가 아니라 개인별 기여금액에 따라 제공되는 사회보험제도로 인한 바람직한 '사회보장'을 중심으로 한다는 점이다. Ritter, A. G, Der Sozialstaat(1989). Entstehung und Entwicklung im interanationalen Vergleich. München.

독일 사회국가체제를 구성하는 원리인 위계, 시장, 전문성, 연대와 더불어 조합주의는 중요한 구성요소의 의미를 갖는다. 에스핑－안데르센의 복지국가 세 유형 중 보수주의 복지국가에 속하는 독일 사회국가는 남성가장을 중심으로 하는 탈상품화 정도가 높고 복지생산에서 가족의 역할을 중요시하며, 사회보험이, 특히 기존 사회계층 유지에 중요한 역할을 한다. 독일 사회국가는 사회보험이 계층화에 미치는 영향을 토대로 하는 조합주의 성격을 가진 복지국가이며, 사회민주주의 복지국가와는 다르게 가족책임에 대한 논의를 통해 보수주의적 성격이 강조되어온 것이 특징이다.

스웨덴 사회민주주의 복지국가

북유럽 사회민주주의 국가들은 지금까지 수 십 년간 사회적 자원의 평등화를 사회적 목표로 설정하고 실천해왔다. 특히 스웨덴은 국가에 의한 보편적 복지가 거의 완벽하게 제공되는 국가이다. 복지는 빈곤계층뿐만이 아니라 모두를 위한 국가의 책무이다. 따라서 모든 국민들은 국가가 지원하는 보편적 복지서비스와 사회보험 대상자에 포함되고 요람에서 무덤까지 보호하는 사회안전망의 혜택을 받는다. 스웨덴에는 민간 교육시설이나 의료시설이 거의 없다. 모든 학교와 병원이 국가에 의해 운영되고 가장 많은 보조를 받는 기관이다. 자녀가 아프거나 입원하게 되면 부모들은 휴가를 낼 수 있다. 실업자나 환자들에게는 정규임금의 85%를 보전해 준다. 국민 모두가 연금혜택을 받고 노령자 의료서비스는 모두 무료이다. 북유럽 복지국가들은 남녀 성차별에 단호하게 맞서고 있으며 그 수단으로 사회서비스와 유급휴가제도를 활용한다.

스웨덴 복지국가모델은 1932년 사민당이 집권한 때부터 형성되기 시작했다. 1932년 스웨덴 사민당은 41.7퍼센트의 득표율로 집권당이 되었고 다음 선거인 1936년에는 45.9퍼센트의 지지율을 얻어 복지국가 이데올로기를 형성하는 데 좋은 정치적 환경을 만들었다. 스웨덴 복지국가의 최종목표는 불평등이 없는 사회를 만드는 데 있다. 빈곤층을 없애고 소득이 낮은 계층들과 평균적인 사람들과의 생활수준 격차를 줄여 가능한 평등한 사회를 이룩하는 것이다.

제2차 세계대전에 참가하지 않은 스웨덴은 유럽 각 국의 전후복구를 위한 수요덕택에 경제성장을 이룰 수 있었다. 경제성장과정에서 여성 노동력에 대한 기대가 매우 높았기 때문에 정부는 여성취업을 장려하는 정책을 확대했다. 이는 당시 집권당이었던 사회민주당의 양성평등 이념과도 부합되는 정책이었다. 정부는 보육시설과 어린이집을 정비하면서 여성들이 가사에서 벗어나야 한다고 주창하자 여성취업률이 급격하게 상승했다. 여성의 취업증가는 아버지가 부양의무자이고 어머니는 가사에 전담하는 전통적인 가정의 존재방식에 큰 변화를 가져왔다.

복지국가 확대와 함께 찾아온 자본주의 황금기의 경제성장으로 이러한 '전통적 가족구조의 붕괴'가 급격히 확대되기 시작했다. 스웨덴 정부는 고령화, 저출산, 단독가정 증가 등의 새로운 사회적 위험에 따른 범죄나 이혼의 증가문제 등에 적극적으로 대처해왔는데, 그 정책적 대응은 '국민의 집(folkhem)'[37]으로 표현된다. 국민의 집 이념은 제2차 세계대전 이전부터 사회민주당에서 주장한 것인데, 전통적 가족구조가 무너지는 고도성장기에 다시 추진하기 시작했다. 스웨덴이라는 국가를 '하나의 가정'으로 보고 다양한 복지정책을 시행해오고 있다.

---

37) '국민의 집'은 1930년대 당시 여당이었던 사민당이 내세운 이념으로 1932년 페르 알빈 한손 총리가 스웨덴 사회복지제도의 근간으로 제창했다. '국민의 집' 사상은 사민당의 이념이자 스웨덴식 중도노선으로 알려져 있다. 스웨덴 사민주의를 연구해온 에스핑-안데르센은 "새롭게 출현할 사회민주주의 국가는 가족 간의 자연스러운 연대와 상호부조가 이루어지는 집과 같아야 한다. '국민의 집'은 계급을 넘어서는 국민적 연대의 이미지를 전하고 있다"고 평가했다.

이러한 스웨덴의 '국민의 집(folkhem)' 복지모델은 시민과 국가 간의 관계를 새로이 정립하려는 노력으로 볼 수 있다. 이는 독일의 사회민주주의에도 동일하게 적용되기는 하지만 스웨덴은 독일과는 다른 스웨덴식 사회민주주의 모델을 제시했는데, 국가는 국민들을 자본주의의 부정적 결과나 또는 위협으로부터 보호해야하는 책무의 정당성을 보여준다.

스웨덴 복지국가체계 중 특징적인 것은 시장에 대한 국가의 적극적 개입이다. 정부는 적극적 노동시장정책을 통해 실업자를 줄이고 일자리를 만들기 위해 노력한다. 공공부문 일자리 창출 정책에서 더 나아가 노동시장에서 임금격차를 줄여나가는 연대임금[38]정책으로까지 확대된다. 스웨덴 사회민주주의 복지국가모델은 자본주의에 항상 호의적이었다. 보편적 복지를 제공하기 위한 재원을 위해 시장에 호의적이었고 때문에 민간기업이 성장하는 정책을 실시해왔다. 이를 복지국가와 자본주의 공생으로 표현하기도 하는데 자본주의가 복지국가에 충분한 재원을 마련해 주고 복지국가는 자본주의를 수용할 수 있는 사회적 인프라를 제공했다. 이를 통해 스웨덴 복지국가는 시장을 통제하면서 사회에 안전한 것으로 만들었다.

사회민주주의 복지국가는 복지책임에 있어 '탈가족화'를 통해 여성이 남성에 대한 의존을 완화하고 그 결과 여성의 탈상품화[39]를 촉진시킨다. 탈

---

38) 연대임금은 임금수준이 높은 산업의 임금은 인상을 억제하고 임금수준이 낮은 산업의 임금 인상률을 높이도록 노동조합들이 연대하며, 이러한 결정을 노사정 합의체계로 제도화된 임금결정제도이다.

39) 탈상품화(decommodication)는 노동시장에서 자신의 노동력을 팔지 않고 소득이 보장되는 정도를 의미한다. 에스핑-안데르센은 노령연금, 질병급여, 실업보험 세 가지 사회보험을 중심으로 직접 탈상품화 지수를 나타냈다. 탈상품화 지수를 나타내기 위해 고안한 변수는 ① 최저급여액의 평균 근로임금, ② 평균급여액의 평균 근로자 임금에 대한 비율, ③ 급여를 받을 수 있는 기여연수, ④ 전체 프로그램 재원에서 수급자가 지불한 비율, ⑤ 실제 수급자 비율. 탈상품화 종합점수를 살펴보면 호주 13.0, 미국 13.8, 뉴질랜드 17.1, 캐나다 22.0, 영국 23.4, 이탈리아 24.1, 일본 27.1, 프랑스 27.5, 독일 27.7, 핀란드 29.2, 스위스 29.8, 오스트리아 31.1, 벨기에 32.4, 네덜란드 32.4, 덴마크 38.1, 노르웨이 38.3, 스웨덴 39.1. Gosta Esping-Andersen, 시장에서 노동력의 가치와 무관하게 지급되는 급여나 서비스는 노동자계급이 각종 사회적 위험으로부터 보호하는 역할을 한다. 탈상품화 지수가 높은 나라는 스웨덴, 덴마크, 노르웨이와 같은 사회민주주의 국가들이며, 조합주의 복지국가들은 독일, 프랑스, 일본 등이며, 탈상품화 지수가 낮은 자유주의 복지체제는 캐나다, 미국, 호주 등

가족화는 가족에 대한 개인들의 의존을 완화해 주는 정책으로 가족 간 혹은 부부 간의 호혜성과 관계없이 경제적 자원에 대한 개인들의 통제력을 극대화시키는 정책이다. 스웨덴을 비롯한 북유럽 복지국가들은 여성의 경제적 독립의 극대화를 목적으로 사회정책을 설계한 국가들이다. 국가는 시장을 대신하여 보충적이거나 대안적인 소득보장수단을 제공한다. 여성들이 가족부담을 덜고 평생 동안 전일제로 노동시장에 참여하도록 지원하는 것이다. 사회민주주의 복지국가에서는 사회수당과 사회서비스가 상대적으로 강조된다. 대부분의 복지국가에서는 사회수당과 사회서비스 역할이 낮은데, 그 이유는 사회수당은 막대한 재원이 필요하고 사회서비스는 대인서비스를 제공하는 방식이라서 현금을 직접 급여하는 소득보장제도에 비해 활용도가 낮기 때문이다. 그러나 스웨덴으로 대표되는 사회민주주의 복지국가는 사회수당과 사회서비스를 상대적으로 더 많이 활용하고 있어서 사회보험 중심의 조합주의 복지국가와 구분된다. 모든 계층이 차별없이 사회수당과 사회서비스를 제공받을 수 있도록 함으로써 보편적 사회복지제도를 더욱 확대하고 있다.

스웨덴 사민주의 복지국가를 떠받치는 중요한 축은 누구나 일할 수 있도록 기회를 제공하는 완전고용정책, 저임금 노동자들의 생활보장을 위해 임금격차를 줄여주는 연대임금정책, 퇴직・실업・질병・재해 등의 사회적 위험에서 보호하는 안전망으로서 보편적 사회보장제도, 노동시장과 가족에 대한 예방적 서비스 지원 등이다. 이를 바탕으로 높은 교육수준, 상대적으로 적은 사회적 격차, 투명적인 공공부문의 튼튼한 사회 인프라, 높은 기술력, 평등한 기회 등의 사회적 환경을 이루고 있다.

으로서 자유주의 복지국가로 분류한다. 에스핑-안데르센, 박시종 역(2007). 위의 책 참조

복지국가 발전 모델이나 이데올로기는 특정한 국가적 맥락에 묶일 필요는 없다. 개별 국가별로 복지국가가 수립되는 시기나 과정도 달랐으며 추구하는 목표도 달랐다. 이러한 차이는 나라별로 역사적 맥락과 이념적 배경, 문화적 차이에서 비롯되는 현상이다. 그러나 국가별로 차이를 나타내는 요인들은 있지만 대체로 복지국가 출현에 중요한 역할요소는 노동자계급의 정치적 역량과 사회계급들 간의 역학관계에서 나오는 권력의 배분체계였다. 노동조합과 노동자계급의 이익을 대변하는 정당의 역할이 복지국가를 형성하는 데 중요한 이념적 기반이 되었으며, 선거 등의 정치적 행위를 통해 국가별로 특정 유형의 복지국가가 형성되었다.

현실 읽기 독일의 "사회적 시장경제(Soziale Marktwirtschaft)"

독일 경제의 근간인 '사회적 시장경제'는 경쟁에 기초한 경제활동을 통해 확보된 사회적 형평을 자유로운 창의성과의 연계를 목표로 하는 사회·경제정책이다. 사회적 시장경제 개념은 독일 쾰른학파였던 뮐러-아르막(Müller-Armack)이 처음으로 사용하면서 시작되었다. 뮐러-아르막은 당시 러시아 사회주의로 대표되는 중앙관리형 계획경제의 성공에 의문을 제기했으며, 또한 고전적 자유주의 철학에 기반한 자유방임형 시장경제도 18-19세기 경제 상황에서 발생된 경제체제로서 20세기에는 맞지 않는 제도로 규정했다. 그는 1930년대 대공황을 겪으면서 새로운 경제체제로서 '사회적 시장경제'가 필요하다고 주장했다.

알프레드 뮐러-아르막(Alfred Müller-Armack, 1901~1978). 독일의 경제학자이자 정치인. 뮌스터대학교와 쾰른대학교에서 경제학을 가르쳤으며, 1946년 처음으로 '사회적 시장경제'라는 개념을 소개했다. 쾰른학파의 중심인물이며, 그의 주요 핵심이론은 '경제는 인간을 위해 봉사하는 제도'라는 것이다. 경제질서의 조성이 모든 사람들에게 최상의 경쟁을 할 수 있는 토대를 제공할 수 있다고 보았다.

사회적 시장경제는 사회적으로 운영되고 관리되는 시장경제체제이다. 여기서 '사회적'이라는 수식어는 경쟁을 최대한 허용하면서 경제활동에서의 효율성을 목표로 하는 시장경제의 일반적 특성 이외에 독일 경제체제가 추구하는 또 다른 가치가 있다는 것을 뜻한다. 사회적 시장경제는 사적 경제영역에서 참가하는 주체들에게 가능한 최대의 자유경쟁을 보장하는 효율성을 추구하지만, 또한 사회적 형평성도 유지하기 위해 일정 부분 정부의 개입을 강조한다. 고전경제학은 경제에 대한 정부의 개입을 허락하지 않지만 사회적 시장경제는 건강하고 효율적인 시장기능과 사회적 형평을 위해 정부의 개입을 필요로 한다.

제2차 세계대전 이후 오이켄(W. Eucken)으로 대표되는 프라이부르크학파에 의해 '질서자유주의(Ordo-Liberalismus)'라는 고유의 사상체계가 세워지면서 사회적 시장경제의 기본 개념이 되었다. 오이켄은 경제질서는 자유시장경제와 중앙관리경제의 두 가지 기본 형태를 이루며, 인간의 자유와 경제의 합리성이라는 두 가지 중요한 면을 고려해 볼 때 바람직한 경제질서로 자유시장경제를 선택할 수밖에 없다고 주장했다. 오이켄이 말하는 자유시장경제는 고전경제학의 자유방임형 시장경제와 차이가 있다. 그는 자유시장경제의 가장 중요한 경제질서(Wirtschaftsordnung)로 '경쟁질서(Wettbewerbsordnung)'를 주장했고 이를 자유방임형 자본주의 사상적 이념인 고전적 자유주의와 구별했다.

질서자유주의를 기반으로 한 독일의 사회적 시장경제에서 볼 때 자유방임형 경제정책의 가장 큰 취약점은 경제질서가 개인의 이해관계에 의해 이루어지도록 방치한다는 점이다. 시장경제가 효율적으로 기능하는 경제질서는 스스로 만들어질 수 없으며 오직 공정하고 창조적인 경제정책의 실천과 성과에 의해 형성된다고 본다. 따라서 효율적인 시장기능을 위해서 정부개입이 필요하다는 것이다.

1980년 이후 정부의 시장개입에 대해 부정적인 입장을 취하고 모든 것을 시장에 맡기는 것을 원칙으로 하는 신자유주의(neoliberalism)의 여파로 유럽 복지국가에서도 개혁바람이 일었다. 독일도 경제침체로 인한 저성장과 고실업 문제로 고전을 겪었으나 슈뢰더(G. Schröder) 총리의 <Agenda 2010> 개혁정책 등을 통해 안정적인 경제기반을 수립하고, 유럽 경제의 중추역할을 하면서 질서자유주의에 기초한 사회적 시장경제를 지켜가고 있다.

CHAPTPER

02

시장에 대한 이해

chapter I

02 시장에 대한 이해

제1절 시장을 보는 눈 – 현대 경제학 돌아보기

1 시장의 탄생 – 상품과 교환

경제시스템

사람은 살아가는데 필요한 많은 것들과 연결되어 있다. 입는 것, 먹는 것 등 생활필수품과 일을 하는데 사용되는 도구들은 모두 누군가에 의해 만들어진 것이다. 지금 읽고 있는 책, 앉아 있는 의자와 책상, 생활의 일부가 되어버린 컴퓨터 등. 이러한 경제적 상호작용은 사람들이 모여 사는 마을에서는 그 범위가 더욱 커진다. 사람들은 도시미관을 위해 수리를 하거나 건물을 세우고 공원을 만든다. 병원에서 환자를 치료하거나 학교에서 학생들을 가르친다. 일상에서 일어나는 이런 모든 행위는 다른 사람들을 위해 재화나 서비스를 생산하는 활동이다.

그렇다면 왜 자신이 필요한 소비품을 다른 사람들이 생산하는 것일까? 우리는 물질적 충족을 채우기 위해서는 다른 사람들의 도움에 의지하지 않으면 살아갈 수 없다. 자신과 가족의 생활을 유지하며 적어도 물질적인 행복을 위해서 자신이 원하는 것을 스스로 만들지 않지만 언제든지 소비할 수 있는 사회에서 살고 있다. 이런 생활이 가능한 것은 경제가 어떻게 구성되어 작동하는지와 관련된 경제시스템 덕분이다. 경제시스템은 한 사회가 가지고 있는 자원을 어떻게 배분하고 소유하는지에 대한 방식을 일컫는 말이다.

▮그림 1▮은 네 가지 유형의 경제시스템을 보여준다. 왼쪽 위편에 세계 대부분의 국가가 포함되는 시장 자본주의이며, 자원은 시장에 의해 배분되고 개인이 소유한다. 오른쪽 아래편은 국가가 모든 자원을 소유하고 정부가 배분하는 형식인 국가계획경제 사회주의 유형이며, 이미 사라진 구 소련을 포함한 동유럽 사회주의들이 여기에 속했다. 오른쪽 위편은 중앙(국가)계획 자본주의 유형으로 개인이 자원을 소유하지만 대부분의 자원은 국가에 의해 배분되는 구조이다. 북유럽 사회민주주의 국가들이 여기에 속한다. 왼편 아래쪽 유형은 국가가 대부분의 자원을 소유하지만 시장 메커니즘으로 자원을 배분하는 시장사회주의이다. 중국이 여기에 속한다.

	자원배분	
자원소유	시장자본주의	중앙계획자본주의
	시장사회주의	국가계획사회주의

▮그림 1▮ **경제시스템의 유형**

출처 : Lieberman & Hall, 2005 재구성

경제작동원리를 이해하기 위해서는 현대 주류경제학의 기본 토대인 자본주의 시장개념에 대해 살펴볼 필요가 있다.

시장은 합리적이고 자율적인가

사람은 자신에게 필요한 물건을 스스로 모든 것을 만들어서 사용하지 않는다. 원시사회에서는 자급자족을 통해 원하는 것들을 얻었지만 지금은 희망하는 상품을 다른 사람들과의 교환을 통한 거래로 얻는다. 자본주의 경제체제는 전적으로 시장기제에 의해 움직인다. 자본주의 경제에서 시장은 경제행위가 일어나는 물리적 장소라기보다는 상품을 거래하는 사람들의 집단으로 볼 수 있다. 주류경제학에서 경제는 개별시장들의 집합체로 본다. 여기에는 금융시장, 자본시장, 노동시장, 상품시장 등 다양한 시장이 포함된다. 각 시장은 공급자와 소비자집단이 교환하는 내용에 따라 구분된다. 시장에서 재화가 거래되는 방식은 수요와 공급이라는 원리를 통해서 이루어진다. 거래를 위한 수요와 공급이 일정 수준에서 일치할 때 그 재화에 대한 '가격'이 정해진다. 구매자와 판매자가 서로 다른 가격으로 거래를 하고자 한다면 혼란이 발생하게 된다. 그러나 현대 경제학에서는 시장에서 거래하는 소비자와 판매자의 관계는 질서와 안정을 이루는, 즉 공급과 수요의 일치를 통해서 가능하다고 보는데 이를 '균형(equilibrium)'이라 한다. 가격이 균형을 이루게 되면 공급곡선과 수요곡선이 움직이기 전까지 시장에서 일정하게 가격과 수량을 유지한다. 19세기 고전학파의 명제인 '공급이 수요를 결정한다'는 '세이의 법칙'[1]은 현대 경제학의 핵심이론으로 자리하고 있다.

---

1) 세이의 법칙(Say's Law)은 19세기 초 프랑스 경제학자 세이(Jean B. Say, 1767-1832)가 내세운 이론으로 세이는 『정치경제론(1803)』에서 "경제가 불균형(수요 · 공급의 불일치) 상황에 빠지더라도 이는 일시적 현상이며 장기적으로 수요가 공급에 맞춰 자율적으로 조정되기 때문에 경제는 늘 균형을 유지할 수 있다"고 주장했다. 그러나 1930년대 대공황 때 공급상품이 판매되지 않고 공장이 문을 닫고 대량실업이 발생하자 세이의 법칙을 근간으로 한 고전학파 이론은 많은 비판을 받았다.

시장에서 수요·공급곡선이 균형을 이루게 하는 요인으로 '인간행동의 합리성'[2)]을 든다. 현대 경제학은 사람은 합리적 동물이고, 합리성을 전제로 효율의 극대화를 추구하는 존재이며, 이들 중 가장 효율적인 주체만 살아남고, 경제시스템도 효율적이고 균형적 상태를 유지할 수 있다고 가정한다. '합리성'과 '균형'은 현대 경제학이 시장의 우월성을 강조하는 핵심주제이며 시장원리를 설명하는 말이기도 하다. 그러나 한편으로 여기에는 인간의 행동동기를 '이기심'과 '욕망'으로 보는 인간관이 들어 있다. 즉, 이기심이 시장을 이끈다는 것이다. 이 주장은 근대 경제학의 아버지라 불리는 애덤 스미스로부터 시작되었다. 그는 『국부론』에서 인간은 본능적으로 자신의 이익을 위해 행동하며, 자유로운 경제활동을 보장하는 것이 경제발전의 중요한 밑거름이라고 주장했다. 사람들이 경제적 행위를 하는 것은 자신의 이익을 생각하는 이기심이라는 것을 뜻한다. 제과점에서 빵을 사는 것이 제과점이 더 잘 되도록 도와주기 위해서가 아니며, 나라경제를 걱정해서 사람들이 물건을 사거나 파는 것이 아니며, 건축업자가 집 없는 가난한 사람에게 주기 위해 집을 짓는 것은 아니다. 시장에서 거래하는 사람들은 모두 자신의 이익을 생각하지만 거래의 성사 여부는 양쪽 모두 이익을 얻을 때 이루어진다.

---

2) 주류경제학에서 '합리성'은 선택의 문제이다. 인간은 자신의 선호에 따라 물질적 욕망을 채우기 위해 필요한 것을 선택한다. 선택의 과정에서 어떤 것이 자신의 '선호'에 맞는 것인지를 구별하는 것을 합리성으로 해석한다.

영국 런던의 증권거래소. 증권거래소는 대표적인 자본시장으로 기능하며 자본주의 경제의 꽃으로 불린다.

60여 년 전 칼 폴라니는 전통적 주류 경제학의 시장개념과 반대되는 주장을 했다. 폴라니는 시장이 갖고 있는 사회적 성격을 '배태(embeddedness)'라는 개념으로 설명했다. 시장은 본래 사회문화적 규범 속에서 생겨났는데 이 시장이 사회문화를 구성하는 주요 형태로 바뀌게 되면 사회 내에서의 인간관계는 시장의 부수적인 현상으로 변한다고 보았다. 시장경제는 사회조직의 특수한 한 형태이고, 사회분열을 지속적으로 확대시키기 때문에 오래 지속될 수 없다고 강조한다. 시장은 사회를 구성하는 중심요소이지만 다른 구성요소들과 함께 상호작용하면서 유지되어야 한다. 폴라니의 말대로 지금의 시장은 사회 속에서 태어난 피조물임에도 불구하고 거꾸로 시장이 사회문화적 규범을 만들고 지배하는 역전이 일어나고 있으며, 이에 따라 개인과 기업의 효용극대화를 추구하는 시장의 활동이 사회에 이득이 되지 않는 현상이 나타나고 있는 것이다.

2 보이지 않는 손 - 「국부론」과 자유방임(laissez-faire)

애덤 스미스 「국부론」과 현대 시장만능주의자들의 왜곡

시장경제는 사람들의 물질생활을 유지시키는 기능을 하며, 자발적 교환에 의해 자신에게 필요한 재화를 팔거나 사는데 있어서 가격을 통해 가장 만족스러운 상태를 결정한다. 시장에서는 자발적 교환을 통해 거래 당사자 모두가 이익을 보려고 하는데 여기서 교환은 시장의 자원배분 수행에 있어서 중요한 역할을 한다. 자발적 교환이 전부 이루어져서 더 이상의 이득이 남지 않는 상태가 될 때 자원배분이 가장 효율적으로 이루어졌다고 본다.

항구에서의 교역. 중상주의는 수출증대를 통해 국가의 부를 증대시키는 경제정책으로 애덤 스미스는 「국부론」을 통해 중상주의를 강하게 비판했다.

현대 경제학에서는 시장경제를 떠받치는 수요・공급의 메커니즘을 스미스가 「국부론」에서 언급한 '보이지 않는 손(invisible hand)'으로 설명한다. 보이지 않는 손이 독립된 수많은 시장참여자의 의사결정과 활동을 자동적으로 조절한다고 보는 것이다. 시장 참여자들이 더 많은 돈을 벌기 위한 욕심으로 서로 경쟁하다보면 보이지 않는 손에 의해 국민 모두에게 이로운 결과가 뒤따른다. 스미스는 자기이익을 추구하는 행위는 사회 전체의 이익과 조화를 이루는 방향으로 나아가며, 그런 방향을 이끄는 것이 보이지 않는 손이고, 가장 알맞은 재화의 양과 종류를 생산할 수 있게 해준다고 말한다. 가격은 많은 수요자와 공급자가 자기 이익을 극대화시키려고 노력한 결과이며, 그렇게 형성된 가격이 시장 참여자들을 고루 만족시킬 뿐만 아니라 사회 전체의 이익도 극대화시킨다는 것이다.

그러나 「국부론」을 통해 스미스가 말하고자 했던 것에 다시 주목해 볼 필요가 있다. 현대 경제학이 자유시장경제의 우월성을 말할 때 항상 입버릇처럼 말하는 것이 '보이지 않는 손'이지만 실제 이 말은 「국부론」 전체에서 단 한 번밖에 나오지 않는다. 스미스는 국부를 증대시킬 수 있는 업종별 투자 우선순위에서 농업을 가장 먼저 들었고 다음으로 제조업－도매업－소매업 순으로 정하면서 이 투자순위가 인간의 본성에 맞는다고 보았다. 이 투자순위를 자연적 질서라 불렀고, 따라서 인간들이 자기본성에 따라 행동하게 되면 사적인 이익을 추구하는 과정에서 자신도 알지 못하는 사이에 사회의 이익이 늘어나게 된다.

스미스는 「국부론」을 통해 절대왕정의 경제정책이었던 중상주의를 강하게 비판했다. 중상주의가 유행했던 당시 국가의 부는 국내에 보유하고 있는 금은의 총량으로 평가되었다. 때문에 절대군주는 금은을 외국으로부터 들여오기 위해 국내 상공업자들과 무역상인들을 위한 수입규제나 차별관세와 같은 보호무역정책을 폈고, 독점적 무역회사 설립 허가, 식민지 개척 등과 같은 수출을 늘릴 수 있는 여러 특혜를 주었다. 그러나 스미스는 이런 중상주의 정책은 상공업자와 상인들의 이익만 증가시킬 뿐이고 국가의 부는 늘지 않는다고 주장했다. 스미스는 국부의 원천은 국민들의 노동을 통해 생산되는 생필품 등의 생산물이지, 국가가 보유한 금은 총량으로 국부가 증대하지 않는다는 것을 당시 라틴 아메리카국가들을 식민지로 삼고 금은 등을 대량으로 수탈해온 스페인과 포르투갈 경제의 몰락을 통해 실증적으로 설명했다. 그가 말하는 국부는 국민들의 복지를 향상시킬 수 있는 재화와 서비스의 전체량을 말한다. 상공업자나 무역상인들의 이익이 국가의 이익이나 국민의 이익으로 연결되는 것이 아니라는 것을 강조했다.

국부를 늘리고 국민의 생활을 향상시키는 복지를 어떻게 최대화시킬 것인가? 이에 대한 스미스의 답변은 간단하다. 상공업자를 보호하고 그들에게 온갖 특혜를 줌으로써 이익을 독차지하여 부를 축적하게 하는 것은 오히려 국부를 깎아먹는 행위이다. 따라서 상공업자와 무역상인들을 보호하기보다 자유롭게 경쟁하도록 하는 것이 국부를 늘리는 최선의 방법이다. 당시 현실은 국가의 보호 아래 상공업이 육성하고 번창하면서 상공업자와 무역상인들이 경쟁을 기피하면서 독점화되고 있었고 오히려 경쟁하는 것을 부정적으로 여기고 있었다. 스미스는 「국부론」을 통해 이런 현실을 신랄하게 비판하고 있다. 실제로 당시 영국의 식민지였던 인도와의 무역을 독점하고 있던 동인도회사는 영국 정부를 대신해서 인도를 통치하고 면화무역을 통해 많은 이익을 내고 있었지만, 영국 정부와 국민들에게는 전혀 이익을 주지 않았다. 영국의 북아메리카 식민지 역시 독점 무역상인들에게는 많은 이익을 남겨 주었지만 정작 영국 정부에 대해서는 엄청난 재정지출만 요구하는 것을 보고 스미스는 식민지 건설이 영국 전체의 국부증대에 도움이 되지 않는다고 판단한 것이다.

18세기 중상주의적 국가개입을 통한 수출장려와 수입규제정책의 혜택은 일부 상공업자와 무역상인들에게 돌아갔고, 이들은 정부의 보호 아래 경쟁이 없는 독점적 상업활동으로 부를 확대해갔다. 스미스는 절대왕정 국가의 이러한 간섭을 당연하게 여기는 당시 사회풍조를 질타했다. 스미스는 「국부론」에서 자유방임과 정부의 최소개입을 강력하게 주장한다. 정부가 경제에 자꾸 개입해서 일부 상공업자와 무역상인들에게만 특혜를 주지 말고 자유롭게 경쟁하도록 내버려두라는 것이다. 누구든지 시장에서 이 경쟁에 참여할 수 있도록 하고 더 많은 사람들이 노동을 통한 생산활동에 참여함으로써 개인의 부가 증대되도록 해야 한다고 강력하게 말하고 있다.

스미스는 경제부문에 대한 정부의 지나친 개입과 기업에게 특혜를 부여하는 중상주의를 비판하고 경계했는데, 독과점 기업의 경쟁이 없는 경제활동은 시장질서를 해치며, 이렇게 축적된 기업의 이익은 결코 국민에게 이전되는 부가 아님을 보여주었다. 자유로운 경쟁과 많은 기업에서 노동량 증가를 통해 생산되는 재화가 늘어날수록 국가의 부는 증가한다. 국부는 국민 모두가 경제활동에 참여하여 생산해낸 생산물의 총량이며 국민 모두에게 고루 분배되어야 한다. 이것이 스미스가 강조한 「국부론」의 핵심이다.

자유방임, 그 오해와 진실

「국부론」의 핵심내용은 시장경제에서 기업이나 시장참여자들의 경제활동이 자유롭게 이루어지도록 해야 한다는 것이며, 이는 자유방임사상으로 이어지고 현대에 와서는 전 지구적 자본주의화를 불러온 신자유주의까지 연결된다. 특히 신자유주의 경제학자들은 자유시장의 중요한 원리로 '자유방임'을 가장 우선시 한다. 자유방임의 선구자로 애덤 스미스를 꼽는데, 정작 스미스가 주장한 자유방임은 현대 신자유주의 경제학자들의 의도와는 전혀 다르다.

당시 절대왕정 정부가 일부 상공업자와 무역상인을 위해 실시한 수출증진과 수입억제 등의 각종 특혜정책을 버리고 모든 국민들의 이익을 위한 정책으로 바꿔야 한다고 주장한 스미스는 자유경쟁이 독점이나 배타적인 특권보다 사회의 이익에 더 많은 기여를 한다고 보았다. 그는 당시의 사회계급 중 재산을 많이 가진 계급인 상업자본가, 산업자본가, 금융자본가 등의 자본가계급과 지주계급에게만 이익을 가져다주기 위해 '자유방임'을 주장한 것이 아니다. 자본가계급이 '자본저축'을 통해 일자리를 확대함으로써 더 많은 국민들이 노동에 참여하여 소득이 확대되는 것이 부의 증대라는 것을 강조했다. 즉, 진정한 국가의 부는 국민의 부가 증가함으로써 달성된다고 본 것이다. 여기에서 중요한 것은 기업에 대한 특혜를 없애고 자유로운 경쟁을 정부가 보장하는 일이다.

고전파 자유주의의 핵심사상이 된 '자유방임'은 시장에서 개인이나 기업의 자유로운 경쟁이 이루어지도록 국가의 간섭을 최소화하는 경제사상이다. 자유방임은 '정부의 보조나 관세, 독점으로부터 자유롭고 단지 국가가 절도나 공격으로부터 사적 재산권을 보호하기 위한 정도의 규제만 받으면서 자신의 목적달성을 위해 자신이 소유한 수단을 활용하며 이루어지는 자유로운 경제환경'을 의미한다. 프랑스어로 자유방임을 뜻하는 레쎄 페어는 '그대로 놔두라'라는 의미이다. 그렇다면 무엇을 자유롭게 놔두라는 것일까?

역사적으로 보면 자유방임을 정부의 간섭으로부터 자유무역을 옹호하려는 경제적 목적으로 활용했다. 초기 자유무역 옹호자들은 시장이 경제행위자들 사이의 충돌을 조정할 수 있을 것으로 생각했기 때문에 개인의 사적 이해관계에 기초한 경쟁은 사회적 조화와 일치한다고 보았다. 그러나 시장이 확대되고 곡물파동, 철도파동 등 수요공급 불일치로 인한 시장의 실패를 경험하면서 '보이지 않는 손'의 조화에 의구심이 생겨났다.

시장은 모든 참여자들에게 부의 축적에 대한 환상을 불어넣는다. 사람들은 시장이 무한정으로 재화를 공급하고 또 이를 끝없이 소비함으로써 '완전한 욕망'을 이룰 수 있을 것으로 여겼다. 그러나 완전한 욕망이 가져오는 결과는 항상 주기적인 경기파동이었다. 식사량을 조절하지 않고 너무 많으면 탈이 나는 것처럼 시장에서 무조건적인 자유방임은 항상 문제를 일으켜 왔다.

사실 자유방임의 경제환경을 만들기 위한 조건은 자유로운 노동시장과 자유무역이다. 그러나 이런 조건들은 기업 스스로가 만들어낼 수 있는 조건들이 아니다. 오히려 국가가 강제력을 통해 거래질서를 유지할 수 있는 법과 규제 및 규칙들을 만들어서 제공해야만 가능하다. 때문에 국가의 경제개입은 불가피하며, 국가개입이 시장의 자율성을 해친다는 사고는 환상에 불과하다. 시장은 개인의 이익을 최대한 충족시키려는 완전한 자유경쟁을 원하지만 경쟁이 공정하게 이루어지지 않거나 경쟁질서가 무너지고 효율적 자원배분이 이루어지지 않음으로써 그 결과 자신의 목적과 배치되면(시장의 실패) 국가에 의존하는 모순성을 갖는다.

자유방임 입장에서 보면 경제적 자유는 국가의 정치적 개입이 없을 때 보장되며 인간을 강제적으로 구속하지 말고 자유롭게 놓아주어야 한다. 자유방임을 통해 시장에서 개인의 이해관계에 의해 경제활동이 질서정연하게 작동하면 시장은 인간에게 '조화로운 세계'를 가져다 줄 것으로 생각했다. 그러나 자유방임사상은 절대주의에 맞서 자유로운 경쟁으로 조화를 이루고자 했지만 19세기 말과 20세기 초(超) 자유극대화를 통해 성장한 자본이 독점자본으로 변하면서 점차 후퇴하게 된다. 기업의 독점을 반대하기 위한 자유방임은 국가의 독점정책으로 그 설자리를 잃게 된 것이다. 이후 자유방임사상은 '자유'의 의미를 집단적인 노력을 통해 평등한 기회를 얻으려는 현대적 자유주의로 전환되었다. 그러나 신자유주의자들의 '자유'는 여전히 국가의 개입축소라는 명제에만 매달려 모두가 누릴 수 있는 '자유'를 얻지 못하고 있는지도 모른다.

현실 읽기

"기업의 이익이 곧 국가의 이익이다." 「국부론」으로 다시 보는 한국의 현대판 중상주의자들

현대 경제학이 경제학의 원조로 떠받드는 애덤 스미스의 「국부론」은 '경제학의 성서'로까지 불린다. 현대 경제학의 자유주의 성향 경제학자들이 펴낸 경제학 서적에는 항상 애덤 스미스가 거론된다. 사실 애덤 스미스를 추종하는 보수주의 또는 우파 경제학자나 정치인들은 자본주의 경제체제의 상징이자 우상으로 애덤 스미스를 섬기고 있다.

「국부론」은 자본주의 시장경제가 작동되는 자연적 법칙을 과학적 논리로 풀어낸 책은 아니다. 스미스는 시장이라는 사회의 작동원리를 과학적으로 분석하지는 못했다. 그러나 「국부론」은 최초로 경제학을 이론적으로 체계화한 책으로 평가받는다. 책의 원제목대로 국부의 성질과 원천, 상품의 가치와 가격, 계급 간 소득인 임금·이윤·지대, 자본의 축적과 투자, 생산적 노동과 비생산적 노동, 상품의 수출과 수입, 국가 경제정책, 국가의 세입·세출 등 경제학의 모든 영역을 역사적인 증거를 통해 이론적으로 서술하고 있다. 칼 마르크스의 「자본론」에서 가장 많이 언급되는 책도 「국부론」이다. 즉, 「국부론」은 스미스, 리카르도, 마르크스로 이어지는 정치경제학의 고전인 것이다.

스미스는 당시의 주류 국가정책인 중상주의에 반기를 들었던 일종의 반체제학자였다. 당시 유럽사회는 봉건제가 붕괴하면서 새로운 사회질서로 절대왕정이 수립되고 상공업이 발전하면서 도시를 중심으로 시장이 형성되어 활성화되던 시기였다. 군주와 지배계층은 국내로 들어오는 금은의 총량을 최대화하는 것이 나라를 부강하게 만드는 것이라고 생각하고 절대군주는 무역상인, 상공업자들에게 많은 특권과 혜택을 주면서 무역흑자를 극대화했다. 이런 중상주의가 유럽을 휩쓸던 때에 스미스는 이에 대한 비판으로 「국부론」을 썼다. 중상주의는 절대왕정시대에 군주가 국가를 자기 마음대로 통치할 수 있도록 뒷받침하는 왕권신수설[3]을 사상적 배경으로 한다. 그러나 이 중상주의가 역사 속으로 사라진 200여 년이 지난 지금에도 여전히 망령으로 떠돌아다닌다.

우리나라처럼 후발 자본주의 국가의 경제정책이 다름아닌 중상주의 정책을 토대로 시작되었고, 지금도 여전히 중요한 정치사상적 주류로 자리잡으며 시장을 흔들고 있다. 많은 자유주의 우파를 자처하는 시장만능주의자들은 여전히 기업의 이익을 국가의 이익과 동일시하고 있다. 재벌기업의 이익을 곧 국가의 이익인 것처럼 떠들고 심지어 청소년들에게도 그렇게 가르쳐야 한다고 주장한다. 우리나라 중고등학교의 교과서까지 들먹이면서 학교에서 반기업정서를 가르치고 있다고 떠들어댄다.

3) 권력은 신으로부터 부여받은 것이므로 모든 국민은 국왕에게 복종해야 한다는 사상

19세기 중반 한계효용학파가 수학공식을 이용하여 경제를 상품의 교환관계로만 한정한 '경제학(ecocnomics)'으로 부르기 전까지 모든 경제학은 '정치경제학(political economy)'이었고 그 효시가 애덤 스미스인 것이다. 정치경제학은 스미스가 우려한 정경유착과 기업의 독점화에 대한 과학적 분석을 하는 학문이다. 우리가 살고 있는 신자유주의 자본주의 시장은 온갖 독점기업이 생산한 제품들로 가득하고 우리는 그것들을 소비하면서 살고 있다. 재벌기업 총수의 급여는 상상을 초월할 정도이며, 기업들이 쌓아둔 보유금이 분식회계를 통해 비자금으로 바뀌고, 회사자금을 횡령해도 처벌을 받지 않는 이유는 아직도 한국에는 이미 죽어 없어진, 기업의 이익이 국가의 이익이며 독점과 특혜로 성장한 재벌기업이 벌어들인 이익을 아직도 국가의 이익으로 여기는 중상주의 망령이 정부관료와 정치인, 기업가들의 정신을 사로잡고 있기 때문이다.

에스케이(SK) 그룹 최태원(52) 회장과 최재원(49) 수석부회장 형제가 계열사 자금 992억 원을 빼돌려 기소되자 2012년 1월 전국경제인연합회는 선처를 부탁하는 탄원서를 냈다. 최태원 회장은 2003년 1조 5000억 원대의 회사자금을 분식회계로 횡령한 혐의로 구속기소되어 1심에서 징역 3년 실형을 선고받았지만 같은 해 9월 보석으로 풀려났다.

3 시장경제와 자본주의

시장에 대한 이해

오늘날 사람들이 살아가는 물질생활의 환경을 구성하는 제도를 자본주의라고 부른다. 주류경제학은 자본주의 경제체제의 작동기제인 시장을 중요한 핵심동력으로 보고 이에 대한 과학적 분석을 제시한다. 소위 '효율적 시장가설'이라는 명제로 시장에서 생산되고 교환되는 모든 재화와 서비스는 시장 참여자(공급자와 소비자)들의 수요·공급 곡선에 따라 최적의 배분을 이루고, 이를 통해 시장은 자원낭비가 없는 효율적 기능을 한다는 것이 주된 내용이다.

20세기 후반 반(反)시장사회(anti-market society)를 지향하며 국가계획경제체제를 유지하던 구 소련 및 동구권 사회주의 국가들이 도미노처럼 붕괴하면서 그 자리에 새로운 사회질서로 시장체제를 도입하기 시작했다. 중국은 국가통제를 받고 있던 농민들에게 자유로운 생산판매를 허용하면서 이윤추구가 가능해졌고, 산업부문에서도 국가가 목표치와 할당량을 정해주던 계획경제방식에서 벗어나기 시작했다. 서유럽 사회민주주의자들도 시장에 대한 이념적 대립을 조금씩 포기하기 시작했다.

지금껏 자본주의 경제를 이해하기 위해서는 시장에 대한 자세한 이해가 없어도 가능했다. 주류경제학은 시장을 수요·공급이 이루어지는 추상적 공간으로만 설명해왔고 독점, 인플레이션, 국제무역, 통화 등과 같은 시장 작동의 내재적 원리만 가르쳐왔다. 사실 주류경제학은 나무만 보여주었지 숲에 대한 설명이 없었다. 역사적으로 반복되는 크고 작은 경제위기를 겪으면서 위기에 대처하지 못하는 것은 경제학자들조차 위기를 예견하지 못했기 때문이고, 항상 위기발생 후에 대책을 만들어왔던 것을 보면 우리는 자본주의 시장경제에서 살아가지만 그 전체적인 구조에 대해서 제대로 이해하지 못하고 있음이 분명하다. 더군다나 2008년 미국 금융위기 이후 전 세계 시장이 패닉에 빠지면서 어떤 문제가 시장에서 일어나고 있는지 뒤늦게 알면서도 시장의 회복과 안정에 대해서는 방안을 내놓지 못하고 있다. 경제 전문가나 경제학자들조차 시장원리의 세부적인 각론에 대해서는 많이 알고 있었지만 자본주의 시장체제 전체를 조망하지 않았다.

그렇다고 거대한 자본주의 시장체제를 제대로 이해하기란 쉽지 않다. 주류경제학조차도 시장체제 전체에 대한 이해에서 제대로 방향을 잡지 못한다. 왜냐하면 여전히 시장의 장점에만 초점을 맞추고 그 황홀한 빛에 눈이 부신 탓에 시장의 결점에 대해서는 눈을 감거나 반만 뜨고 쳐다보기 때문이다. 반면 시장체제를 비판하는 입장도 시장에 대한 지나친 적대감으로 시장의 정확한 기능이나 장점에 대해 경직된 모습을 보이고 있기도 하다.

시장에 대한 정확한 이해를 방해하는 것은 시장에 대한 '신비화 또는 신격화' 때문일 것이다. 시장의 신비화는 애덤 스미스의 보이지 않는 손이 시장의 많은 활동들을 조정한다고 하는 설명을 지나치게 확대·적용하는 데서 비롯된다. 그러나 시장에는 보이지 않는 손과 함께 '보이는 손'도 있다. 보이는 손은 무엇이며 어떻게 작동하는지에 대해 경제학은 충분하게 설명해야 한다. 또한 시장에 대한 신격화[4)]는 인류역사가 근대적 사유를 통해 새로운 사회질서를 만들어가면서 이루어진 상징이기도 하다. 지금의 시장은 신격화를 통해 종교적 위치까지 올라감으로써 사회규범과 규칙을 만들어가고 있다.

시장의 정체 – '체제'로서의 시장

자본주의에서 '시장'은 단순히 물품을 거래하는 물리적 공간만을 의미하지 않는다. 시장은 다양한 활동과 구성주체와 영역으로 이루어진 커다란 '체제(system)'이다. 시장이 하나의 체제로 구성된다는 것은 시장이 확장되어가면서 특정한 방식으로 주체들 간에 서로 연관을 맺고 있음을 뜻한다. 텔레비전 부품이 한 군데 모두 모아져 있어도 그 부품들을 조립해서 완전한 제품으로 만들기 전까지는 텔레비전이라고 부를 수 없듯이 여러 유형의 시장들이 있어도 사람들의 활동을 통해 구체적으로 조직되고 조정하는 방식으로 구성되어야만 시장체제가 되는 것이다. 체제로서의 시장이 경제활동을 조직하고 조정하는 기본 방식은 판매자와 구매자의 거래를 통해 이루어진다. 시장이 단지 물품만 팔고 사는 것으로 충분하지 않는 이유는 사람들이 우선적으로 필요에 의해 거래행위가 이루어지지만 거래행위에 대한 사회적 규범과 조정이 뒤따라야 하기 때문이다.

---

4) 하비 콕스(Harvey Cox), 신으로서의 시장, The Atlantic Magazine, March, 1999 ; http : //www.theatlantic.com/magazine/archive/1999/03/the-market-as-god/306397/

시장 이전의 경제생활방식은 가족단위에서의 자급자족이었다. 가족구성원들의 행복을 위해 생활필수품을 조달하고, 가족들의 활동을 조정하며 통제하기 위한 규범은 가장에 의해 이루어졌다. 육아와 가사, 농사활동을 조정하는 일은 모두 가족에 의해 이루어졌다. 가족들은 특별한 도움이 필요하거나 스스로 조달하거나 만들지 못하는 경우에만 가족 울타리를 벗어났다. 다른 곳에 사는 불특정 다수와 필요한 물품을 얻거나 제공하고 가족을 위한 물품 이외의 잉여물품을 교환하면서 점차 시장이 그 모습을 나타내게 되었다. 오늘날 국민경제의 한 축을 이루는 가계는 자급자족 기능을 벗어나 소비활동의 중심을 차지하며 육아, 식사, 가정관리 기능이 이루어지는 시장 수요자로서 역할을 하고 있다.

시장체제는 본질상 생산과 소비를 연결하는 역할만 하기 때문에 시장이 모든 사회구조를 대변한다고 볼 수 없다. 시장에서 형성되는 가격결정 역시 항상 '합리적 선택'을 통한 '균형'을 유지하지 못한다. 시장에서는 항상 가격이 치솟았다 추락하는 가격변동이 있어왔고 이로 인해 경기침체와 경제위기가 발생한다. 때문에 시장에 대한 개입과 조정의 필요성에 대한 논란이 계속 있어왔으며, 개입반대 주장에는 '시장의 자율성 보장'이라는 이유가 항상 같이 따라왔다. 시장이 사회를 부유하게 만드는 역할을 하기 때문에 시장에 대한 개입과 자율을 침해하는 것은 사회적으로 풍요한 생활을 막는 것과 같다는 생각 때문이었다.

시장체제는 국가의 개입과 통제라는 외부적 규제를 받기도 하지만 시장 스스로 내부적 규제를 가하기도 한다. 시장에 참여하는 개인들은 자신이 원하는 방식으로 행동하지 않는다. 사람들은 서로 연관되어 있으며 시장 안에서 상호작용을 통해 다양하게 움직인다. 사람들이 자기가 원하는 대로 멋대로 움직인다면 시장체제를 특징짓는 성과들은 달성할 수 없을 것이다. 시장

안에서의 일종의 규칙성이 존재한다. 시장 참여자들을 자신의 의지대로 자유롭고 자발적인 선택을 할 수 있는 존재로 여긴다 해도 사고 파는 행위를 통해 그들이 통제되고 있다는 사실까지 사라지는 것은 아니다.

자본주의, 시장을 껴안다 : 시장의 부침

물건을 거래하는 일이 인류에게는 자연스러운 것이고 그러한 거래활동의 역사는 오래되었지만 현재와 같은 시장의 모습이 나타난 것은 그리 오래되지 않았다. 지금의 사기업 중심의 시장체제는 역사적으로 보면 아주 짧다. 주식회사와 같은 법인형태 기업구조와 복잡한 법규, 주식・채권과 같은 추상적 소유지분, 노동조합과 사용자의 단체협상 등은 자연발생적으로 나타난 것은 아니다. 시장체제는 원시적인 물물교환에서 시작되어 지속적으로 발전해왔지만 우리가 경험하고 있는 지금의 시장체제는 100년 전의 시장체제와 다르고 또 앞으로 나타날 시장체제와 다른 모습일 것이다.

근대적 시장의 출현은 연구자나 학자들마다 차이가 있으나 대체로 유럽의 주요 도시에서 상업이 발달하기 시작한 15세기 무렵으로 본다. 이후 18세기 후반 영국에서 발생한 산업혁명을 통해 산업화가 시작되면서 공장노동자들이 나타나고 대량생산이 이루어지면서 자본축적을 이룬 산업가들을 중심으로 새로운 경제체제가 형성되어갔다. 페르낭 브로델(F. Braudel)은 시장경제와 자본주의를 구분해서 본다. 그는 18세기까지 '시장경제'와 '자본주의'는 작은 부분에 불과했음을 지적하며, 상업자본주의라고 일컫는 구체제하의 자본주의는 시장경제 전체를 장악하지도 못했고 주무르지도 못했다고 본다. 자본주의가 존재하기 위한 불가결한 선행조건인 시장경제를 끌어앉지 못했다는 것이다. 그러나 상업자본주의의 위력은 계속 커져가면서 국가적・국제적 역할을 분명하게 보여주면서 시장경제를 조직해가기 시작했다(브로델, 김홍식 역, 2012 : 49-50).

페르낭 브로델(Fernand Braudel, 1902 - 1985). 프랑스 역사학자이며 아날(Annales)학파의 수장이다. 경제학, 인류학, 지리학 등의 다른 학문분야 성과들과 아울러 인류역사에 대한 연구성과 업적을 남겼다. 그와 아날학파의 역사연구 업적은 프랑스와 1950년 이후 세계 역사연구의 중요한 연구동력이 되고 있다. 또한 역사연구에 있어서 광범위한 사회경제적 요인들의 역할을 강조한 근대 역사학자로 손꼽히며, 세계체제이론(World System Theory)의 개척자 중 한 사람으로 평가받고 있다. 특히 "물질문명, 시장경제, 자본주의"의 삼층도식은 새로운 역사관을 보여주는 분석틀이다.

18세기 중반 영국에서 시작된 산업혁명은 기술혁명과 최초의 대량생산을 가능하게 했다. 면직물산업은 경제호황을 이끌었고 이를 통해 거대하게 축적된 자본은 영국 밖으로 빠져나갈 수 있었으며, 면직물산업에 이어 철도산업의 부상은 지속적인 성장을 이루는 밑바탕이 되었다. 면직물산업으로 영국의 국민경제는 바닥에서부터 혁명이 시작되었는데, 수공업 장인들이 여러 가지 발명을 하고, 사회적 신분이 낮은 계층에서도 산업가들이 지속적으로 나왔다. 이들은 투자자금을 얻기 위해 쉽게 융자를 받을 수 있었으며, 지속적인 공장설립으로 산업화의 속도는 더욱 빨라졌다. 이러한 산업혁명의 과정에서 발생한 산업자본주의가 성장할 수 있도록 뒷받침한 것은 시장경제와 기초적인 경제력이었다. 산업자본주의와 시장경제의 결합으로 생산과 교환의 총체적 작동은 더 강력해질 수 있었다.

시장과 자본주의를 결합시킨 사상적 매개체는 고전파경제학의 사상적 바탕인 '자유주의'였다. 자유주의를 통해 시장에서 개인의 활동과 선택이 최대한 보장받을 수 있도록 했으며, 이를 통해 국민경제의 뼈대를 이루는 상업활동이 활발하게 이루어져갔다. 산업사회는 자본주의 경제의 3대 생산요소인 노동, 자본, 토지를 근간으로 시장체제로 재편되어갔고, 노동력 증가와 상품생산의 증가, 이에 따른 자본축적 확대, 지주의 토지임대(공장설립)는 자본주의 시장경제를 이루는 핵심요소로 자리잡았다.

산업혁명으로 시작된 공업화는 근대 자본주의 성장의 가속화를 더했다. 공업화는 1960년대 후반부터 새로운 국면을 맞게 되는데 2차 산업혁명이라 할 수 있는 기술혁명이 일어나면서 자본주의 시장체제는 새로운 국면을 맞게 된다. 나라별로 공업화의 전개과정은 차이가 있지만 1960년대까지 미국과 서유럽 국가들, 일본 등의 선진국들이 중화학산업 중심의 공업화를 이룩했다. 그 결과 공업 생산력은 눈부시게 발전했지만 시장에서 공급과잉의 문제가 발생하고 자본의 이윤율 하락으로 이어지면서 시장변화를 위한 새로운 대응에 나서게 된다.

1970년대에 들어서면서 시장경제에서 자본의 이윤율 하락을 막기 위해 본격적으로 내세운 대응논리가 시장원리의 만능을 내세우는 '효율적 시장이론'이었다. 1970년대 말과 80년대 이후에는 재정긴축, 감세, 노동시장 유연화, 기업규제 완화, 민영화 등과 같은 신자유주의 정책이 확산되기 시작했다. 실제로 신자유주의 경제정책으로 인해 기업들의 이윤몫은 상당히 개선되었다(표 2 참조). 그러나 이윤몫의 회복과 그에 따른 이윤율 감소폭의 축소에도 불구하고 이윤율의 다른 구성요소인 실현된 부가가치/투하자본 비율 하락이 크게 개선되지 않아 충분한 이윤율 회복은 기대할 수 없었다. 부가가치/투하자본의 하락의 원인은 과잉설비와 과잉생산이었다. 즉, 수요보다 많은 공급이 문제였다. 개선을 통해 이윤율은 높였지만, 다른 한편 시장을 축소시킴으로써 이윤율을 하락시키는 측면도 있었다. 하락하는 이윤율을 개선할 수 있는 방법은 새로운 시장을 만들어내는 것이었는데 이를 위해 무역자유화, 시장개방을 위한 지구적 자본주의인 세계화로 시장의 흐름이 바뀌게 되었다.

〈표 1〉 주요 선진국들의 산업전체 수익성과 결정요인들, 1965~87(연평균 변화율)

(단위 : %)

	1965~'73	1973~'87	1973~'75	1975~'79	1979~'82	1982~'87
이윤율	−2.8	−0.9	−12.8	1.9	−5.6	5.1
이윤몫	−1.7	0.2	−6.8	1.5	−1.8	3.4
노동생산성	3.2	1.5	−0.7	2.5	0.4	2.3
실질임금	3.5	0.9	1.0	2.0	−0.2	0.8
실현된 부가가치/투자자본	−1.1	−1.1	−6.5	0.3	−3.8	1.7

출처 : Amstrong & Harrison, 김수행 역(1993). 재인용

4 시장의 실패

시장경제는 과연 성공했을까 : 자원의 희소성과 효율성의 문제

사람들 간에 물품의 자유로운 교환행위로 시작된 최초의 시장은 단순한 의미에서 장소로서의 시장이고, 인류의 생활 속에 깊이 자리를 잡아왔다. 그러나 앞서 언급한 것처럼 18세기 산업혁명의 결과로 산업자본주의가 형성되면서 시장은 새로운 기능을 수행하기 위한 체제로 변모해갔다. 이러한 기능은 시장이 단순한 물품교환의 장소가 아니라 노동, 자본, 토지라는 생산요소를 투입하여 다양한 상품을 생산하여 공급과 수요를 통해 결정된 가격으로 자원을 분배하기 위한 연결망으로서, 위치가 아닌 조율된 일련의 조

직체제로 그 모습을 바꾸어가기 시작했다. 그러나 일부 농수산물시장이나 증권거래소처럼 제한된 장소에서 거래가 이루어지기는 하지만 여전히 많은 시장은 장소가 없고 시장참여자들은 장소에 구애받지 않고 널리 분산되어 서로 상호작용하고 있다.

연결망으로서의 시장은 다양한 사람들에 의한 수많은 활동들로 구성되어 거래가 이루어진다. 예를 들면, 사람들은 원두커피를 마시기 위해 커피 전문점을 찾는다. 커피점에서 산 커피는 여러 사람들과 경로를 통해 만들어진 상품이다. 커피 원산지에서 농민들이 커피나무를 재배하여 열매를 수확하면 중간도매상은 운반업자를 통해 자동차와 철도를 이용해 항구로 운반하고 선적할 커피 생두를 나라별로 분류하여 보낸다. 이렇게 수입된 생두는 다시 커피업자에 의해 원두로 볶고 커피점으로 팔려가는 일련의 사슬로 엮여있다.

커피점에서 산 커피는 여러 사람들과 경로를 통해 만들어진 상품이다. 커피가 상품이 되어 판매되는 과정은 수많은 사람들로 연결된 경제적 연결망을 통해 이루어진다.

상품 생산과 소비의 연결망은 경제영역에서의 목적을 위한 협력구조이지만 문제는 시장체제가 경제영역을 넘어 사회영역으로까지 통제범위를 넓히려 하는 점이다. 즉, 시장체제가 사람들을 사회적 규율과 법에 복종하도록 이끌고 이를 통해 상호간에 이익을 침해하려는 행위를 규제하려고 한다는 점이다. 사람들 간의 권리침해와 사회적 무질서는 항상 발생할 수 있다. 때문에 개인이나 가족은 타인에 의한 권리침해를 막을 수 있는 방법들을 마련해야 한다. 이를 위해 각자의 자율성을 유지할 수 있는 잘 갖춰진 방비책이나 보호장치가 있어야 하지만 그렇다고 이것을 시장체제가 수행할 수 있는 역할은 아닌 것이다. 오히려 시장은 제한된 자원을 놓고 경쟁을 통한 분배를 기본 메커니즘으로 작동되는 조직체이다. 때문에 시장에서는 최적의 결과나 균형을 제공하지 못한다. 즉, 시장에서는 다양한 사람들이 각자 능력껏 자신의 역할을 수행하면서 협력구조를 이루어가며 자원을 나누지만 실제 자원배분의 결과는 개인의 사회적 위치와 조건에 따라 불평등하게 이루어지고, 또한 자연환경의 훼손 등과 같은 문제를 유발한다.

시장에서 이러한 자원배분의 역기능은 사람들이 서로 다른 요구들을 둘러싸고 갈등을 일으키며 더 나아가 잠재적인 폭력성을 갖게 한다. 주류경제학은 인간을 '무한한 이기심으로 욕망을 추구하는 존재'로 규정한다. 때문에 늘 새롭고 다양한 욕구를 갖게 되고 그래서 더 많은 것을 얻고자 다툰다. 이런 다툼과 갈등이 발생하는 것은 자원의 양이 모두에게 돌아갈 만큼 충분하지 않기 때문으로 본다. 사람들이 요구하는 것은 더 많아진다. 나누어야 할 파이에서 더 큰 조각을 갖고 싶어 한다. 다른 사람들의 몫에서 자신의 몫을 더 채우려고 한다. 이러한 이기심의 충동으로 일어나는 갈등의 원인으로 '자원의 희소성'을 든다. 사람들은 항상 희소성의 상태하에 놓여있기 때문에 더 많이 갖기 위해 다투고 갈등하며 서로의 이익을 침해한다고 본다.

주류경제학은 희소성이 효율성의 문제를 제기하고 자연스레 시장경제는 이를 충분하게 해결할 수 있다고 믿는다. 사실 개인들이 갖고 있는 욕구는 연령, 환경, 직업, 신체 등의 조건에 따라 각기 다르다. 시장경제를 자원의 희소성 원리에 입각해 생산이든 소비든 경제행위가 효율적으로 이루어지도록 이끄는 역할을 하는 것으로 규정한다. 시장에서 거래되는 어떤 경제적 가치든지 수요와 공급의 법칙에 따라 상품의 가격이 결정되는데, 이 경쟁시장가격을 통해서 시장경제의 3대 목표인 '자원의 효율적 배분, 소득의 공평한 분배, 경제성장'을 이룰 수 있다고 본다. 그러나 이 시장경제의 신화는 역사적으로 두 번의 커다란 사건을 통해 깨졌는데 하나는 '1930년대 대공황'이며, 다른 하나는 '2007년 미국 금융위기로 인한 세계경제의 예비적 공황'이다.

자원배분 조절실패(시장의 실패)와 국가의 개입

시장만능주의자들은 자본주의가 가장 먼저 시작된 서구의 경험이 사회를 부유하고 풍요롭게 만들 수 있음을 분명하게 보여주었다고 강조한다. 또한 시장체제가 개인의 자유를 보장한다고 주장해왔다. 시장은 분명히 성공했으며 시장체제에 대한 공격은 부질없는 짓이라고 말한다. 시장체제를 건강하게 유지하기 위해서는 의사처럼 신체의 건강을 지켜주는 역할을 하는 것처럼 경제학자의 전문연구가 계속 필요하지만, 모든 사람들이 시장체제의 기본 구조와 작동방식에 대해서는 이미 충분하게 이해하고 있다고 믿는다.

그렇지만 지난 역사 동안 사회를 부유하고 풍요롭게 만든 것은 시장 그 자체보다 산업화와 이에 따른 기술발전 덕택이라고 봐야 한다. 시장경제를 도입한 나라들 중에서 시장체제는 발전하고 있지만 개인의 자유를 억압하는 나라들도 있다. 또한 시장중심의 결정을 중시하는 사람들은 복지국가와 시장의 결합 정도에 대해 매우 부정적인 면을 보이고 있다. 기술발전으로 숙련된 노동인력을 시장으로 유입시키고 제한된 일자리로 고급노동인력 중심의 고용구조를 형성하면서도 시장에서 밀려난 사람들을 국가의 복지제도에 의존하면서 살아가게 만들지만 정작 국가제공의 보편적 복지에는 강한 거부감을 보이고 있다.

무상급식은 정부가 직접적인 행동을 통해 개입하여 서비스를 공급하는 가치재(merit goods)이다. 가치재는 국민이 충분하게 소비하는 것이 바람직하다고 생각되어 소비를 권장하는 재화나 서비스를 말한다. 민간부문 시장은 공공재의 성격을 갖는 재화나 서비스를 효율적으로 배분하지 못하므로 정부가 직접 제공한다.

시장이 효율적으로 자원을 배분하는 기능을 수행하지 못했을 때를 일컬어 '시장의 실패'라고 한다. 효율적 자원배분은 완전경쟁을 전제로 할 때만 타당성이 있다. 이 전제조건이 충족되지 못하면 당연히 시장은 실패할 수밖에 없다. 그 조건 중에는 독점이나 과점이 나타날 때의 경우도 포함된다. 또한 도로, 교육, 공원 등과 같이 여러 사람의 공동소비를 위해 생산된 재화나 서비스인 공공재(public goods) 때문에 시장의 실패가 발생한다. 공공재는 소비에서 비경합성(non-rivalry)[5]과 비배제불가성(non-excludability)[6]의 성격을 갖기 때문이다.

주류경제학에서도 시장의 실패로 인한 정부개입의 필요성을 말한다. 그러나 더 큰 의미에서 보면 정부의 개입은 시장참여자들의 역할조정기능이 원활하게 작동되게 하려는 데 있다. 이를 위해 국가는 시장안정을 위한 재산권, 자유권, 계약법 등을 수립한다. 이러한 제도적 장치가 없으면 상품을

5) 한 사람이 어떤 공공재를 소비한다해도 다른 사람의 소비기회가 줄어들지 않는다는 의미이다.
6) 대가를 치르지 않는 사람이라도 소비에서 배제할 수 없다는 성격을 뜻한다.

사고파는 경제행위를 안정적으로 할 수 없다. 약탈이나 해적을 막는 것도 국가의 한 역할이다. 국가는 선착장, 고속도로, 철도 등 사회기반시설을 확충한다. 또한 통화제도를 유지하며, 은행규제와 신용발행 등에 개입하기도 한다. 기업의 투자 활성화를 위해 손해발생에 대한 일부 손실분담책임을 지기도 한다. 시장활동의 활성을 위한 조건으로 기업의 매출 확대를 우선적인 유인책으로 생각하지만 사실상 어떤 시장경제도 정부의 도움이 없으면 생존할 수 없다. 정부가 개입하여 지원하는 것은 시장의 원활한 작동뿐만 아니라 국민경제 성장을 위한 목적도 있기 때문이다.

제2절 시장구성의 정치경제학적 분석

1 화폐와 가격 결정구조

자원의 희소성 : 수요 · 공급을 제한하는 이유

한국이 지금처럼 국제적으로 많이 알려지지 않았을 시기에는 한국을 찾는 관광객 수가 매우 적어 전국 어느 관광명소나 유적지를 가도 한가로이 관광을 즐길 수 있었다. 그러나 국내 인구 증가와 외국인 관광객이 늘면서 주요 문화 유적지나 관광지는 관람시간 제한, 유료 입장 등의 형태로 관람객 조정을 한다. 또한 유명한 예술공연도 마찬가지로 관람을 원하는 사람들을 모두 입장시키지 못하게 되면 사전 예약, 초청 등으로 관람객 조정을 하게 된다.

이처럼 사람들이 갖고 싶어 하는 대상이나 즐기고자 하는 경험은 모든 사람들에게 돌아갈 만큼은 충분하지 못하다. 그렇지만 관광처럼 무형재나 빵과 같은 유형상품도 마찬가지로 공급부족 문제는 잘 드러나지 않는다. 왜

일까? 이유는 시장에서 상품을 요구할 수 있는 사람의 수를 제한하기 때문이다. 관광상품이나 예술공연을 관람하거나 또는 빵을 가져가려면 값을 지불해야 한다. 만약 그 제한을 없앤다면 공급부족의 문제가 바로 나타나게 될 것이다. 만약 다양한 경제활동을 하면서 발생되는 분쟁을 규제하는 법을 없앤다면 엄청나게 많은 사람들이 사소한 이유로 소송을 할 것이고 이 때문에 재판을 하는 검사나 판사의 수는 심각할 정도로 부족하게 될 것이다. 시장에서는 무엇을 요구하거나 수요를 갖고 있는 사람을 사회적 장치를 통해 제한하기 때문에 부족함의 문제는 잘 드러나지 않는다. 수요제한 효과는 한정된 공급밖에 할 수 없는 영역에서 더 잘 드러난다. 예를 들면, 대학입학과 같은 경우이다. 자원의 공급이 모두에게 다 돌아갈 수 있을 만큼 충분하면 그런 제한이 필요 없지만, 이런 제한이 있는 이유는 '자원의 희소성' 때문이다.

'희소성'은 수요에 비해 공급이 충분하지 못한 상황을 나타내는 말이다. 수요를 제한하지 않으면 많은 사람에게 돌아갈 수 없다는 의미이기도 하다. 희소성은 단지 '소량' 또는 '적은 것'을 뜻하는 말은 아니다. 자원의 희소성을 말할 때 그 의미는 원하는 것과 그것을 실제로 얻을 수 있는 가능성 간의 관계를 뜻한다. 일정한 지역에 기름진 땅이 많이 있다고 해도 그 땅이 모두에게 돌아가지 못하고 희소한 이유는 많은 사람들이 그 땅을 경작하려고 하기 때문이다. 이 희소한 자원에 대해 사회구성원들이 아무리 자신이 갖고자 하는 양 그 이상을 포기한다 해도 희소한 것에 대해 개인의 몫이 분배되려면 일정한 조정이 필요하다. 지속적인 조정방식이 없다면 그 사회는 심각한 분배의 편중으로 부의 집중현상을 불러오게 될 것이다. 주류경제학은 이러한 부의 편중됨 없이 합리적으로 희소한 자원을 분배할 수 있다고 주장해왔다. 그러나 지금 우리가 살고 있는 세계는 심각한 빈부격차로 많은 사람들이 고통당하고 있다. 부유한 나라 또는 부유한 계층의 사람들은 더 나은 교육을 받게 하고 싶어 한다. 더 나은 의료서비스와 더 나은 생활의 편의를 원하고 있지만 전 세계 수백만 명의 가난한 사람들에게 주어지는 자원은 여전히 턱없이 부족하다. 시장은 수요와 공급의 균형적 조절을 통해 자원의 희소성을 해결하는 분배의 형평을 가능하게 한다고 말해왔지만 현실은 그렇지 않다.

화폐와 가격 : 자원배분을 조정하는 기능

사람들의 물품교환방식은 각자가 원하는 물품을 서로 맞바꾸는 물물교환에서부터 시작되었다. 자신이나 가족이 먹고 남을 정도의 잉여생산이 가능해지면서 잉여생산물을 다른 생활필수품과 교환하게 되었다. 그러나 이런 물물교환은 매번 교환할 물품을 갖고 다녀야 하는 불편함과 서로의 물건을 어느 정도 교환해야 대등한 가격이 되는지에 대한 문제가 있었다. 따라서 좀 더 편리한 교환 매개물로 이동하기 쉽고 오래 사용할 수 있으며 크기가 작은 금속 등의 물품화폐[7)]가 나오게 되었다. 금속화폐는 휴대하기 쉽고 운반이 용이해서 멀리 떨어진 사람들과 쉽게 교환이나 매매 등의 상업활동이 활발하게 이루어지게 되었고 18세기에 들어서 지폐사용이 늘어나면서 화폐는 자본주의적 시장경제의 핵심으로 자리잡아갔다.

구매자와 판매자 간의 물품교환 성립 여부는 서로가 원하는 가격을 통해 이루어진다. 상품가격 결정은 주류경제학에서 가장 기본적인 개념으로 설명하는 수요·공급 곡선을 통해 이루어진다. 수요곡선은 가격이 오르면 수요량은 줄고, 가격이 내리면 수요량이 증가한다. 공급곡선은 가격이 내리면

7) 물품화폐는 교환되는 상품의 가치에 따라 가축, 노예, 직물, 곡물, 귀금속 등의 상품이나 자연물 등의 실물을 의미한다. 지폐처럼 그 자체의 실질적인 가치와 상관없이 액면으로 표시된 단위로 사용되는 명목화폐와 대립되는 개념이다.

공급량이 줄고, 가격이 오르면 공급량은 증가한다. 이 두 곡선이 만나는 지점에서 가격이 결정된다. 주류경제학에서는 수요・공급 곡선을 통해 수요량과 공급량 및 그에 따른 가격결정을 복잡한 수학공식으로 설명하는데, 이는 수요・공급 변동에 따른 가격변화를 수리적으로 이해하는 데 중요한 방법이기는 하다. 그러나 일반인들이 상품의 가격변화를 알기 위해 이렇게 복잡한 수학식까지 이해할 필요는 없을 것이다.

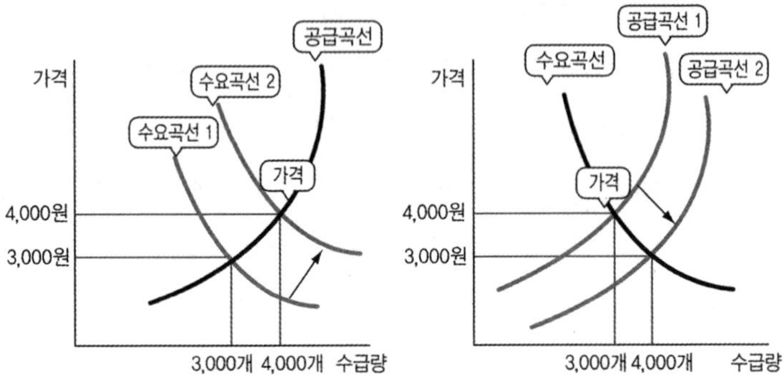

| 그림 2 | 가격균형의 변화

주류경제학에서는 수요곡선과 공급곡선이 만나는 지점에서 가격이 결정된다고 설명한다.

시장에서의 상품가격 결정과정에 대한 이해는 교환개념으로 생각하면 쉽게 알 수 있다. 일상적인 경제활동은 상품(물품과 서비스)의 생산과 교환으로 이루어진다. 이 과정에서 상품이 많으면 가격이 내려가고 화폐가 많으면 가격은 올라간다. 다양한 시장(부동산시장, 주식시장, 노동시장, 금융시장 등)에서도 같은 방식으로 교환이 이루어진다. 교환과정에서는 정해진 가격보다 더 많은 돈을 지불할 수도 있고, 돈이 적어 높은 가격을 지불할 수 없는 경우도 있게 된다. 화폐를 많이 소유한 사람이 상품을 비싸게 사면 가격은 오른다. 이렇게 되면 구매자와 판매자가 경쟁을 하는 식이다. 한 쪽은 상품을, 다른

한 쪽은 화폐를 가지고 경쟁을 하는 것이다. 한편 구매자끼리 또는 판매자끼리 경쟁하기도 한다.

교환과정에서 가격이 오르는 경우는 두 가지 경우인데, 판매물품 수량이 적어지거나 아니면 화폐량이 늘어나는 경우이다. 그러나 우리는 대중매체를 통해 물품이 귀해져서, 즉 공급이 줄어들어 가격이 오른다고 듣는 경우가 대부분이다. 특히 유가인상은 자연적으로 상품가격의 상승을 동반하는 것으로 알고 있다. 그러나 상품공급이 많거나 적어지는 경우 말고 돈이 시중에 많아지는 경우, 즉 화폐량이 늘어나서 가격이 오르기도 한다.

가격과 통화량 : 불안정한 경기

실물경제에서는 구매자들의 소비가 증가하면 생산량이 늘어나고 따라서 가격이 하락한다. 소비가 증가했다는 것은 가계소득인 임금이 높아졌다는 의미이다. 그러나 통계상 임금 인상률은 물가 상승률보다 작다. 특히 경기가 호황일 때는 노동자의 임금보다 자본의 수입이 더 많이 늘어난다. 자본가는 막대한 자금을 산업에 투자하게 되고 그 결과 상품을 생산하는 설비는 엄청나게 증가하면서 생산능력이 증대된다. 더 좋은 설비를 갖춘 공장에서는 더 많은 상품이 시장으로 쏟아져나온다. 그러나 노동자들은 이렇게 계속 증가하는 생산물을 살 수 있을 만큼 충분한 임금을 받지 못하기 때문에 팔리지 못하는 상품은 과잉공급 상태가 된다.

이러한 과잉공급은 상품가격을 낮추는 결과를 가져오지만 그렇지 않는 경우도 있다. 2008년 미국 금융위기의 원인이 된 부동산 시장이 그 예인데, 지속적인 주택건설로 부동산 시장에 아파트 공급이 꾸준히 이루어져서 가격이 하락되어야 하지만 반대로 아파트 가격은 계속 오르기만 했다. 왜 이런 현상이 일어나는 것일까? 시중에 돈이 늘어났기 때문이다. 더 많은 가격을 지불하고서라도 아파트를 구입하려는 구매욕을 충족시킬 수 있었던 것은 구매력을 뒷받침할 수 있는 화폐를 확보할 수 있었기 때문이다. 일정 시점에 시중에 있는 화폐의 총액을 '통화량'이라 하는데 이 통화량 증가가 아파트 가격을 상승시킨 것이다. 그렇다면 임금인상도 급격하게 높아지지도 않는데 어떻게 시중에 통화량이 늘었을까? 통화량이 늘었다는 것은 개인과 가계가 일차소득인 임금이나 저축 이외에 은행에서 돈을 많이 빌려왔기 때문이다.

그러나 통화량이 증가한다고 곧바로 상품가격이 상승하지는 않는다. 산업이 성장하면 생산이 확대되고 상품 생산량은 증가한다. 상품증가에 맞춰 통화량이 증가하지 않으면 물가는 하락하게 된다. 예를 들면, 시장에 100켤레의 신발이 있고, 소비자들은 신발을 구입할 수 있는 100만 원을 갖고 있다고 가정하면, 신발 1켤레는 1만 원에 팔린다. 그런데 신발 제조업자들이 더 좋은 생산기계를 구입하여 200켤레의 신발을 생산한다고 가정할 때, 다른 조건이 동일하고 소비자들 수중에 100만 원보다 더 많은 수입이 더 들어오지 않으면 신발 1켤레의 가격은 5천 원으로 떨어질 것이다. 제조업자 입장에서는 이윤율이 감소한다. 인구 증가, 자본축적, 기술 향상으로 매년 국가의 총생산량은 늘어나게 되고, 이렇게 증가된 생산물을 모두 구매하려면 더 많은 현금이 필요하거나 신용카드 사용량을 늘려야 한다. 만약 화폐발행이나 신용을 통해 통화를 늘리지 않으면 물가는 떨어지고 경제혼란이 야기될 것이다. 통화량이 동일하다고 가정할 경우 가격이 낮아져야 증가한 생산물을 모두 소화할 수 있기 때문이다.

(평잔, 전년동기대비)

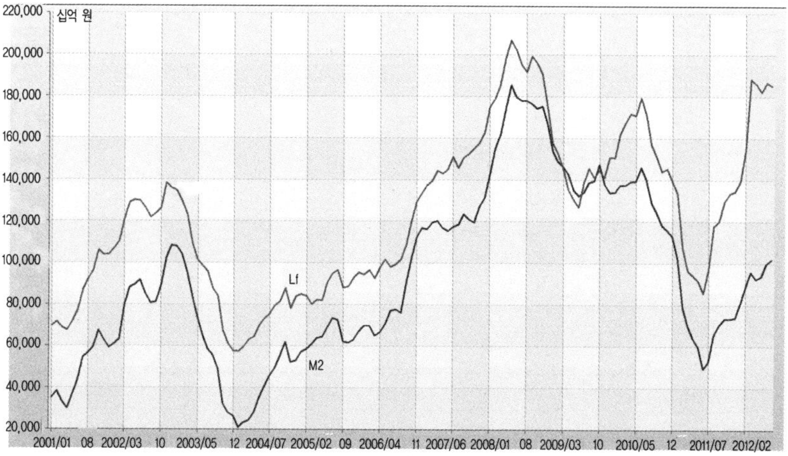

┃그림 3┃ **광의통화 및 유동성 지표 증가율**

출처 : 한국은행 경제통계시스템.

화폐경제학자들은 물가가 오르내리는 현상을 통화량의 증감 때문이라고 설명한다. 경기가 좋으면 화폐가 더 빠르게 회전하고 은행은 더 많은 신용을 발행한다. 은행은 금리를 높여 높은 이자를 받으려 할 것이고 시장에서 최대 이윤 획득을 목표로 하는 제조업자들은 투자를 주저하지 않을 것이다. 제조업자는 경기가 호황일수록 더욱 많은 돈을 빌리려고 한다. 물가가 계속 오를 것이라는 기대 때문이다. 제조업자는 가격이 올라 충분히 이자를 지급할 수 있고 더 높은 이윤을 얻을 수 있다고 생각되면 높은 이자를 주고 돈을 빌린다. 만약 가격이 지속적인 안정세를 이룬다면 제조업자들은 극도의 투자로 생산을 확대하지 않을 것이다. 그러나 설비투자로 인한 과잉생산이 가격하락을 불러오고 은행은 대출해준 돈을 회수하면서 통화량은 줄어들고 이에 따라 경기는 불황으로 접어들게 된다.

〈표 2〉 통화와 유동성 지표별 구성내역

			L(광의의 유동성)
		Lf(금융기관 유동성)	국채, 지방채, 회사채, 기업어음 등
	M2(광의통화)	예금은행·비은행 금융기관 기타 예수금 등	좌동
M1(협의통화)	준결제성예금(정기예금·부금, 실적배당형 금융상품, 시장형 금융상품, 기타 예금·금융채)	좌동	좌동
결제성예금(요구불예금, 수시입출금예금)	좌동	좌동	좌동
현금통화	좌동	좌동	좌동

출처 : 한국은행. 알기 쉬운 경제지표해설.

2 은행의 신용창출 기능과 부채 – 경제위기의 악순환

은행의 신용창출 시스템

화폐와 가격에서 살펴보았듯이 통화량은 사람들의 경제생활에서 매우 중요한 역할을 한다. 통화공급은 한국은행과 같이 각 나라의 중앙은행에 의해 이루어진다. 중앙은행은 통화공급에 관한 결정을 거의 독점한다. 시장에서 교환의 매개수단으로 직접 사용되는 지폐와 동전의 현금통화는 중앙은행이 공급한다. 그러나 중앙은행에서 나간 현금이 모두 현금통화가 되는 것은 아니다. 중앙은행에서 나간 현금 중에는 은행이 보유하고 있는 몫이 있는데 이를 지급준비율이라 하며 이 지급준비율은 현금통화에 포함되지 않는다. 전체 현금 중에서 은행들이 보유하고 있는 지급준비율이 일정하고 중앙은행에서 나간 전체현금을 알면 시중의 현금통화 규모를 알 수 있다.

예를 들어, 한 시민이 은행에 돈을 예금했다고 하자. 최초 예금을 받은 은행은 이 예금을 기초로 하여 그 몇 배만큼의 예금통화를 만들어 낼 수 있다. 이를 '신용창조'라고 한다. 이 신용은 항상 투기를 동반한다. 마치 쌍둥이 형제와 같은 존재로 볼 수 있는데 신용과 투기는 서로 비슷한 시기에 탄생했고 동일한 성질을 갖고 있기 때문이다. 신용창출 메커니즘을 살펴보면 신용팽창이 시중 통화량에 미치는 영향력은 매우 큰 것을 알 수 있다. 세계대공황이 시작된 1929년 이전 10년 동안 미국을 비롯한 서구 자본주의 국가들은 대부분 경기호황으로 엄청난 과잉생산이 진행되고 있었다. 넘쳐나는 상품을 소비하기 위해 많은 사람들이 자신의 소득을 넘어서는 돈을 빌려 부동산과 주식투자에 열을 올렸다. 여기에 소비된 돈은 모두 은행으로부터 신용으로 빌린 돈이었다. 그러나 쉽게 빌린 돈이라도 이자를 물어야 한다. 신용팽창으로 늘어난 통화량은 실제 통화량보다 훨씬 많다. 이유는 신용으로 빌린 돈에 붙는 이자 때문인데 이미 빚의 총액이 현금총액보다 크기 때문에 이자는 상대적으로 매우 커지게 된다.

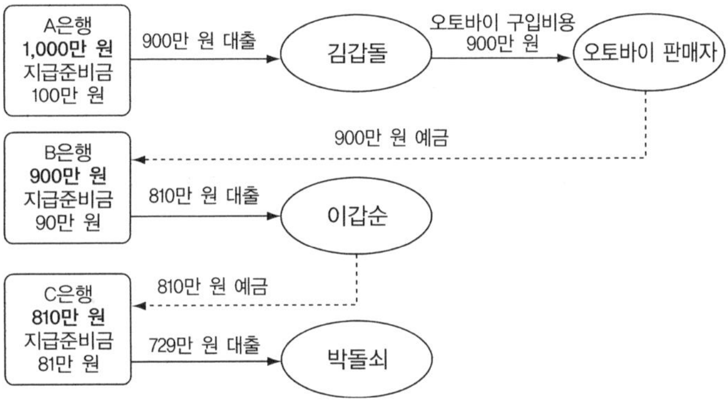

❙그림 4❙ 은행의 신용창조 흐름도

실제로 은행이 신용을 통해 얼마나 많은 돈을 창출할 수 있는지는 ❙그림 4❙로 설명할 수 있다. 은행의 지급준비율이 10%라고 가정할 때 A은행은

1,000만 원의 10%인 100만 원을 지급준비금으로 보유하고 900만 원까지 빌려 줄 수 있다. 김갑돌 씨는 900만 원을 빌려 오토바이 판매업자에게 900만 원을 주고 오토바이를 샀다. 이 오토바이 판매업자는 B은행에 900만 원을 예금한다. 그러면 예금(통화)은 900만 원만큼 증가한다. 1,000만 원의 예금이 김갑돌 씨의 예금 900만 원을 합한 1,900만 원으로 늘어남으로써 900만 원의 통화를 팽창한 것이다. B은행은 오토바이 판매업자에게 받은 900만 원 중 필요지급준비금 90만 원을 보유한 나머지 금액 810만 원을 다시 이갑순 씨에게 빌려줄 수 있다. 이갑순 씨가 빌린 810만 원을 모두 C은행에 예금한다면 C은행은 다시 810만 원의 90%인 729만 원을 박돌쇠 씨에게 대출할 수 있게 된다. 이대로 계속 대출과 예금이 이루어지면 최초 예금 1,000만 원을 기초로 하여 10배에 해당하는 1억 원까지 통화가 증가하는 신용팽창이 이루어지고 자연적으로 시중의 돈은 늘어나게 된다. 늘어난 통화는 정확하게 표현하면 빚이며, 통화가 팽창되어가면서 물가는 오르게 된다.

부채가 경제거품을 일으키다

은행의 신용창출로 늘어난 시중의 돈은 대부분 최초의 예금한 돈을 뺀 나머지는 모두 은행으로부터 빌려서 만들어진 빚이라는 것을 알 수 있다. 예를 들면, 은행의 신용창출 시스템을 알고 있는 김갑돌 씨가 열심히 일을 해서 번 돈으로 은행에서 빌린 900만 원을 갚았다고 가정했을 때, 이 돈을 누군가가 다시 빌리면 시중의 통화량이 늘겠지만, 만약 아무도 더 이상 그 돈을 빌리지 않는다면 시중에서는 이 900만 원이 사라지게 된다. 그렇게 되면 이철수 씨는 이제 그 전보다 900만 원이 줄어든 시장에서 810만 원을 벌어서 갚아야 한다. 김갑돌 씨가 빚을 갚아 시중에는 900만 원이 없어졌기 때문에 이철수 씨는 이전보다 더 열심히 일을 해야 810만 원을 벌 수 있다. 만약 김갑돌 씨가 파산을 한 경우에도 돈 900만 원은 영원히 사라지게 된다. 시중에 돈은 더 줄어들게 되고 돈을 벌어 빚을 갚는 것이 더 어려워지게 된다. 그러면 사람들은 더 이상 돈을 빌리려 하지 않을 것이고, 빚이 있는 사람들은 빨리 빚을 갚으려 할 것이다. 그럴수록 시중에 있는 돈은 더 줄어들게 된다.

중앙은행이 낮은 이자율과 함께 시중예금은행에 신용을 공급함으로써 발생되는 결과는 부채의 증가다. 낮은 이자로 빌린 돈은 수익을 얻기 위한 투자처를 찾기 마련이다. 그러나 수익이 전혀 생기지 않거나 많은 투자자들이 한꺼번에 몰림으로써 가격이 상승하면서 본래의 가치보다 더 높은 가격이 형성될 때 항상 위험이 뒤따른다. 부채는 개인의 문제만은 아니다. 기업들도 많은 부채를 얻어 새로운 산업부문이나 사업에 투자하고, 레버리지[8]를 이용하여 적대적 인수합병을 통해 문어발식으로 시장에서 사업영역을 확대해왔다. 특히 미국의 투자은행들은 자기자본의 30배가 넘는 부채를 안고 투자를 감행했다. 이와 관련된 자세한 내용은 〈3절. 2. 2008년 미국금융위기의 여파〉에서 다룬다. 부채는 개인이나 기업을 넘어 국가로까지 뻗어갔다. 2000년 미국의 국가부채 규모는 5조 6천억 달러에서 2012년 8월 말 현재 16조 3천억 달러를 넘어섰다. 이는 메디케어와 메디케이드[9] 등 의료보장 예산을 제외한 액수이며 GDP의 100%를 넘는 수치다.

세계적으로 부채문제는 경제 전반에 악영향을 미치는 중요한 요인이 되고 있다. 신용팽창으로 인해 늘어난 시중의 화폐는 경제거품을 일으킨다. 상품시장에서는 생산량이 증가하면서 과잉공급이 되고 이를 소비하기 위해

---

8) 레버리지(leverage)는 '지렛대의 작용'이라는 뜻이다. 지렛대처럼 추가적인 힘을 제공하는 효과를 의미한다. 기업의 재무관리에서 레버리지는 어떤 상황에서도 지출해야 하는 고정비 때문에 손익이 확대되는 효과를 나타낸다. 경기가 활성화될 것으로 예상하면 기업은 레버리지를 높이게 되는데 일정한 이자만 지급하면 되는 타인자본의 사용을 늘려 주주이익을 극대화한다.

9) 메디케어(medicare)는 65세 이상의 노인과 장애인을 위한 미국 연방정부의 공공의료보험이며, 메디케이드(medicaid)는 저소득층에게 의료급여를 제공하는 연방정부와 주정주의 공공부조 프로그램이다.

많은 화폐들이 몰려들면서 자산시장에서도 거품을 만들게 된다. 때문에 다양한 상품의 가격이 올랐다가 가라앉았다가는 다시 치솟으며 경기불안을 만든다. 상품 및 주식과 채권, 주택가격까지 오르락내리락 하며 이 과정에서 불확실성과 혼란을 야기한다. 거품이 꺼지는 동안 수많은 사람들이 고통을 당하는 결과를 가져온다.

경제거품 또는 금융거품이란 말은 일반적으로 아주 빠른 속도로 부풀려진 가격을 의미한다. 대부분의 거품은 상품이나 자산을 구매하는 사람들의 비이성적인 행태 때문에 생겨나기도 하지만 독점에 의해 생기기도 한다. 거품은 원자재나 농산물 등을 포함한 상품시장에서 발생하여 가격상승으로 이어진다. 거품이 발생하면 사람들은 그 상품을 자산으로 생각하고, 생산량의 확대가 아닌 가격인상을 통해 이윤을 추구하려고 한다. 거품은 대체로 부유층의 자금을 끌어들이는 토지, 주식, 주택 등 자산시장에서 많이 발생한다. 왜냐하면 자산시장에서는 생산이라는 행위가 가치상승만큼 중요하지 않기 때문이다.

3 이윤과 잉여가치 – 자본의 순환구조

자본주의의 모든 길은 '이윤'으로 통한다

사람들이 돈을 사용하는 목적은 상품을 거래하기 위해서다. 부피와 크기와 사용목적이 서로 다른 물품을 서로 같은 가치로 교환하기 위해서 교환하려는 상품과 같은 가치를 가진 매개물로 바꾸는 것이다. 상업이 발달하면서 화폐의 중요성은 더욱 커지고 17세기 후반 1차 금융혁명기에는 지불의무를 표현한 '종이'를 화폐로 사용하게 되었고, 이후 지폐는 교환매개물을 넘어 '축적'의 대상이 되면서 '자본'의 형태를 갖게 되었다. 화폐가 어떻게 자본이 되는지 간단하게 예를 들어보자.

국가대표 축구팀의 축구경기가 예정되어 있는데 관람료는 5만 원이다. 한정된 표가 다 팔리고 나서 뒤늦게 구입하려면 암표상에게 표를 구입하는 방법밖에 없다. 암표상은 한 장에 7만 원에 판매한다. 여기에서 주목할 것은 암표상이 표를 판 돈 7만 원은 '자본'이다. 그러나 정상적인 판매를 통해 구입한 각 사람들의 관람료 5만 원은 자본이 아니다. 왜 이런 차이가 나는 것일까?

돈은 이윤을 남기고 되팔기 위해 상품을 구매할 때만 자본이 된다. 암표상이 표를 구매한 것은 축구경기를 보기 위해서가 아니다. 그는 얼마간의 더 많은 돈을 얻고자 5만 원을 사용했다. 그의 돈이 자본구실을 했다. 그러나 다른 관람객들은 표를 되팔려는 의도로 5만 원을 사용하지 않았다. 단지 축구경기를 보기 위해 표를 사는데 돈을 쓴 것이므로 그 돈은 자본구실을 한 것이 아니다.

마찬가지로 과일을 재배하는 농부가 쌀을 사기 위해 돈을 받고 과일을 팔았다면 그 돈을 자본으로 사용한 것이 아니다. 그러나 어떤 상인이 더 비싼 값으로 되팔기 위해 농민으로부터 과일을 구매했다면 그는 자기 돈을 자본으로 사용한 것이다. 이윤을 낳는 사업이나 거래를 위해 돈을 사용할 때 그 돈은 자본이 된다. 단지, 사용을 목적으로 어떤 물건을 사기 위해 파는 것과 이윤을 목적으로 팔기 위해 사는 것(자본주의)은 커다란 차이가 있다.

자본의 일반공식

* C－M－C : 단순상품 유통 － 상품의 가치는 사용가치와 무관한 화폐형태를 갖는다.
* M－C－M : 자본의 유통 － 가치가 스스로 발전하며 스스로 운동하는 실체로 등장한다.
* M－C－M′ : 자본이 되는 화폐 － 판매하기 위한 구매, 즉 더 비싼 값으로 판매하기 위한 구매형태이다. 유통에서 직접적으로 나타나는 형태의 자본의 일반공식
  C－상품, M－화폐

여기에서 자본주의 경제체제의 특징을 살펴보자. 자본주의는 '자본'을 중심으로 움직이는 경제구조다. 자본주의는 생산의 목적이 사람들의 '필요'를 충족시키기 위해서가 아니라 오직 '이윤'을 얻는 데 있다. 이윤만을 목적으로 하기 때문에 과잉생산의 문제가 발생한다. 과잉생산은 노동자의 실업을 불러오고 경제위기를 야기시킨다.

자본주의는 사람이 살아가는데 필요한 모든 재화와 서비스를 '상품화'한다. 상품은 판매를 위한 생산물로 그 가치를 지닌다. 상품을 구매하는 것은 그 상품이 갖고 있는 '사용가치' 때문이다. 이렇게 자본주의는 모든 것을 상품화하여 시장에 내놓음으로써 자유로운 매매를 통해 이윤을 발생시키는 것을 기본 목표로 굴러가는 경제체제다. 자본주의 경제체제에서 시장은 상품생산과 교환을 통해 이윤을 발생시키는 데 중요한 역할을 한다. 노동력도 상품으로 매매되며 노동자들이 받는 임금은 노동의 대가가 아닌 노동력을 판매한 가격으로 거래된다.

이윤은 상품구매 목적이 되팔기 위한 것일 때 발생하지만 노동력의 경우는 그렇지 않다. 산업자본가가 노동자의 노동력을 구매하는 것은 이윤획득이 목적이지만 노동력을 되팔아서 이윤을 얻지 않는다. 대신 노동력을 구매한 자본가가 이윤을 남기면서 파는 것은 노동자의 노동을 통해 원자재에서 완제품으로 만들어진 '상품'이다. 즉, 자본가는 노동력이라는 상품을 구매하지만 이 노동력을 다시 팔아서 이윤을 발생시키는 것이 아니라 노동력 투입으로 생산된 상품판매를 통해 이윤을 얻는 것이다. 중요한 것은 자본은 이윤을 가져다주는 노동이 존재하기 전에는 자본으로 사용할 수 없다는 점이다. 자본주의 생산에 필수적인 노동이 어떻게 공급되었는지는 〈제1장 국가의 이해〉에서 인클로우저 운동과 관련하여 경작지에서 쫓겨난 농민들이 삶의 근거를 잃고 도시 임노동자로 전환되는 과정에서 설명했다. 노동자가 자본가에게 자신의 노동력을 판다는 것은 결국 자신의 생계를 유지시켜줄 수 있는 생산수단이 없다는 의미이며, 생산수단을 갖지 못한 무산 노동자들이 지속적으로 공급되고 이들의 노동력을 통해 더 많은 상품이 생산되면서 이윤을 낳는 자본축적과정을 거치며 산업자본주의는 발전해왔다.

산업혁명으로 근대 자본주의가 시작되자 산업은 아주 빠른 속도로 이윤을 추구하며 자본을 축적해갔다. 시장의 기능도 이윤을 창출하는 자본이 충실하게 움직일 수 있도록 확대되었다. 그렇다면 자본은 어디에서 시작되었을까? 축적된 자본이 없었다면 18세기 산업자본주의는 태동하지 못했기 때문이다. 자본주의가 본격적으로 시작되기 이전 자본은 주로 상업을 통해 축적되었다. 이 시기의 상업활동은 상품의 교환뿐만 아니라 식민지 정복, 약탈, 해적질 등 폭압적 방법까지 포함되었고 이를 통해 자본주의 생산체제를 구축하는 데 필요한 자본이 축적되었다.

이윤의 원천, 잉여가치 : 이윤이 보장되지 않으면 생산하지 않는다

자본은 이윤을 목적으로 사용되는 돈이다. 그렇다면 이윤은 어디에서 발생할까? 자본주의 생산의 유일한 목적인 이윤이 어떻게 발생하는지에 대한 문제는 자본주의 시장을 이해하는 데 가장 중요한 핵심이기도 하다. 이윤은 시장에서 상품이 화폐와 교환될 때 상품에 내재해 있던 가치의 일부가 바뀌면서 생겨나는 것이 아니다. 이윤은 상품의 교환과정에 발생하는 것이 아니라 생산과정에서 발생한다. 이 상품을 생산하기 위해서는 상품을 만들 노동력이 필요하다. 화폐를 갖고 있는 사람이 화폐를 자본으로 전환하기 위해서는 시장에서 신분이 자유로운 노동자를 만나야 한다. 그 노동자는 자유로운 인격체로서 자신의 의지대로 자기 노동력을 어떤 목적의 상품으로 판매할 것인가를 결정할 수 있지만 한편으로는 노동력 이외에는 판매할 수 있는 상품을 갖고 있지 않다. 따라서 이런 이중의 의미를 갖고 있는 자유로운 노동자는 자신의 노동력을 팔아야 생계를 이어갈 수 있다. 이렇게 해서 노동력은 자본가에게 판매되면서 '상품'이 된다.

이윤을 이해하기 위해서는 '노동력의 가치'라는 개념을 반드시 알아야 하는데 다른 말로 '노동가치설'10)이라고도 한다. 노동가치설은 근대 자본주의 경제체제를 이론화한 고전경제학의 아버지 애덤 스미스가 처음으로 주장한 이론이다. 이후 데이비드 리카도와 존 스튜어트 밀을 거쳐 칼 마르크스에 이르러 '잉여가치설'로 정립되었다. 잉여가치설은 '이윤의 원천'이 노동력 안에 숨어있다고 설명한다. 노동이 상품의 가치를 결정하는 주요 요인임을 강조한다. '노동(력)의 문제'에 대해서는 〈3장 사회적경제에 대한 이해〉에서도 다룰 것이다.

상품을 구입하려는 사람은 시장에서 결정된 가격을 지불하게 된다. 상품가격을 결정하는 절대적 기준은 상품의 생산비이다. 상품의 생산비는 '생산요소'라고도 하며 상품을 만들 때 들어간 노동력(시간)과 생산수단(기계, 설비, 도구 등 자본재)으로 구성된다. 자본가가 노동자를 고용하는 이유는 그를 먹여 살리기 위해서가 아니라 새로운 상품을 만들 수 있는 노동능력을 갖고 있기 때문이다. 만약 자본가가 세탁기를 만드는 데 필요한 설비, 기계, 도구 및 철판 등을 갖고 있어도 노동자를 고용하지 않으면 세탁기를 생산할 수 없고 이윤도 창출되지 않는다. 결국 노동자를 고용하는 목적은 노동자가 이윤을 창출하는 능력을 갖고 있기 때문이다. 그러면 노동력이 투입되어 생산된 상품을 통해 이윤이 발생하는 자본의 순환과정에 대해 간단하게 살펴보고자 한다.

한 자본가가 1,000원으로 세탁기 제조공장을 세운다고 가정할 때, 800원은 기계와 재료 구입비로 쓰고 나머지 200원은 노동력을 구매하는 데 사용

---

10) 노동가치설은 재화의 가치는 재화를 생산하는 데 투입되는 노동의 양으로 결정된다는 이론이다.

한다. 노동력을 구매했다는 것은 노동자를 고용하기 위한 지출비용으로 200원을 사용했다는 것이다. 노동력은 노동자가 갖고 있는 신체적・정신적 힘을 의미한다. 자신의 노동력을 자본가에게 판 노동자는 '노동력의 가치(노동력으로 생산에 필요한 노동시간)'로 200원의 임금을 받는다. 이 노동자는 생산과정에 투입되어 기계를 사용하여 재료를 가공해 세탁기를 생산한다. 생산된 세탁기는 시장에서 1,200원에 팔리면서 200원의 이윤이 들어오는데 이를 '잉여가치'라고 한다. 그렇다면 이 200원이 어떻게 만들어졌는지가 중요하다. 주류경제학은 기업이 이윤을 얻는 것이 값싸게 사서 비싸게 팔기 때문이라고 설명한다. 그러나 세탁기를 팔 때 200원을 단순하게 더 붙여서 판다해도 결과적으로 구매자는 200원을 손해보는 것이기 때문에 사회 전체적으로 보면 잉여가치가 발생하지 않는다. 때문에 세탁기를 팔아서 200원의 잉여가치가 생겼다면 이는 교환과정에 생긴 것이 아니라 생산과정에서 만들어졌음을 알게 된다.

세탁기의 가격구성을 살펴보면, 기계나 원료에 투자한 돈 800원은 그 가치대로 새로 생산한 세탁기 가격으로 이전됐다. 그리고 나머지 400원은 노동력에서 나온 것인데, 노동자가 일을 하는 과정에서 이 400원의 가치가 추가된 것이다. 하지만 자본가는 노동자에게 200원의 임금을 지불했다. 노동자는 자신의 임금으로 받은 200원으로 자신과 가족의 생계를 위한 생활비로 사용한다. 매일 공장에서 세탁기를 만드는 그 노동자는 200원의 임금을 받고 일을 하지만 노동과정에서 200원의 새로운 가치를 만들어 최종적으로 세탁기에 추가하게 된다. 결국 세탁기 가격이 1,200원이 된 것은 기계와 원료에서 세탁기로 이전된 800원의 가치와 노동자가 자기가 받은 임금 이외에 노동과정에서 '새로 만들어낸' 200원의 가치가 합해진 금액이다. 노동자는 200원을 받고 400원의 가치를 만들어 세탁기 가격에 추가했기 때문에 자본가는 200원의 잉여가치를 얻을 수 있게 된 것이다. 즉, 노동자는 400원의 가치 중 자신은 200원의 임금을 받고 나머지 200원은 자본가에게 제공한 셈이 된다.

잉여가치(이윤) 창조과정

세탁기 가격 1,200원 = 800원(기계, 원료에서 이전된 가치)+400원(새로 만들어진 가치)
= 800원(생산수단 비용) + {200원(임금) + 200원}
= 1,000원(원금) +200원(잉여가치)
잉여가치 200원 = 400원(노동자가 새로 창조한 가치) - 200원(임금)

잉여가치(이윤)를 늘리는 방법

노동자가 상품으로 파는 노동력은 그 노동력의 재생산을 위한 가치로서 임금으로 주어지는 '노동력의 (교환)가치'와 잉여가치를 창출하는 '노동력의 사용가치'로 나뉜다. 노동력의 가치와 노동과정에서 노동력이 창조하는 가치는 그 크기가 다르다. 중요한 것은 노동력의 사용가치이다. 이윤을 목적으로 하는 자본주의 생산에서 이윤의 원천인 잉여가치를 창조하는 방법은 노동자의 노동시간 중 임금으로 지급하는 노동시간을 연장하는 것이다(Marx, 김수행 역, 2006).

앞서 설명한 세탁기의 생산에서 자본가가 얻은 잉여가치는 200원이다. 이런 생산과정이 하루의 노동과정이라고 가정하고 하루 동안 8시간 노동한다고 할 때 노동자가 한 시간에 창조한 가치는 25원이다. 8시간 중 노동자가 임금으로 받은 200원의 가치는 4시간 노동으로 창출되었고 나머지 4시간 동안은 잉여가치인 200원을 창조한 것이다. 하루 노동시간 중 노동자가 자신의 임금을 창조하는 시간을 '필요노동시간'이라 하고 이윤인 잉여가치를 창조하는 시간을 '잉여노동시간'이라고 한다.

그러나 임금으로 계속 200원을 주면서 하루 노동시간을 8시간에서 10시간으로 연장하면 어떻게 될까? 필요노동시간은 4시간이지만 잉여노동시간은 4

시간에서 6시간으로 증가할 것이고 잉여가치는 200원에서 300원으로 증가할 것이다. 하루의 노동시간을 자꾸 연장할수록 이윤은 계속 증가하게 된다 (그림 5 참조).

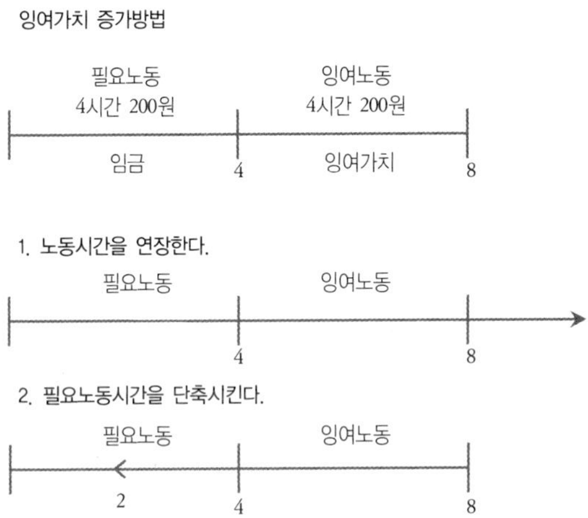

| 그림 5 | 잉여가치 증가방법

그렇지만 하루 노동시간을 무한정 늘릴 수 없는 상황에서 잉여가치를 증가시키려면 어떻게 해야 할까? 그 방법은 노동자들이 노동력을 재생산하기 위해 생활필수품으로 사용하는 재화와 서비스의 값을 낮추는 수밖에 없다. 상품가격을 낮추게 되면 필요노동시간이 줄어들게 되고 초과이윤을 얻게 되는데 이 과정에서 임금은 떨어지면서 잉여가치가 증가하게 된다. 예를 들면, 노동자가 하루 노동력 재생산을 위해 필요한 빵이 100개라고 하면 실질임금인 빵의 개수를 줄이는 것이 아니라 빵 1개의 값을 0.1원으로 떨어뜨리는 것이다. 그러면 하루 임금수준은 100원(빵 1개 0.1원×100개)이 되고, 노동자가 1시간에 50원의 가치를 창조하게 되므로 필요노동시간은 2시간으로 줄어드는 대신 잉여노동시간은 6시간(8~2시간)으로 증가하면서 잉여가치는 200원에서 300원으로 증가한다(노동자가 하루 8시간 동안 창조하는 200원의 가치 중 100원만 임금으로 받아가기 때문이다). 잉여가치는 노동일의 잉여노동시간 부분에 의해 결정되기 때문에, 잉여가치비율은 필요노동시간에 대한 잉여노동비율과 같다.

4 공황과 경제위기

자본주의의 모순 : 공황(Crises)

자본주의 경제에서 상품을 생산하는 목적은 사람들의 필요를 채우고 사용하기 위해서가 아니라 이윤을 얻기 위한 것이라고 설명했다. 우리가 살아가는 사회는 생산수단을 소유한 사람들이 이윤을 얻을 기회가 생길 때 투자를 하고 재화를 생산하면 산업이라는 굴레가 움직이면서 사람들이 일자리를 얻게 된다. 자본주의의 작동은 이윤을 얻기 위한 기업가들의 투자가 이루어질 때 가능하다. 그러나 기업가들의 투자는 국가의 발전과 같은 애국심이나 저소득층의 일자리 제공 등의 공공선을 위해 이루어지는 행위가 아니다.

자본주의가 생겨나고 성장하면서 인류에게 가져다 준 가장 큰 고통은 '공황'일 것이다. 대표적으로 1929년에 발생한 '대공황(Great Crises)'을 예로 들 수 있지만 역사적으로 보면 크고 작은 공황들이 있어왔다. 그러나 자본주의 이전의 공황과 이후에 발생한 공황에는 커다란 차이가 있다. 18세기 이전의 흔한 공황형태는 흉작 등의 자연재해나 전쟁 같은 비정상적인 사건 때문에 발생했다. 이러한 공황의 특징은 식량과 같은 생활필수품의 부족, 그에 따른 물가상승이었다. 그러나 자본주의가 발전한 이후에 발생한 공황은 비정상적인 사건으로 인한 공황이 아니라 자본주의의 본질적인 문제에서 비롯된 사건이다. 이 공황의 특징은 결핍이 아니라 과잉에서 비롯된다. 이러한 공황에서는 가격이 상승하지 않고 반대로 하락한다.

주류경제학에서는 공황을 말하지 않는다. 자본주의 경제에서 공황은 발생하지 않는다고 보기 때문이다. 현대경제학의 대표적 경제학 교과서인 『맨큐의 경제학』[11]을 보더라도 '공황'이 아닌 '경기변동'에 대해서만 설명한다. 자본주의 시장경제에서 발생하는 공황은 사용할 상품이 부족해서가 아니라 너무 많아서 문제가 된다. 상품을 많이 만들었어도 팔리지 않으면 아무 소용이 없다. 공장에서 만들어낸 상품들이 시장에 쏟아져 나와도 사는 사람이 없다면 기업은 문을 닫게 된다. 이런 현상이 개별기업을 넘어 사회 전반에 걸쳐서 일어난다면 커다란 사회문제가 된다. 공황이란 이렇게 과잉공급된 상품이 제대로 소비되지 못해 재화와 화폐의 원활한 흐름이 깨지면서 경제가 붕괴되는 현상을 의미한다. 공황이 발생하면 자본 및 자산 가치는 하락하고 자원은 낭비되며 공장의 생산활동이 멈추면서 대량의 실업자가 발생한다. 공황은 사회경제를 이루고 있던 정상적인 질서가 무너지는 현상이기 때문에 사회안정에 치명적인 훼손을 가져온다.

공황의 원인 : 화폐경제와 이윤율 저하

공황이 발생하는 원인은 자본주의가 화폐경제라는 점과 이윤율의 지속적인 하락 때문이다. 자본주의 화폐경제에 대해서는 앞에서 살펴본 '자본의 일반공식(p.141)'의 단순상품 유통구조인 C－M－C를 통해 알 수 있다.

자본주의가 화폐경제라는 것을 단순한 예로 설명하자면, 카메라를 갖고 있는 어떤 사람이 컴퓨터를 갖고 싶어 한다고 가정하자. 먼저 카메라를 가진 사람은 화폐를 갖고 있는 사람에게 카메라를 팔아 화폐를 얻은 후 그 화폐로 자신이 갖고자 하는 컴퓨터를 사야 한다. 그러나 카메라를 판 사람

---

11) '맨큐의 경제학'은 미국 하버드대학교 경제학부 교수인 그레고리 맨큐(N. Gregory Mankiw)가 지은 경제학 입문 교과서로 신자유주의 전성기에 세계적으로 가장 많이 판매된 경제학 서적이다. 맨큐의 경제학은 1997년 출간 이후 폴 새뮤얼슨(P. Samuelson)의 경제학이 차지하고 있던 경제학 바이블 자리로 등극한 후 20개국 언어로 번역되어 스테디 베스트셀러로 올라섰다.

이 그 즉시 컴퓨터를 사지 않을 수 있다. 왜냐하면 화폐는 언제든지 컴퓨터를 살 수 있는 사회적 부로 표시되는 매개물이므로 당장 컴퓨터를 살 필요가 없기 때문이다. 화폐를 갖고 있으면 언제든지 사고자 하는 상품을 시장에서 살 수 있기 때문이다. 이러한 화폐의 힘 때문에 사람들은 더 많은 화폐를 갖고자 노력한다. 카메라를 판 화폐로 컴퓨터를 당장 구매하지 않으면 컴퓨터를 시장에 팔러 나온 사람은 컴퓨터를 팔 수 없게 된다. 그러면 팔리지 않은 컴퓨터는 공장에 쌓이는 과잉생산이 발생하게 된다. 이것은 화폐경제에서 수요를 넘는 공급, 즉 과잉생산으로 인해 발생하는 공황을 가장 단순하게 설명한 것이다.

공황이 발생하게 되는 또 다른 원인은 '이윤율의 저하' 때문이다. 자본주의 시장경제에서는 이윤이 보장되지 않으면 생산하지 않는다. 왜 주기적인 이윤이 보장되지 않는지에 관한 질문을 경제학자들에게 한다면 대답은 각기 다를 것이다. 주류경제학자들은 자본주의 시장경제가 작동하는 원리에 대해서는 의견이 일치하지만, 시장경제를 움직이지 못하게 하는 것에 대해서는 의견이 일치하지 않기 때문이다.

1930년 세계경제의 가장 큰 사건이었던 대공황의 위기를 극복할 수 있었던 것은 케인즈이론 덕분이었다. 케인즈는 대공황이 진행 중이던 1936년 자신의 저서 『고용, 이자 그리고 화폐에 관한 일반이론(The General Theory of Employment, Interest and Money)』에서 대공황을 극복할 수 있는 방안을 내놓았다. 공황의 원인이 과잉투자에 따른 과잉생산 때문이 아니라 수요의 부족이라고 주장했다. 당시 고전경제학은 공급중심의 이론으로 시장 메커니즘을 설명해왔는데 케인즈는 반대로 공급이 아닌 수요[12] 중심으로 본 것이다. 케인즈는 사람들이 시장경제 내에 고용되어 있더라도 이자라는 변수를

12) 케인즈는 자신의 용어로 '유효수요(effective demand)'라는 말을 사용한다. 유효수요는 기계, 설비, 원료 등 생산재(자본재)에 대한 수요와 생활필수품 등 소비재에 대한 수요를 합한 것을 의미한다.

만들어내는 화폐경제에 대해 정확히 알지 못하면 공황과 같은 경제위기의 본질을 이해할 수 없다고 보았다. 케인즈는 여타의 주류 경제학자들과는 달리 자본주의 시장경제에서 공황이 일어날 수 있음을 인정한 경제학자다. 아무리 많은 자본이 존재하고 사람들이 고용되어 열심히 일을 해도 충분한 유효수효가 확보되지 않으면 공황과 실업과 같은 경제위기는 피할 수 없다는 것이다.

유효수요는 민간부문에서 가계가 생활을 위해 재화와 서비스를 구매하는 소비와 기업이 앞으로의 이윤획득을 위해 기계, 설비, 원료 등을 구입하는 투자로 이루어지는데, 케인즈는 공황의 원인을 생산재와 소비재가 팔리지 않아 발생하는 유효수요 부족으로 보았다. 그렇지만 유효수요 부족원인이 이윤율이 낮아지기 때문이라는 것은 밝히지 못한 한계가 있다. 그는 원인을 이윤율이 아닌 소비자와 투자자의 성향에서 찾았다. 경제가 호황에서 불황이나 공황으로 떨어지는 이유로 경제주기에서 경기호전을 기대할 수 있는 객관적 근거가 약하고 따라서 기업가의 투자의지가 변덕스럽다는 것에서 찾는다. 기업가는 예상 수익률과 이자율을 비교했을 때 예상 수익률이 이자율보다 높은 기간에만 투자하는 성향이 있으며 금리생활자들로 인해 이자율이 충분하게 낮아지지 않기 때문에 투자가 적어지고 따라서 생산재에 대한 수요가 생산량에 비해 감소하는 경향이 있다. 또한 소비자는 소득이 증가할수록 소비보다 저축을 증가시키는 경향이 있기 때문에 소비재에 대한 수요가 생산량보다 더 감소한다고 본 것이다.

이윤획득을 위해 투자되는 자본은 불변자본과 가변자본으로 구성된다.

C(자본총액) = c (불변자본) + v (가변자본)

불변자본은 기계, 설비, 도구, 원료 등의 지출부분이고, 가변자본은 노동력 구입, 즉 임금으로 지출하는 부분이다. 불변자본은 생산과정에서 그 가치가 변하지 않는다. 본래의 가치가 최종생산물에 그대로 이전된다. 가변자본은 생산과정에서 그 가치가 변하는데 원래의 가치보다 더 많은 가치가 최종 생산물로 이전된다. 불변자본은 생산과정에서 새로운 가치를 창조하지 못하지만 가변자본은 새로운 가치를 창조한다. 즉, 그 자체의 가치보다 더 많은 가치인 잉여가치를 창조한다(Marx, 김수행 역, 2006).

자본축적이 커지면서 자본총액 C의 많은 부분이 불변자본 c에 투자된다. 기술발전으로 기계화와 자동화가 이루어지면서 잉여가치를 창조하지 않는 기계, 원료, 설비 부문이 잉여가치를 생산하는 노동력에 비해 양적으로 더욱 증가하므로 이윤율이 저하하는 경향을 보인다.[13] 이윤율은 총자본에 대한 이윤량의 비율이다. 공식으로 표현하면 다음과 같다. 이윤율은 사회에서 생산된 s(총이윤)를 c + v(자본총액)로 나눈 비율이다.

$$\text{이윤률} = \frac{s\ (\text{총이윤})}{c\ (\text{불변자본}) + v\ (\text{가변자본})}$$

이윤량은 총자본의 증가에 따라 변하기도 한다. s(총이윤)는 노동자 한 명이 생산한 이윤에 전체 고용자 수를 곱한 수이다. 노동자 한 명이 생산한 이윤은 노동생산성이 증대하면서 함께 증가한다. 기계화와 자동화를 통한

13) 자본축적이 증가하면 생산성 향상을 위해 설비투자가 늘어나면서 자동화와 기계화가 진전되어 이윤을 창출하지 않는 불변자본(기계, 원료)이 이윤을 창출하는 노동력(가변자본)에 비해 양적으로 증가하기 때문에 이윤율이 저하하는 경향이 발생한다. 마르크스는 이를 '이윤율 저하경향의 법칙'이라 불렀고 다음과 같이 설명한다. "더욱이 자본구성의 이러한 점진적인 변화가 어떤 개별 생산분야의 특징이 아니라 거의 모든 생산분야 또는 적어도 결정적인 생산분야에서 일어나며, 따라서 그 변화가 그 사회의 총자본의 평균적 유기적 구성을 변화시킨다고 가정한다면, 가변자본에 대비한 불변자본의 이러한 점진적 증가는 – 잉여가치율 또는 자본의 노동착취도가 불변이라면 – 필연적으로 일반적 이윤율의 점차적인 저하를 가져올 것임에 틀림없다." Marx, K, 김수행 역. 자본론 Ⅲ, pp. 277-288 참조

대량생산체제는 노동생산성의 향상으로 생산재와 소비재의 가격을 낮춤으로써 투자총액을 축소시키고, 잉여가치율을 증가시키며, 자본 회전속도를 빠르게 하기 때문에 이윤율이 상승하는 경향이 나타난다. 시장에서 이윤율은 하락하는 경향을 보이지만 반대로 이윤율 하락을 억제하는 요인들－노동력 가치 이하로의 임금 삭감, 불변자본 요소들의 저렴화, 상대적 과잉인구, 대외무역, 주식자본 증가 등－도 발생하기 때문에 자본주의 경제는 지속적으로 유지되어 올 수 있었다(Marx, 김수행 역, 2006).

주기적인 경제위기 : 자본주의의 딜레마

자본주의는 물질적 번영을 가져다주지만 한편으로 공황이라는 고통도 가져온다. 현상적으로 볼 때 자본주의 시장경제는 필연적으로 공황이 발생할 수밖에 없다. 계속적인 생산력의 발전은 이윤율 저하 경향을 발생시킨다. 이윤율 저하 경향은 자본주의 경제의 위기를 뜻한다. 즉, 이윤율이 일정 수준 이하로 떨어지면 위기, 공황이 발생하게 된다. 때문에 자본은 이윤증대를 위해 계속적으로 생산력을 발전시켜야 한다. 그러나 생산력의 발전은 이윤율을 저하시키는 결과를 가져온다. 이것이 자본주의가 갖는 딜레마이다. 자본주의가 계속되는 한 벗어날 수 없는 문제로 남는다. 이 때문에 공황은 필연적으로 발생하게 된다.

자본이 충분한 이윤을 얻지 못하면 과잉자본들 간에 이윤을 확보하려는 치열한 경쟁을 하게 된다. 어떤 식으로든 낮은 이윤율이 해결되기를 원한다. 공황은 이러한 자본의 열망을 해결시키는 역할을 한다. 왜냐하면 공황은 이전의 생산력을 넘어서는 새로운 경제성장의 조건을 만들어 주기 때문이다. 자본이 새로운 투자를 통해 이윤율을 회복할 수 있도록 다시 조직되는 시기라 볼 수 있다. 위기를 겪는 동안 경쟁력이 없는 기업은 사라지고 낡은 생산방식이나 기계는 없어진다. 살아남은 기업은 고도의 자본집중을 통해 새로운 기술개발, 기계장치, 조직력을 구성하여 더 강한 기업으로 성장한다. 이를 위해 기업은 구조조정 명목으로 해고를 늘려 실업자는 늘어난다. 또한 임금수준은 낮아지고, 노동강도는 더욱 강해진다. 한편 자본은 이윤을 유지하거나 높이기 위해 임금인상을 억제해야 하지만 이렇게 되면 구매력이 낮아지는 결과를 가져온다. 이윤의 실현은 구매력에 의존하는데, 낮은 임금으로 이윤율은 회복할 수 있지만 동시에 상품에 대한 수요가 지속적으로 줄어들어 이윤상승이 어려워진다. 위기 동안에도 모순은 계속 이어지는 것이다.

현실 읽기

영 · 미형 자유시장경제(neo-American Model Liberal Market Economies)와 라인형 독일 조정시장경제(Rhine Model Coordinated Market Economies)의 비교

	영 · 미형 자유시장경제(미국)	라인형 조정시장경제(독일)
금융 시장	• 자본이동의 단기성(hot money) • M & A 활성화 • 금융기관과 기업 간의 관계는 긴밀하지 않고 장기적이지 않음 • 금융기관은 공표된 자료를 통해서만 투자나 대출	• 은행을 중심으로 하는 금융기관과 기업 간에 안정적인 장기거래 형성 • 금융기관은 기업에 대한 내부정보에 기초하여 단기 수익성이 아닌 '인내자본(patient capital)' 제공
상품 시장	• 매우 경쟁적 • 의료, 생명공학, 반도체, S/W, IT, 방위산업 등 과학기술 분야에 의존 • 기술내용이 빠르게 변화하는 산업에서 경쟁력 보유	• 노사 간 신뢰에 기초한 생산현장의 안정성으로 기계, 공장설비와 같은 자본재 산업과 내구 소비재 산업에서 높은 경쟁력을 보유
노동 시장	• 고도의 유연화로 고용과 해고가 자유로움 • 노동자 고용 보호수준이 낮은 직종의 노동자들은 특정 기업체나 산업분야에서 숙련받을 기회가 극히 적음	• 고용 보호수준이 매우 높음 • 일인 노동비용이 높아 노동자들은 자신이 공용된 기업체나 산업분야에서 활용할 수 있는 특수숙련을 받을 기회가 높음

노동 시장	• 따라서 노동자들은 특수 숙련공보다 일반 숙련공들이 더 많음	• 이에 따라 기업들도 노동자들의 특수숙련 기술을 높여 노동생산을 높임으로써 높은 노동비용을 상쇄한다. • 산업특수형 숙련 중요성이 크고 자본과 노동 이동성이 낮아 생산부문에서 경험에 기초한 지식축적이 이루어짐(점진적 혁신)
기업 구조	• 기업 경영진들의 폐쇄적 경영으로 내부정보 확보 어려움 • 지업지배구조에서 경영진은 경영에 관한 최고의 배타적 권한 소유 • 경영에 관한 의사결정에서 노동자들의 참여 원천봉쇄	• 노동자의 경영참여가 보장됨(공동결정제도(Mitbestimmungrecht) • 노사 간의 지속적 신뢰관계가 높음

출처 : Michell(1993). / Hall & Soskice(ed.). 2001 재구성

제3절 시장자본주의 명암

1 신자유주의와 금융세계화 – 금융대재앙의 시작

신자유주의의 등장의 배경 : 기업의 이윤율 하락과 두 번의 석유파동

새로운 사상이나 이념의 등장은 항상 그 시대와 역사적인 배경을 반영한다. 사회적 혼란이나 정치적 격변에서부터 생활양식의 변화를 가져오는 사회구조 변동 속에서 그 시대를 관통하는 새로운 사상적 흐름이 전개된다. 자본주의 역사 이래 가장 큰 위기를 겪고 있는 지금의 자유시장자본주의가 위기를 맞게 된 배경에 대해 살펴보고자 한다.

경제사적으로 보면 산업혁명을 이론화한 고전파경제학은 자유방임사상을 내세우며 적어도 1930년대 대공황 이전까지 거침없는 질주를 해왔다.

그러나 10여 년 넘게 고통의 시간을 보내면서 자본주의 위기해결방안으로 정부의 개입을 주장한 케인즈 이론을 토대로 복지국가가 등장하고 1960년대 후반까지 '황금기(Golden Age)'[14]를 맞는다.

그러나 1960년대 말이 되면서 장기호황의 끝이 보이기 시작했다. 성장을 이끌어온 주력산업들의 이윤율이 떨어지기 시작한 것이다. 이윤율의 하락은 포드주의[15]의 위력을 상실시키는 원인이 되었다. 황금기 동안 계속해서 상승하던 이윤율이 서서히 떨어지기 시작한 것이다. 이윤율 하락원인으로는 첫째, 새로운 기술이 도입되지 않은 상황에서 임금이 상승했기 때문이다. 호황기 때는 상품에 대한 수요가 많아서 기존의 생산기술로도 충분하게 이윤율을 유지할 수 있기 때문에 굳이 손해를 감수하면서 새로운 기술 도입으로 인한 기계나 설비를 폐기하려고 하지 않는다. 또한 호황기 때에는 노동력 수요가 높아 완전고용을 이루므로 노동조합의 힘이 세지면서 임금인상을 요구하게 된다. 둘째, 포드주의가 결합시킨 테일러주의[16]의 효율성 상실이 노동생산성 악화를 가져왔다. 노동자들의 교육수준이 높아지고 노동강도가 강해지면서 노동권에 대한 욕구가 늘어나 효율성의 약화를 불러왔다. 셋째, 기업 간 경쟁으로 인한 과잉투자인데, 과잉투자는 과잉설비로 이어지고 이윤율을 하락시키는 결과를 가져왔다.

---

14) 제2차 세계대전 이후 1950년대부터 60년대 말까지의 경기호황을 의미한다. 서구자본주의 국가들과 일본은 황금의 시대 동안 생산기술의 엄청난 발전을 이룬다.

15) 미국의 자동차 산업의 대표기업인 포드사의 헨리 포드가 생산과정에 컨베이어벨트 방식을 도입했다. 컨베이어벨트 방식이란 일하는 사람은 자기 위치에서 자동으로 움직이는 벨트가 날라다주는 부속들을 조립하는 방법이었다. 헨리 포드는 이 시스템을 도입하여 자동차의 대량생산을 가능하게 했다. 전후 서유럽 국가들은 포드주의 생산방식을 도입하여 생산성을 향상시키면서 50~60년대 '황금기'를 이루었다.

16) 테일러주의는 1900년대 초 미국의 기계기사였던 테일러가 노동과정을 '표준화'하면 작업을 가장 효과적으로 할 수 있는 새로운 방법을 만들 수 있을 것으로 생각했다. 이전에는 노동과정에 대한 지식, 기술 등이 노동자 자신의 소유였지만 테일러주의가 도입되면서 이러한 것들이 관리자들에 의해 표준화되고 노동자는 미리 만들어놓은 방식대로 기계적으로 반복하면 되었다. 노동작업에 대한 '구상'은 자본가가 하고 노동자는 작업만 '실행'하면 되는 '구상과 실행의 분리'를 통해 노동을 엄격하게 통제하는 시스템이 되었다.

이윤율이 하락하면서 기업들은 난관에 봉착했다. 노동자들의 높은 임금 수준을 유지하거나 복지국가 기본 정책인 사회보장을 위한 재원마련을 위해 많은 세금을 내는 것이 점점 어려워졌다. 이윤율 하락으로 시작된 불황은 1973년 1차 석유파동 때문에 더욱 심해진다. 1973년 10월 제4차 중동전쟁의 발발 이후 74년 1월까지 네 번에 걸친 OPEC의 유가인상은 서구 자본주의 국가들에게는 엄청난 타격이었다. 물가는 두 배 이상 뛰었고 생산성은 급격히 하락했으며, 투자가 급감하면서 이에 따라 실업도 증가했다. 그 후 1978년 12월 회교혁명을 일으킨 이란이 석유수출을 중지시키면서 2차 석유파동을 겪게 된다. 70년대 중반 잠깐의 경기회복을 거치고 세계경제는 80년대에 들어서도 회복의 기미가 보이지 않았다.

두 번의 석유파동과 계속된 불황으로 당시 복지국가를 지탱해온 케인즈 이론은 시장자유론자들의 반격으로 무력화되기 시작했다. 이들 시장자유론자들은 고전학파를 뒤이었다고 해서 신고전학파로 불렸고, '신자유주의(neoliberalism)' 이데올로기를 전면에 내세우면서 등장했다.

케인즈주의의 한계와 신자유주의 : 복지국가 축소와 작은 정부

황금기를 가능하게 만든 '높은 생산성－높은 이윤율과 임금－높은 구매력'의 순환구조에 금이 가기 시작했다. 서방 자본주의 국가의 기업들은 포드주의를 폐기했고, 복지국가들은 유효수요 창출을 위해 사회보장 지출을 크게 늘렸지만 기업의 조세부담 증가로 수익성은 더욱 악화됐다. 정부는 재원마련을 위해 국공채를 발행하면서 재정적자는 더욱 늘어났다. 국공채 이자를 갚기 위해 돈을 찍어야 하는 상황이 되자 인플레이션이 심해지고 기업의 수익성 악화를 가중시키는 결과를 가져왔다.

선진 자본주의 국가들은 기업의 이윤율 하락을 케인즈주의 경제이론으로 해결하려고 했다. 그러나 수익성이 충분하게 회복되지 않은 상황에서 소비촉진을 위한 재정확대정책은 인플레이션만 가속시켰고 사회 전반의 생산성은 높이지 못했다. 결국 생산은 침체되고 고용은 줄어드는데 물가는 상승하는 불황기의 인플레이션, 즉 스태그플레이션 문제가 발생했다. 케인즈주의는 이 문제를 해결하는 데 실패하면서 한계에 봉착하게 되었다.

포드주의 위기와 스태그플레이션 등장으로 케인즈주의는 종언을 고하고 새로운 사상으로 신자유주의가 등장했다. 신자유주의는 이론이나 학파가 아닌 하나의 이데올로기로서 자본주의 시장경제에 대한 보수적 사조들의 총체적 조류를 일컫는다. 신자유주의의 이론적 기반은 프리드만(M. Friedman)의 통화주의, 펠트슈타인(Martin S. Feldstein)의 공급중시경제학, 털록(G. Tullock)의 공공선택이론 등으로 구성되어 있다. 신자유주의의 대표적 경제학자인 하이예크는 1930년대부터 왕성한 저작활동을 시작했고 이후 케인즈주의가 번성하던 1945년 이후부터는 '자유시장의 우월성'을 내세우며 계속해서 케인즈주의를 비판해왔는데, 케인즈주의가 한계를 보이던 1970년대부터 하이예크의 이론이 주목받기 시작했다.

신자유주의의 핵심은 시장에 대한 국가개입 중단이었다. 특히 초국적 금융자본이 형성되면서 확대되어가던 금융시장과 노동시장에 대한 규제철폐를 강조했다. 금융부문에서는 정부가 이자율의 상한을 정했던 관행을 깨고 자본이 자유롭게 움직일 수 있는 국제적 이동을 보장하고, 노동부문에서는 고용과 해고, 임금을 자유롭게 결정할 수 있도록 하라는 것이었다. 특히 자본이동에 대한 규제철폐를 요구한 것은 기업의 수익성 확보를 위한 것이기도 했지만 진짜 목적은 정부가 시장을 통제할 수 있었던 기반을 없애기 위한 것이었다.

신자유주의 이념은 복지국가 축소, 작은 정부, 감세, 자본의 세계화 등으로 구체화되면서 각 국 정부의 정책으로 실현되기 시작했다. 1979년 영국에서 집권에 성공한 보수당의 대처수상과 이듬 해 미국 대통령이 된 레이건이 가장 주도적인 신자유주의 정책을 펼치기 시작했다. 신자유주의 정책의 시작은 70년대 계속되어 온 인플레이션을 해결하기 위한 긴축정책이었다. 대처는 집권하자 곧바로 정부지출을 대폭 삭감했다. 삭감된 정부지출은 주로 사회보장 프로그램을 위한 공공지출 부분이었다. 대처는 시중의 통화량을 줄이는 통화긴축이 아닌 정부의 지출을 줄이는 재정긴축을 택했다. 긴축정책은 경기를 침체시키는 결과를 가져오며 시장에서 경쟁력이 없는 기업들은 망하고 실업을 증가시킨다. 대처의 긴축정책은 예상대로 이런 결과를 가져왔다. 지나친 정부개입이 경제위기의 원인이라고 본 대처는 통화긴축보다 재정긴축을 선호했다. 실업자 수는 집권 초인 80년에 167만 명이었는데 83년에는 300만 명을 넘어섰고, 특히 작은 정부를 위한 정부기관 축소로 많은 수의 공무원들이 해고되었다.

미국에서는 레이건 대통령이 '레이거노믹스'라고 표현되는 일련의 신자유주의 정책을 실시했다. 인플레이션과 생산성 악화, 미국경제의 국제경쟁력 상실이라는 당시 상황을 해결하기 위한 대책으로 규제완화, 감세, 노동시장 유연화 등의 경제정책을 펴나갔다. 공급중시경제학을 기조로 하는 레이건 정부는 인플레이션을 낮추기 위한 긴축정책을 추진하고, 기업의 투자확대를 위해 세금의 감면과 각종 규제들을 완화했다.

영국과 미국을 대표하는 신자유주의 정책의 최대 목표는 국민경제 성장을 위해 가계부문에서 노동의욕을 고취시키고 저축률을 높여 경쟁력을 키우며 성장 잠재력을 키우는 것이었다. 이를 실현하기 위한 방법론이 '작은 정부론', '감세', '긴축을 통한 적자재정 축소' 등이었다. 사실 이러한 긴축정책의 이면에는 실업자를 증가시켜 노동조합을 약화시키고 자본의 지배력을 강화하려는 정치적인 목적도 있었다.

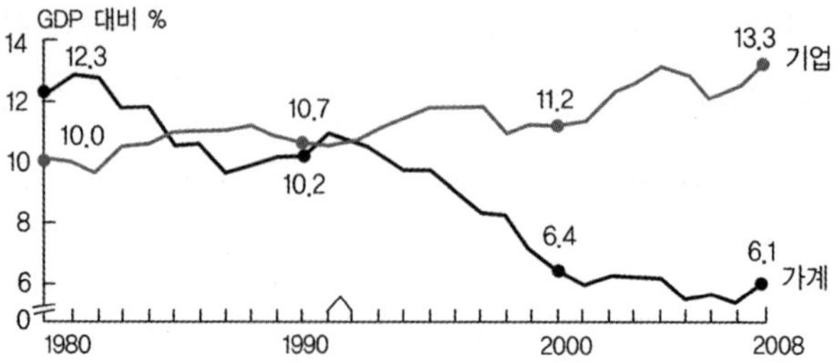

| 그림 6 | 선진국의 기업과 가계 총저축률 변화 추이(GDP 대비)

출처 : McKinsey Global Institute / 최배근, 2012 : 76 재인용

그러나 신자유주의 정책 실시 이후 국민경제에서 총저축률이 늘지 않았음을 주목해야 한다(그림 6 참조). 경제의 공급 측면을 중요시하는 주류경제학 입장에서 국민경제 성장 잠재력을 확대하기 위한 방법은 노동과 자본 등 생산요소의 투입량을 늘려 국민경제 산출량을 산술적으로 늘리는 것이다. 노동투입을 늘리기 위해서는 가계의 노동의욕을 높여야 하고 자본투입을 높이기 위해서는 가계의 저축의욕을 고취시켜야 한다. 그러나 결과는 국민경제에서 총저축률과 기업투자율이 가계저축률과 그리 긴밀한 관계가 있지 않았다. 반대로 총저축률이나 기업투자율은 기업이 보유하고 있는 내부유보[17]에 더 크게 의존한다는 연구결과들이 많았다. 신자유주의 정책을 통해 복지국가 축소와 세금감면으로 조세체계를 바꾸려 했지만 실제로 이러한 정책실현을 위한 현실적인 토대가 그리 강하지 않았고, 이 과정에서 사회안전망이 크게 약화되는 결과만 가져왔다. 사회보장부문 정부지출을 삭감함으로써 정부재정은 개선되었지만, 신자유주의자들이 기대했던 것과는 다르게 총저축률은 늘지 않은 채 사회통합만 악화되는 결과를 가져왔던 것이다.

17) 내부유보는 기업들의 당기순이익의 일부를 주주 배당금, 상여금 등으로 지급하고 나머지 자금을 기업 내부자금으로 보유하고 있는 자금이다. 이 내부유보는 외부에서 조달된 자금과 달리 이자나 배당금을 지급할 필요가 없으므로 자금운용이 편하다.

금융의 세계화 : 초국적 금융자본의 성장

70년대 불황을 거치면서 기업의 이윤율 하락을 막기 위한 노력은 거듭 실패했지만 반면 금융자본은 활성화되기 시작했다. 기업들이 산업에 투자하고 공장을 짓는데 돈을 써서 손해를 보는 것보다 은행에 넣어두고 이자를 받으려는 생각 때문에 금융자본이 서서히 팽창하기 시작한 것이다. 1970년대 금융자본은 한 국가의 국민경제 영역으로부터 국경을 넘어 다니는 초국적 금융자본으로 변신하기 시작했다. 초국적 금융자본이 나오게 된 배경으로 브레튼우즈체제[18]의 붕괴를 가장 중요한 요인으로 꼽는다. 1973년 3월부터 국제적인 환율제도가 고정환율제에서 변동환율제로 바뀌었다. 이로써 환율이 매일 변동하게 된 것이다. 무역과 외환거래가 활발해지고 금융자본이 자유롭게 이동하면서 각 국의 환율을 예측할 수 없는 상황이 되었다.

신자유주의 세계화는 금융자본이 왕성하게 활동하게 만든 동력이기도 하다. 신자유주의로 인한 규제완화정책은 금융시장에서도 예외는 아니었다. 이전에는 투기적 자본이 다른 나라로 들어가고 싶어도 각 국 정부가 외국자본이 소유할 수 있는 주식한도를 규제하고 외환을 제한하는 방식으로 금융시장을 관리했지만 신자유주의의 규제완화로 인해 금융시장이 완전히 개방되면서 정부가 더 이상의 관리를 할 수 없는 상황이 되었다. 금융시장에 대한 탈규제는 금융투기자본이 폭발적으로 성장하는 데 결정적인 기여를 했다.

---

18) 1944년 미국 뉴햄프셔 주 브레튼우즈(Bretton Woods)에서 열린 연합국 통화금융회의에 참가한 45개국이 협의하였는데 이를 '브레튼우즈 협정'이라 한다. 협정에 따라 국제통화기금(IMF)과 국제부흥개발은행(IBRD)이 설립되었고, 통화가치 안정, 무역진흥, 개발도상국 지원과 환율 안정화가 주요 목표였다. 이를 위해 '미국 달러화를 기축통화(key currency)로 하는 금환본위제도의 실시', '금 1온스를 35달러로 고정', '이외 다른 나라의 통화는 달러에 고정'시킴으로써 조정가능한 고정환율제도가 실시되었다.

금융부문은 '자기운동성'을 갖는다. 이 말은 금융경제가 실물경제의 흐름과는 다른 방향으로 흘러갈 수 있다는 뜻이다. 점차 금융경제는 실물경제를 지원하는 역할에서 벗어나 자신의 몸집을 불려갔다. 각 국의 금융시장 자유화는 가속화되고 이전에 없었던 금융상품들이 등장했다. 금융기관이 금리를 낮춰도 시중의 돈은 실물경제로 흘러가지 않고 부동산시장이나 주식, 채권과 같은 자본시장으로 흘러들었다. 실물부문에서 얻지 못하는 수익을 금융상품이나 부동산에 투자하여 이익을 올리려는 기대심리가 커지면서 돈은 계속 금융시장으로 몰려들었다. 금융자산이나 부동산 자산은 공급량이 제한되어 있기 때문에 자산의 증가속도는 느리지만 구매하려는 자금의 증가속도는 빨라서 부동산이나 금융상품들은 시간이 지나면서 가격이 상승하는 경향이 있다.

이렇게 몸집이 커진 금융자본에게 필요한 것은 인플레이션 억제가 아니라 지속적인 자금의 공급이다. 주식시장에서 자금이 원활하게 공급되어 주가가 오르면 금융부문의 수익성이 계속 유지된다. 신자유주의는 금융자본 보호를 위해 고금리에서 저금리로 정책기조를 바꿨다. 신자유주의 금융세계화 방향은 처음엔 인플레이션 억제로 기업의 이윤율 증가 보장을 목표로 세웠지만 시간이 흐르면서 세계경제의 낮은 실물경제 성장률을 대체하는 효과로 팽창하는 금융자본을 옹호하는 것으로 바뀌었다. 신자유주의는 극도로 금융시장을 확대하면서 점점 세계경제위기를 부추기는 역할을 하게 된 것이다. 결국 금융자본의 팽창으로 위기는 터졌는데 그것이 서브프라임 모기지 부실로 발생한 2008년 미국 금융위기이다. 미국 금융위기는 신자유주의의 금융시장 확대에 따른 당연한 결과였고 충분히 예견할 수 있었던 경제위기였다.

2 2008년 미국 금융위기의 여파

금융투기 : 거품경제가 위기를 부르다

자본주의 경제체제에서 금융경제는 은행 등의 금융기관이 자금이 필요한 개인이나 가계, 기업을 위해 자금을 조달하고 대출하는 역할을 하는 것이라면 금융제도가 극도로 발달한 지금은 이런 역할은 많이 사라졌다고 볼 수 있다. 은행은 더 이상 자금을 필요로 하는 개인을 고객으로 보기보다는 은행의 돈벌이 수단으로 보면서 금융기관과 개인들의 관계는 멀어지고 실물경제와도 점점 간격이 생겨났다.

앞에서 금융기관의 중요한 기능이 '신용창출'임을 설명했다. 중앙은행으로부터 받은 자금을 은행이 개인과 기업에 대출해주는데, 신용확대는 부채의 증가를 의미하며 이 부채증가가 금융위기를 초래한다. 금융시스템이 발전한 오늘날 사회적 부가 형성되는데 있어서 재화의 생산과 소비를 통한 실질이윤의 창조가 아니라 신용창출로 늘어난 통화량 덕분으로 자산가치가 상승하면서 부의 확대가 만들어진다. 실제가치보다 더 높은 자산가치는 거품이 된다. 통화량 증가로 거품경제가 만들어져도 중앙은행이 하는 일은 인플레이션을 억제하기보다 은행의 신용창조 시스템의 금융안전성을 보장하는 것이다. 신용화폐가 지배하는 어느 곳이든 금융불안은 항상 도사리고 있다.

거품경제는 자본주의 이전 시기에도 있었다. 1634~37년 네덜란드 튤립광란[19], 1719~20년 프랑스 미시시피 거품[20], 1720년 영국 사우스 시 거

19) '튤립광란'은 거품경제의 원조로 불릴 정도로 거품의 형성과 붕괴의 역사에 관한 이야기가 나올 때마다 항상 처음으로 등장하는 사건이다. 튤립은 '모자이크 바이러스'에 감염되면 꽃 색깔의 변형이 일어나는데 이런 희귀 튤립의 뿌리는 비싼 가격에 거래되었다. 이 희귀 튤립뿌리는 공급보다 수요가 매우 높아 사람들의 소유욕망을 자극했는데, 네덜란드 상류층들은 이를 자신들만의 표상으로 삼았다. 그러나 시간이 지나면서 귀족들과 일반 귀족과 평민들 사이에서도 모방소비가 일기 시작했다. 거품형성이 일어나기 시작한 것이다. 튤립거품이 최고조에 달했을 때는 튤립뿌리 하나가 대저택의 가격과 맘먹을 정도였다고 한다. 그러나 사람들이 튤립가격이 너무 비싸다는 것을 깨달은 사람들이

품[21], 1990년대 전 세계적인 신경제 붐 등은 역사적으로 알려진 거품사태들이다. 대량 생산화나 인터넷과 같은 네트워크 혁명으로 인한 실물경제의 혁신, 장기성장을 촉진하는 금융경제의 발명 등은 거품을 발생시키는 사회경제적 배경이다. 실물경제의 혁신과 금융경제의 발명은 사람들의 생활에 변화를 가져오고 삶의 질을 향상시킨다고 생각하기 때문이다. 물론 이러한 혁신이 곧바로 거품으로 이어지는 것은 아니다. 거품인지를 판단할 수 있는 기준은 '과열현상'이 나타나고 있는지를 살피는 것이다.

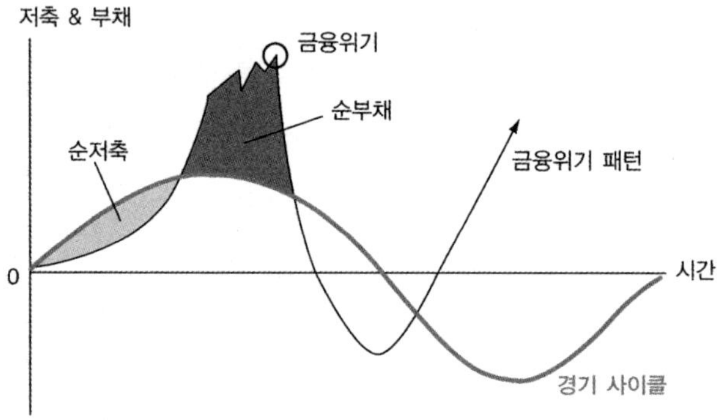

| 그림 7 | 금융위기와 경기 사이클

출처 : 한배선(2010), p.101 재인용

튤립을 투매하면서 튤립거품이 꺼지게 되었다. 이 튤립거품사태로 네덜란드는 심각한 경제공황을 맞고 후유증에 시달렸다.

20) 프랑스 금융회사인 미시시피사(社)는 1719년 프랑스 정부의 부채를 대신 지불하는 조건으로 프랑스 식민지였던 당시 미국 남부의 절반이었던 루이지애나에 대한 관할권을 얻었다. 이후 담배독점권, 화폐주조권, 세금징수권과 같은 이권을 확보하면서 사람들이 이 회사의 이권이 엄청나게 큰 것을 알고 투자를 했고 주가는 급등하면서 거품이 형성됐지만 일부 투자자들이 주식을 투매하면서 거품은 붕괴됐다.

21) 영국 사우스 시(South Sea) 거품 또한 프랑스 금융회사 미시시피처럼 정부부채를 떠안는 조건으로 설립되었는데, 이 회사는 남미의 스페인 식민지와 독점적으로 무역할 수 있는 권리를 보장받았다. 이런 이권을 보고 주식이 폭등한 후 거품이 꺼지는 사태를 맞았다.

1990년대 미국의 정보통신산업의 발전으로 인한 기업의 생산성 향상과 인터넷이라는 가상공간에서의 소통형식이 일상화되면서 사람들의 일과 생활방식에 근본적인 변화를 가져왔고, 주식시장에서는 이런 혁신에 대한 맹신으로 IT기업에 대한 과열투자가 결국 2000년대 초반 IT 벤처기업 거품으로 이어졌다. 새로운 기술의 등장과 그에 따른 사회적 혁신에 대한 인정이 맹신과 과열로 이어지는 것에 대해 정확한 판단을 하는 것은 쉽지 않다. 컴퓨터가 나오면서 생산력이 크게 향상되고 세계경제는 고도의 기술력을 갖춘 문명으로 발전했다. 이와 함께 금융세계화로 인해 거품이 만들어지고 있었지만 제대로 인식하지 못했고, 자산가격 폭등도 경제발전의 결과로만 생각했다. 사람들은 시간이 흐르면서 새로운 기술혁신이 가져온 사회적 변화에 대해 그것이 실제로 기대한 만큼 큰 효과가 있는지에 대한 의심을 갖게 되면서 보유한 자산을 팔아 현금화한다. 이 과정에서 투매가 이루어지면 거품은 붕괴한다.

거품경제는 실물경제와 금융경제의 상호 보완관계가 어긋날 때 발생한다. 때로는 금융경제가 실물경제 발전보다 느려 실물경제 발전속도에 영향을 끼칠 정도로 자금이 부족할 경우가 발생하는데 지난 30여 년간 신자유주의 금융세계화가 진행되면서는 오히려 금융경제가 실물경제의 혁신능력을 넘어서고 이로 인해 자산가격이 자산의 수익률을 초과하는 거품을 만들었다. 이렇게 실물경제와 금융경제의 괴리는 큰 위기를 가져온다. 2008년 미국의 부동산 거품이 세계 실물경제에 큰 피해를 가져오고 금융위기를 불러온 것이 그 증거다.

미국 부동산 투기 : 서브프라임 모기지의 광풍

신자유주의가 몰고 온 '세계화'의 목표는 세계 자본주의 경제의 통합이었다. 실물경제 성장의 한계를 금융부문의 자산거품으로 대체하려고 했던 금융자유화는 이 세계화의 물결에 가장 빠르게 합류했다. 국민경제에서 정부의 규제를 받던 자본은 IT기술의 혜택으로 세계화의 길을 통해 언제 어디서든 자유로운 이동을 하고 있다.

2008년 세계 금융위기의 직접적인 원인은 미국 부동산 대출을 기반으로 한 파생상품의 부실화에서 비롯되었다. 2000년대 초반 IT거품이 빠진 미국 경제는 저금리와 통화정책의 영향으로 부동산과 금융시장이 급격하게 성장했다. 은행의 대출 증가는 신용팽창을 불러왔고 이 돈은 신용이 낮은 사람들을 위한 주택담보대출 상품인 '서브프라임 모기지(sub-prime mortgage, 비우량주택담보대출)'로 몰렸다. 은행들의 대출확대경쟁이 문제였다.

은행들이 주택담보대출을 늘릴 수 있었던 것은 대출채권을 팔아 다시 현금화할 수 있었기 때문이었다. 은행이 판매한 대출채권은 몇 차례의 증권화(Securitzation)[22]과정을 거치면서 파생상품으로 둔갑했고 이를 구매하기 위한 신용대출도 증가했다. 다양한 파생상품을 판매한 은행들은 2004년부터 금리가 급격하게 오르고[23] 서브프라임모기지 대출금 상환에 문제가 생기면서 타격을 입기 시작했다.

초창기 주택담보대출은 주로 상업은행이 담당했는데 집을 사고 싶은 사람이 자금이 부족해서 은행에 대출신청을 하면 은행은 그 사람의 신용내역과 소득을 평가한 후 모기지를 감당할 수 있는 능력이 된다고 판정될 경우 수수료를 떼고 대출해주었다. 은행은 리스크 분석을 통해 대출을 상환할 수 있는 사람들에게 자금을 빌려주었기 때문에 충분한 수익을 올릴 수 있었다.

---

22) '증권화'는 대출채권 등 고정화된 자산을 사고 팔 수 있는 증권형태로 전환하는 자산유동화(Asset Securitization)를 뜻한다. 자산유동화는 자산을 보유하고 있는 사람으로부터 부동산, 대출채권, 유가증권 등과 같이 유동성이 낮은 기초자산을 매입하여 신용보강작업을 거친 후 이를 근거로 새로운 증권을 발행하고 매각하는 형태로 이루어진다. 미국 모기지의 증권화는 모기지를 취급하는 금융기관이 모기지를 투자은행에 양도하고, 투자은행은 다시 양도받은 여러 모기지를 섞어 모기지 풀을 만들어 이것을 담보로 자산유동화증권을 발행하여 투자자들에게 판매한다.

23) 미국금리는 2004년 6월 1.25%에서 2006년 6월에는 5.25%까지 인상됐다.

만약 대출금 상환을 못할 경우 담보로 잡힌 주택을 회수해서 손실을 채우면 됐다. 그러나 은행들은 대출상품을 통한 수익의 한계를 느끼면서 모기지를 증권화해서 만든 상품인 '자산유동화증권(Asset Backed Securities, ABS)' 발행을 시작했다. 여기서 자산은 당연 주택을 뜻한다. ABS를 구매하면 투자자가 은행을 통해 주택구입자에게 자금을 빌려주는 것과 같은 효과가 있다. 단지 주택구입자와 ABS구매자는 서로 모르는 익명의 관계라는 것 말고는 제대로 운영만 된다면 부동산시장에 더 많은 자금이 투입되어 넘쳐나는 사람들의 주택구매 수요를 충족시킬 수 있다. 이 과정에서 은행은 ABS를 통해 더 많은 이익을 얻게 된다.

그러나 이런 ABS는 은행이 대출자금에 대한 책임을 갖지 않고 구매자에게 넘겨주는 역할만 하기 때문에 직접대출과는 차이가 있다. 은행이 자금회수에 신경을 쓸 필요가 없다는 것 때문에 ABS 판매를 남용할 경우 실물경제에 막대한 피해를 주게 된다. 금융증권화의 가장 큰 문제는 은행이 대출에 신중을 기하지 않는다는 점이었다. 결국 신용이 낮은 주택구입자들의 대출자금 상환문제가 커지면서 대출채권을 기초로 한 ABS는 휴지조각이 되어버렸다. ABS를 구매한 투자자의 자금이 허공으로 날아가버린 것이다.

주택담보대출 파생상품의 덫에 걸린 미국의 몇몇 대형 투자은행들은 파산이라는 최후를 맞았다. 2008년 3월 베어스턴스 매각에 이어 9월 리먼 브라더스가 파산하면서 은행파산과 매각이 이어지고 금융위기를 촉발했다. 부동산시장의 거품의 시작은 미국 중앙은행 역할을 하는 연방준비제도이사회(Federal Reserve Board)의 금리인하였다. 대출금리가 떨어지자 사람들은 너도나도 은행에서 돈을 빌려 안전자산이라고 생각한 부동산에 투자했다. 이렇듯 은행의 신용팽창으로 발생한 부동산 과열은 대형투자은행들의 다양한 증권화 파생상품을 만들어냈고 이런 파생상품은 과열된 시장에 기름을 붓는 격이 되었다.

빚으로 이룬 성장 : 금융경제의 취약성

미국 금융위기는 금융시스템의 근본적인 병폐를 보여준다. 미국의 금융부문은 1980년대 중반 이후 산업구조 재편으로 발전하기 시작했다. 제조업 부분이 아닌 금융부문을 새로운 성장동력으로 삼고 금융혁신에 나서게 된다. 자유시장주의 원칙에 기반하여 적극적인 규제완화를 통해 금융부문의 경쟁력을 높이는 방식이었다. 특히 글래스－스티걸법(Glass-Steagal Act)[24] 제정 이후 60여 년간 유지해온 상업은행과 투자은행 간의 분리정책을 폐기하고 은행들에게 리스크가 큰 투자를 허용하는 등 적극적인 금융부분 규제완화에 나섰다. 이로 인해 은행과 증권의 분리로 인한 상업은행과 투자은행의 장벽이 사라지고 금융지주회사와 투자은행들은 연방정부의 규제를 받지 않는 투자전문 자회사 및 모기지 전문회사를 만들어 서브프라임 모기지와 같은 위험성이 큰 대출상품을 남발하기 시작했다.

그러나 화려했던 미국 금융시장은 2008년 금융위기로 그 한계를 드러냈다. 금융부문에 대한 적절한 통제장치가 없이 세계화와 파생상품 증권화가 빠르게 진행되면서 실물경제와 금융경제 간의 괴리가 점점 커지기 시작했다. 결국에는 파생금융상품의 팽창으로 금융시장이 실물시장을 넘어서는 기현상이 발생했다. 실물부문과 유리되어 레버리지에 의존한 금융부문의 팽창은 자산가격 거품으로 이어지고 세계경제를 혼란으로 몰아넣은 광풍이었다. 금융위기를 예언한 누리엘 루비니(N. Roubini) 교수는 2009년 2월 "금융시장의 감독자이자 규제자였던 앵글로-색슨 자본주의 모델은 실패했다. 자율규제에 의존한다는 것은 결국 규제하지 않는다는 의미"[25]라고 규정했다.

---

24) 1933년에 제정된 상업은행에 관한 법률로 1929년 주가폭락과 뒤이은 경제대공황의 경험을 교훈 삼아 상업은행과 투자은행의 엄격한 분리를 규정한 은행법이다. 주요 내용은 은행 지점망 재조정, 연방예금보험제도 창설, 예금금리 상한 설정, 연방준비제도의 강화, 투자은행 업무 완전 분리 등이었다. 법 시행 이후 기업이 발행하는 유가증권 인수업무는 투자은행에만 한정되고 상업은행에 대해서는 일체 금지되었다.

금융부문에 대한 규제완화와 IT기술의 활용으로 세계 최고의 금융시스템을 만들었다고 자부해온 금융강국 미국이 서브프라임 사태에 취약할 수밖에 없었던 것은 바로 '빚'이었다. 즉, 과도한 신용팽창이 불러온 처참한 결과였다. 미국은 빚으로 유지되는 나라다. 빚을 통해 높은 수준의 소비를 즐겼다. 미국에서는 지금 당장 한 푼의 현금이 없더라도 자동차나 주택 등을 살 수 있다. 사고 싶은 상품을 신용으로 구입하면 개인별로 부여된 사회보장번호에 신용점수(credit point)가 집계된다. 따라서 충분한 자본을 갖고 있지 않아도 자신이 원하는 사업을 할 수 있는 자금을 신용점수에 맞춰 빌릴 수 있다. 그러나 이런 제도는 실문부문에서의 충분한 자본이 축적되지 않는 상황에서 소비가 일어나기 때문에 외부의 경제적인 충격에 약할 수밖에 없다.

미국의 소비는 GDP의 70%를 차지할 정도로 경제성장에 막중한 비중을 차지한다. 그러나 이런 소비력은 실물경제의 성장을 통해 뒷받침된 것이 아니었다. 더 많은 소비를 위해 해외에서 돈을 차입했고, 세계 최대의 소비시장으로서 자신들이 만든 것보다 더 많이 소비하면서 무역적자를 기록했다. 미국은 재정적자와 무역적자라는 쌍둥이 적자로 허덕이는 나라지만 유동성과 신용거품을 이루면서 오랫동안 낮은 금리를 유지했다. 실물부문에서는 돈이 부족했지만 금융부문에서는 신용팽창으로 자금이 순환하면서 뿌리가 약한 성장을 해온 것이다.

25) "It is clear that the Anglo-Saxon model of supervision and regulation of the financial system has failed. It relied on self-regulation that, in effect, meant no regulation;...." http://www.economonitor.com/nouriel/2009/02/19/the-worst-economic-and-financial-crisis-since-the-great-depression-reveals-the-weaknesses-of-the-laissez-faire-anglo-saxon-model-of-capitalism/

3 국가와 시장을 넘어서 – 새로운 사회질서의 가능성

거대한 전환 : 자본주의를 바꿔라

1999년 미국 시애틀에서는 신자유주의 세계화의 확산만큼 거센 반세계화 시위가 열렸는데 전 세계 80여 개국 1300여 단체가 참가해 예정되어 있던 세계무역기구(WTO) 각료회의 개막식을 지연시켰다. 다양한 흐름이 모여든 시애틀 시위는 전 세계를 휩쓸던 신자유주의 세계화가 처음으로 맞닥뜨린 거대한 저항의 벽이었다. 그러나 이듬 해 신자유주의가 절정에 달하던 2000년에 개최된 '세계경제포럼(World Economy Forum)'에서 미국의 빌 클린턴 대통령과 영국 토니 블레어 총리는 새로운 밀레니엄을 맞아 당시의 조류였던 '신경제'를 내세우고 열린 자본주의의 우월성을 설파하면서 강한 자신감을 내보였다.

2011년 9월 중순 미국 금융자본주의의 심장인 월스트리트에 젊은이들이 모여들었다. 이들은 월가의 탐욕스런 금융자본가들이 서민들이 생존의 위기로 내몰고 있다고 주장하며 시위를 벌였다. 시위가 장기간 이어지면서 참여하는 사람들이 점차 늘어났고 시위는 계속 이어졌다. 이후 월가 시위대의 '점령하라(occupy)' 구호가 전 세계로 퍼지면서 미국식 자본주의와 세계화에 대한 저항의 상징이 되고 있다. 뉴욕 맨해튼 도심에서 연일 계속되는 시위대를 경찰은 강경진압으로 대응했지만 오히려 시민들은 시위대를 지지했다. 이어 유명인사들의 시위대 동참과 헤지펀드로 유명한 조지 소로스도 시위대의 주장에 동감한다며 시위대를 지지하는 말을 남겼다. 시위대는 재정적자 축소, 부감증세 등을 요구하며 1%가 99%를 지배하는 신자유주의 세계화가 만든 금융자본주의에 대해 경종을 울렸다.

2011년 9월 17일 미국 뉴욕 금융가인 월스트리트 주코티공원에서 시작된 '월가를 점령하라'시위는 '점령하라 운동'으로 퍼져갔다. 이 시위는 사회경제적 불평등과 부패, 탐욕으로 가득한 금융자본에 대한 저항운동이다. "우리는 99%다"라는 슬로건은 소득과 부의 불평등한 재분배를 압축적으로 표현하고 있으며, 미국의 1% 부유층에 대한 도덕적 비난이기도 하다.

탐욕적 자본주의에 대한 도전은 2011년 월가 시위대에서만 멈춘 것은 아니었다. 오히려 그동안 신자유주의 세계화를 앞장서서 이끌어온 주역들이 한자리에 모인 자리에서 일어났다. 올해 2012년 1월 스위스 다보스에서 열린 '세계경제포럼(World Economic Forum)'은 지난 20여 년간 일관되게 내세웠던 주제인 '신자유주의'와 '세계화'를 버리고 대신 자본주의에 대한 반성과 전환에 대한 고민이 담긴 "대전환 : 새로운 모델의 형성(The Great Transfor - mation : Shaping the New Model)"이라는 거대한 주제로 지금까지의 자본주의는 틀렸고 이제부터 새로운 모델을 만들어야 한다는 것을 논의하는 자리였다. 이 포럼에서 클라우스 슈바프 세계경제포럼 회장은 "자본주의 체제에서 사회통합 기능이 부족했기 때문에 전체적으로 문제가 생겼다. 나는 자유주의 신봉자지만 현재의 시스템으로 미래를 유지할 수 없다"(매일경제 세계지식포럼 사무국, 2012 : 19)고 밝혔다. 2012년 세계경제포럼은 지금까지 진행되어온 세계화 모델이 사실상 수명을 다하고 새로운 변화를 모색해야 한다는 논의의 장이었다. 불공평한 세계화를 수정하기 위해서는 공정무역과 남녀평등, 그리고 사회가 시민들에게 해줄 수 있는 것들에 대한 접근이 쉬워야 한다는 것이다.

〈표 3〉 미국 상위 1%의 연소득율

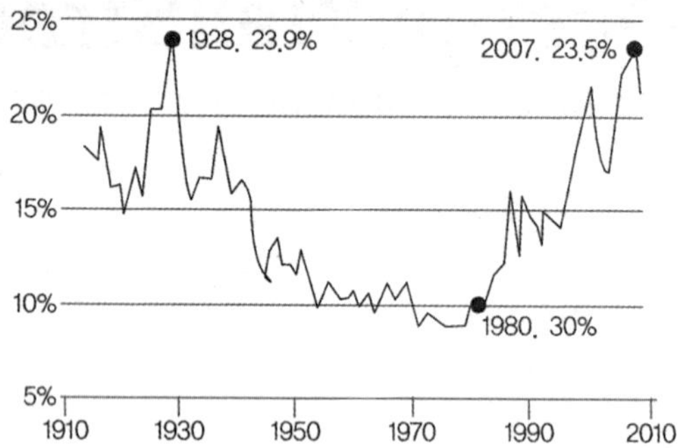

미국소득 분배격차를 나타내는 도표. '부의 불평등'과 '소득 불평등'은 월가 점령(Occupy Wall Street) 시위대의 주요 이슈였다.

출처 : http : //en.wikipedia.org/wiki/Occupy_Wall_Street

현재 전 세계적 자본주의가 가져온 가장 심각한 문제는 부의 불평등으로 인한 소득양극화 현상이다. 스튜어트 L. 하트는 글로벌 경제를 화폐경제, 전통경제, 자연경제라는 3개의 상호 중복되는 경제영역으로 구분한다(Hart, 정상호 역, 2011 : 106-109). 선진국과 신흥국가로 구성된 산업 및 상업 활동이 이루어지는 화폐경제 아래에서 전 세계 인구 70억 명 중 약 30억 명의 인구가 참여하고 있고 이 가운데 1/3이 채 못 되는 인구가 선진국에 산다. 하트는 이 선진국에 사는 부유층 인구는 전 세계 에너지와 자원의 75%를 소비하고 있고, 대부분의 산업 · 소비 유독 폐기물을 배출하고 있다고 지적한다. 또한 개발도상국 농촌에서 전통경제에 종사하는 인구는 전 세계 인구에 절반이 넘는 40억 명에 달하며 토지경작이나 자연물 채취로 생계를 유지하고 있으며 화폐경제 참여기회는 극히 적다고 주장한다.

화폐경제의 급격한 성장은 전통경제 기반을 위협하고 있는데 지역사회 내에서의 긴밀한 인간관계와 자급자족으로 이어지던 토착문화까지 임금노동과 화폐의 유입으로 근본적인 변화를 맞고 있다. 민영화와 자유무역 중심으로 확대되어온 신자유주의는 이런 추세를 더욱 가속화시켰고, 화폐경제 확산은 전통적 인간관계와 전통문화를 해체시키면서 빈곤문제도 유발했다. 농촌에 거주하는 인구는 화폐경제의 확대로 희소화된 자연자원을 놓고 경쟁을 벌이면서 빈곤의 악순환에 빠져들고 있다.

스튜어트 L. 하트는 세 개의 경제영역이 서로 충돌하면서도 의존도가 높아질 것으로 예견하면서 세 경제영역의 고유영역과 교차영역에서 발생하는 문제를 해결하는 과정에서 나타나는 새로운 수요를 충족시킬 수 있는 기회가 만들어진다고 제시한다. 아래 ❙그림 8❙은 세 경제영역의 고유영역과 교차영역에서 발생되는 기회들을 나타낸다.

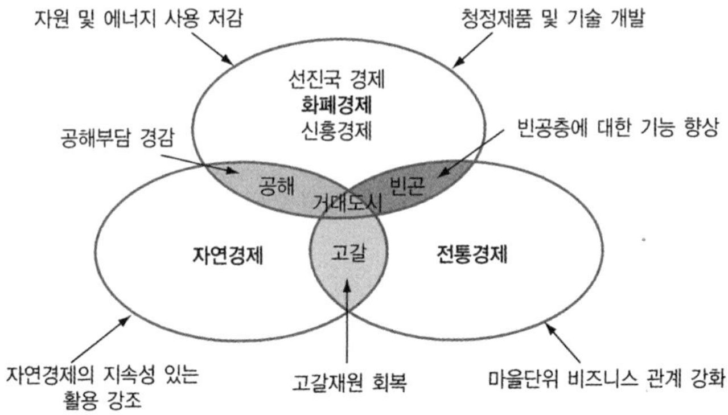

❙그림 8❙ **충돌과정에 있는 세계**

출처 : Hart, 정상호 역(2011) 재인용.

지역대안 : 지역화를 위한 노력

글로벌화한 자본주의는 자유무역 강화를 통해 한 국가단위의 국민경제 영역을 넘어섰다. 특히 80년대 이후 빈번하게 발생하는 금융위기의 원인이 단기성 투기자본의 자유로운 이동 때문이라는 것이 확인되었지만 이를 국가가 규제할 수 없는 상황에서 국민경제에서의 국가역할에 대한 논의가 지속되고 있다. 특히 미국 금융위기 이후 국가자본주의로의 대체 가능성도 논의되고 있다. '보이지 않는 손'이 더 이상 작동하지 않는 시장에서 '보이는 손'이 균형과 발전을 이끌도록 하겠다는 의도이다. 국가자본주의는 1960년대와 70년대 후발 자본주의 국가들에서 나타난 현상이었다. 국가자본주의는 중국, 러시아 등 인구가 증가하고 있는 나라들에서는 경제성장 원동력이 기술발전이 아니라서 충분히 가능한 모델이지만 미국, 유럽 등 선진국이나 고령화로 넘어가는 다수국가들에는 이런 국가자본주의가 적합하지 않을 수 있다(매일경제 세계지식포럼 사무국, 2012).

자본주의의 위기를 맞고 있는 지금 우리는 지난 30여 년간 세계화로 밀려난 사회적 발전의 중요한 요소들을 다시 살펴볼 필요가 있다. 그 중 하나가 세계화라는 추상적 거대담론에 묻힌 '지역화(regionalization)'이다. 지역이라는 의미는 국가를 포함할 수도 있고 국가 안의 나누어진 단위를 의미할 수도 있다. 지역화는 모든 정책에서 지역강화를 우선적으로 놓음으로써 사회구성에 있어서 권력의 소재를 가장 낮은 단위로 낮추는 작업이다. 세계화의 원리로 세계경제 질서를 돌아가게 만드는 세 국제조직인 세계은행(World Bank), 국제통화기금(IMF), 세계무역기구(WTO)가 국민국가와 지역사회부터 경제적 결정권을 빼앗아갔다. 따라서 지역화정책은 이들 조직으로부터 경제에 대한 민주적 통제권을 다시 찾아와 지역사회로 되돌려 주는 정책이다. 지역화정책을 통해 국가와 지방정부, 지역사회는 각각 경제영역과 권한을 되찾아 적합한 정책모델을 수립하고 공동체적인 삶의 안정을 다시 세울 수 있다. 지역화는 지역사회의 자립(self-reliance)을 지속가능하게 만드는 중요한 역할을 한다.

지역화가 인간의 기본적 생존과 생활을 위한 기본 가치인 인권이나 평등, 민주주의를 완전하게 보장해 주는 것은 아니지만 이러한 가치실현의 가능성을 높여준다. 왜냐하면 사람들이 살아가는 공동체의 규모가 작을수록 권력 접근성이 높으며, 권력운용을 통해 바람직한 결과들을 얻을 수 있는 기회가 많기 때문이다. 소득양극화 현상은 세계화를 추종한 국민국가나 지역에서 그대로 나타났고 사회경제적으로 소외된 계층들의 권리가 박탈되면서 그 민주적 권리를 회복할 수 있는 기회조차 주지 않았다.

지역화를 실현하기 위한 방안 중 하나는 경제적으로 지역기반을 갖는 경제주체들이 있어야 한다는 점이다. 이를 위해서는 여러 산업분야의 경제조직들의 활동이 지역에서 뿌리를 내리도록 지원하는 정책이 필요하다. 지역주민은 기업활동에 주주가 아닌 이해관계자(stakeholder)로 참여할 수 있어야 하며, 기업과 자본의 이동에 대한 제약을 가해야 한다. 지역에서의 생산활동을 통해 얻은 이윤은 우선적으로 지역에 머물러야 한다. 캐나다 퀘벡의 '노동지원투자기금(Labour-sponsored Investment Fund, LSIF)'[26]은 자본을 지역에 정착시키기 위한 방법을 보여주는 좋은 사례다.

정책결정에서 지역주민단체들의 민주적 참여를 확대하는 것은 공평성과 다양한 견해를 수렴하기 위한 필수적인 절차다. 이런 직접참여는 지역화의 중요한 특징이며, 더욱 발전된 직접민주주의를 가능하게 만든다.

---

26) 1983년 퀘벡노동연합(the Quebec Federation of Labour)이 주도하여 만든 연대기금이며, 노동자와 환경친화적이고 지역형 중소기업에만 투자하는 기금이다. 이 기금에 투자하는 개인들은 절반 이상이 노동조합원이며, 경제발전의 장기적 전망과 일자리 유지와 창출 등을 고려하여 투자한다. 때문에 투자에 대한 수익발생이 시간적으로 오래 걸리는 대표적인 '인내자본(patient capital)'이다. 이 연대기금 운용을 통해 지역에 뿌리내린 중소기업과 노동자소유 기업들에 대한 지원을 통해 퀘벡사람들이 지역경제의 장기적 발전을 통제할 수 있는 능력이 향상되고 자본축적을 규제하는데 있어 사회적경제의 역할이 커지게 된다. ILO Department of Communication, "Solidarity Fund : Labour-sponsored Solid- arity Funds in Quecbec are Generating Jobs," World of Work 50(2004), p.22. 참조

세계화로 대부분의 지역사회는 지역환경과 사회적 (전통)가치를 보존하고 장려하는 제도들을 잃어버렸다. 지속가능한 생활양식은 주거나 생계를 통해 이어지며, 이는 지역문화와 공동체의 질과 생명력을 유지시키고, 건강하고 안정된 생활환경을 만들어가는 데 아주 중요한 요소다. 지역 만들기와 같은 공동체회복운동이나 저소득층을 위한 소액신용융자(micro credit), 개발신탁, 협동조합, 지역 내 자원환류 등 다양한 지역보존 및 활성화 정책을 시행하며, 시민들에게 이러한 대안적 가치의 중요성을 전달하고 실천할 수 있는 교육체계를 갖추는 것이 중요하다.

협동경제 : 시민사회와 사회적경제

시장자본주의를 움직이는 중심 추는 사적 이윤을 목표로 하는 기업들이다. 기업은 정치・경제・사회적 활동을 조직하고 이끄는 주도적인 세력이 되었다. 세력을 넘어 지금은 기업권력으로 자리잡았다. 시장 지배력이 큰 한국의 재벌기업들은 정치자금 기부, 광고와 대중홍보를 통해 사람들이 살아가면서 의지해야 할 대상으로 자신들을 선전한다. 세계화는 '기업이 지배하는 세계체제의 표상'이지만 한편으로 많은 사람들이 권력화된 기업에 대해 대항하기도 한다.

그동안 시민사회는 기업권력이 확대되는 것을 막기 위해 다양한 대항을 해왔다. 기업의 사회적 책임을 높이려는 시도와 불매운동 등의 개량적 방법에서부터 사람과 환경에 폐해를 끼치는 기업들을 찾아 그들의 범죄적 활동을 공개하여 그 기업에 대해서는 퇴출조치를 요구하는 방법까지 다양한 전술을 펼쳐왔다. 상습적으로 범죄를 저지르는 기업을 아예 없애고 기업의 지배구조를 바꾸려는 시도는 계속되지만 쉽지 않다.

그러나 건강한 사회적 환경을 방해하는 기업들에 대한 시민사회의 도전은 단순한 대항을 넘어 새로운 시도를 펼치고 있다. 시민사회가 사적 기업에 대한 감시와 제재, 대항을 통한 변화를 모색하는 전략에서 스스로 사회를 바꾸기 위한 경제영역을 형성하고 주도해가고 있다. 기업의 사회적 책임을 요구하는 것을 넘어 경제활동을 통해 사회문제를 해결하는 전략이며, 이윤보다 사람들의 필요와 욕구를 우선하여 생산하고 소비하는 경제시스템인 '사회적경제'가 그것이다.

이어지는 3장에서는 국가와 시장영역이 아닌 시민사회영역에서 직접생산자들이 협동의 원칙으로 스스로 생산활동을 조직해서 참여하고 사회적 부를 창출하면서 소비하는 사회적경제에 대해 자세하게 논의하고자 한다.

CHAPTPER

03

사회적경제의 이해

chapter Ⅰ

이제는 사회적경제다

03 사회적경제의 이해

제1절 사회적경제의 발전과정

1 왜 사회적경제인가?

위기를 넘어 희망으로

사회적경제에 관한 이해를 높이기 위해 앞 장에서 국가와 시장에 대해 역사적이고 사상사적으로 중요한 논지들을 중심으로 설명했다. 인류의 모든 문화적 유산은 '존재'에 관한 표현양식이라 할 수 있다. 사람은 누구나 존재에 대한 질문을 하면서 살아간다. 존재는 우리가 몸담고 살아가는 사회, 국가에 대한 이해를 기반으로 한다. 〈제1장 국가의 이해〉에서는 원시국가에서부터 근대국가를 거쳐 지금의 복지국가에 이르기까지 그 흐름을 살펴보았다. 국가와 개인의 관계가 어떻게 발전해왔으며, 그 동력과 요인은 무엇인지를 살펴봄으로써 우리의 존재가치와 권리 그리고 국가의 의무를 좀 더 명확하게 인식할 수 있다.

'존재'는 '있음'의 문제이며 인간존재는 다양한 방식으로 나타난다. '삶의 방식'은 존재를 지속적으로 가능하게 하는 물질적 조건과 환경, 제도적 장치에 의해 규정된다. 인간의 삶의 방식과 관계가 형성되는 가장 기초적 단위는 시장이다. 모든 사람들이 태어나면서 자본주의 경제체제에 의해 강제적으로 규정되는 삶의 형식이기도 하다. 〈제2장 시장의 이해〉에서 인간의 물질적 삶을 규정하는 자본주의 시장에 대해 살펴보았다. 자본주의는 인간의 삶을 시장의 영역에서 완성시키고자 하며, 시장참여를 통해 존재의미를 부여한다. 현대경제학은 자본주의 시장이야말로 인간이 살아가는 데 가장 최적의 조건이라고 말한다. 시장에서 무한히 공급되는 재화와 서비스를 소비함으로써 인간은 행복할 수 있다고 강조한다. 그러나 우리는 시장이 주는 '효용(행복)'이 때로는 인간과 사회를 질곡으로 몰아넣을 수 있다는 것을 시장의 실패를 통해 경험하고 있다.

지금의 경제위기는 근대자본주의 형성 이후 최대 불황기(Great Depression)였던 1929년 '대공황' 수준을 넘어서고 있다. 많은 주류경제학자들조차 '불황(Depression)'이 아닌 '공황(Crisis)'으로 들어서고 있다고 평가한다. 하지만 시장만능주의자들은 지금의 위기에 대해 '침체(Recession)'라는 다소 부드러운 표현을 쓴다. 이는 아마도 전 지구적 경제위기에서 빨리 벗어나고자 하는 희망을 담은 의지를 나타내는 것인지도 모른다. 하지만 이번 경제위기가 시작된 미국의 각종 경제지표는 계속 악화되고 있으며, 남유럽국가들의 재정위기도 심화되고 있다.

자본주의 위기 속에서도 희망을 찾으려는 노력은 이어지고 있다. 주류경제학이 경제위기 해결에 아무런 대안과 해결방안을 내놓지 못하고 있는 지금 새로운 대안을 찾으려는 운동은 계속되고 있는데 그 중 하나가 '사회적경제'다. 유럽과 북미 등지에서 일고 있는 사회적경제가 한국에서도 시작되고 있다. 사회적경제가 무엇이고, 어떻게 구성되는지, 또한 그것이 우리의 삶과 사회에 어떻게 희망의 표상으로 작용할 수 있는지 살펴보고자 한다.

2 사회적경제의 개념과 조직구성

사회적경제와 제3섹터, 비영리조직

사회적경제 개념이 한국에 들어온 지 10여 년 정도밖에 안 되어 아직은 다소 생소한 개념이지만 유럽과 북미에서는 특별한 새로운 현상도 아니며, 동시에 많은 변화를 겪어오고 있다. 복지국가 위기가 사회적경제의 발전과 성장을 가져오는 도화선이 되었지만 지역경제 변화, 사회경제적 취약계층의 배제, 그리고 시민사회단체들이 전통적 개념에서 탈피하면서 좀 더 역동적이고 이슈지향적인 조직으로의 점진적인 움직임과 같은 요인들이 사회적경제 영역에 새로운 활기를 불어넣고 있다.

나라별로 명칭이나 정의는 조금씩 다르기는 하지만 사회적경제 개념은 이윤을 추구하는 사적 영역, 국가부문의 공공영역과 병존하는 시민사회부문인 '비영리부문' 또는 '제3영역'과 그 흐름을 같이한다. 대체로 연구자들은 사회적경제를 공공부문인 '국가영역'이나 사적 영역인 '시장영역'에 속하지 않는 '시민사회영역'으로 분류하는 것에는 흐름을 같이 하지만, 미국의 '비영리부문' 개념과 유럽의 '제3영역'에서 사회적경제의 의미는 차이가 있다. 미국의 존스 홉킨스대학교의 '비교 비영리부분 프로젝트(The Comparative Nonprofit Seefor Project, CNP)'는 비영리부문을 클럽단체, 전문가조직, 대학, 병원 등을 포함하여 이익을 분배하지 않는 자원활동의 총체라는 점에 초점을 둔다. 그러나 이런 관점은 다른 역사적 전통을 갖고 있는 유럽상황에 적용하기에는 매우 협소한 의미를 갖는다. 유럽의 '제3영역' 개념은 이익배분에 제한을 두는 모든 조직을 포함하는 광의의 개념이다. 이 점이 미국과 유럽의 개념적 차이이며, 사회적경제에 대한 의미를 구분하는 경계이기도 하다.

비영리조직은 공동 또는 집단적 관심을 공유하는 자원활동조직으로서 이윤창출을 목표로 하지 않는다. 그러나 제3영역으로서 사회적경제 조직은 특성상 일부 또는 모든 활동이 시장참여적이며 목표실현에 있어서도 민주적 과정과 이해관계자의 참여를 전제로 한다. 유럽에서 사회적경제 개념규정은 두 방향으로 접근하는데 하나는, 결사체・상호공제조합・협동조합 등 사회적경제를 구성하는 법적・제도적 형태들에 따른 접근이며, 다른 하나는 완전한 이익배분의 제한을 하지 않지만 이익에 대해 지역과 개인을 우선하는 조직들이 갖는 공통원칙에 초점을 둔다(OECD, 2007).

사회적경제 개념

사회적경제에 대한 개념은 각 국가별로 역사적・문화적 배경을 달리하듯 조금씩 다르게 규정되고 있으며, 이에 따라 연구자들은 다양한 학술지와 연구단체 설립을 통해 사회적경제에 대한 조사・연구를 하고 있다.[1] '사회적경제'라는 용어가 처음 등장한 것은 19세기 초반 프랑스였다. 당시 경제주기이론을 세운 프랑스 자유주의 경제학자인 샤를 둔와예(C. Dunoyer, 1786-1862)의 저서 『사회적경제의 새로운 조류(Nouveau Traite d'économie sociale, 1830)』에 사회적경제라는 용어가 등장한 이후 프레데릭 르 쁘레(F. Le Play, 1806~1882), 샤를 지드(Charles Gide, 1847~1932), 레옹 발라(L. Walras, 1834~1910) 등이 사회적경제라는 용어를 사용했고, 독일에서는 막스 베버(Max Weber, 1864~1920)가 그의 저서 『사회경제학(Sozialokonomische Wissenschaft, 1904)』에서 사회적경제라는 용어를 썼다(OECD, 2007 : 155-181). 사회적경제라는 용어는 오랜 기간 동안 지금보다 폭넓고 확실한 규정이 없이 사용되어왔고, 사회적 영역이나 경제적 영역에 대한 강조를 통해 사회적경제가 갖고 있는 선험적인

---

1) 대표적인 국제 연구단체는 "CIERIC International(사회적경제 기업과 공공기업)", "International Society for Third Sector Resarch(ISTR, Johns Hopkins대학교 제3섹터 연구학회)", "Recontres Interantionales d'Économie Sociale(EMES, 유럽연합연구네트워크)", 그리고 사회적경제 관련 주요 저널로는 "Annals fo Public and Co-operative Economics"(Oxford, Blackwell and CIERIC Interantional), "Review of Social Economy"(Routledge, New York), "Social Innovation"(San Francisco, Stanford대학교), "Revue Internationale d'Économie Sociale"(Paris) 등이 있다.

개념들을 발전시켜왔다. 넓은 의미로 보면, 사회적 영역에서의 경제현상이나 경제적 영역에서의 사회현상 모두 사회적경제에 포함된다.

법적·제도적 형태들에 따른 접근은 사회적경제를 구성하는 세 개의 주요 구성조직인 협동조합·상호공제조합·결사체[2)]를 중심으로 설명하는데 최근에 들어와서는 사회적기업도 포함시키고 있다. 이러한 접근의 역사적 뿌리는 19세기 동안 사회적으로 규모있는 조직으로 성장하며 구성원들의 자유로운 결사활동을 통해 점차 법적으로 인정받아가던 이들 조직들이 비공식적이거나 잘 알려지지 않은 채로 전해져왔지만 샤를 지드가 처음으로 이 조직들을 사회적경제의 중심에 두었다. 1970년대에는 프랑스에서 협동조합·결사체·상호조합운동이 자신들의 공통의 특성들을 재발견하고 비전을 공유하면서 동질감을 형성하기 시작했다. 이들은 자신들이 하고 있는 이 운동을 '사회적경제'라고 불렀으며, 점차 제3영역으로 제도적 인정을 받게 되었다. 사회적경제는 프랑스에서 처음으로 시작되었지만 점차 국경을 넘어 전 세계로 퍼져갔다.

사회적경제의 규모, 범위, 목적, 영향 등은 현재 진행되는 중요한 논쟁거리인지라 사실상 사회적경제를 하나의 통일된 개념으로 정의하기는 어렵다. 넓은 의미에서 사회적경제는 다양한 네트워크 집단이 수행하는 광범위한 활동에 대한 판단기준이다. 이러한 네트워크들은 영속적이면서도 단기적이고, 사회경제적으로 많은 영향을 끼친다. 이들 네트워크는 시장경제와 국가경제 밖에서 이루어진다는 것과 사회적 재생산의 보장을 일관된 목적으로 삼는다.

---

2) '결사체(association)'는 조직구성원의 사회경제적 이익을 집단적으로 대변하거나 옹호하는 조직을 의미하는 개념이다. 결사체 조직은 구성원의 사회경제적 지위에 따른 필요에 의해 결성되는데(소비자조직 등), 국가나 공공부문에 자신들의 사회적 요구를 관철하기 위한 권익활동에 적극적으로 나서기도 한다.

사회적경제 용어의 의미는 프랑스, 벨기에, 캐나다 퀘벡주와 같은 프랑스어권과 영어권 지역에서 다소 차이가 있다. 프랑스어권에서 사회적경제는 신용조합을 포함하여 협동조합 · 상호공제조합 · 결사체 · 사회적기업을 포괄하며 정부재원에 크게 의존하거나 정부정책에 영향을 받는 조직 또는 수익사업을 하지 않는 비영리조직은 제외한다. 프랑스어권인 캐나다 퀘벡주는 1996년 개최된 "경제와 고용에 관한 대표자회의(Economic and Employment Summit in Quebec)"에서 다음과 같이 사회적경제에 대한 정의를 내렸다.

"사회적경제는 이윤을 추구하지 않고 회원과 공동체에 봉사하는 것을 사명으로 한다. 정부로부터 독립된 경영을 하고, 노동자와 사용자는 민주적 절차에 의한 의사결정을 수행하며, 자본보다 사람을 우선시한다. 그 활동에서 참여, 역량강화, 개별적이고 집합적 책임원칙은 중요한 가치이다"(Chantier de l'économie sociale).

에릭 올린 라이트(E. O. Wright)는 사회적경제를 아주 넓게 정의하는데, "일정한 형태의 사회권력의 행사를 통해 직접적으로 조직되고 통제되는 경제활동"(Wright, 권화현 역, 2012 : 273)으로 정의한다. 사회권력은 시민사회의 자발적인 결사체에 근거한 권력이며, 다양한 종류의 집합행위를 위해 사람들을 조직할 수 있는 능력에 기반한다. 사회적경제에서는 재화와 서비스의 생산과 분배활동이 이러한 사회권력의 행사를 통해 이루어진다고 본다.

사회적경제에 대한 다양한 개념은 그 나라의 역사 · 문화적 배경을 담고 있는데 한국처럼 사회적경제 역사가 짧은 상황에서 적합하게 수용할 수 있는 개념으로 캐나다 토론토대학교 잭 콰터(J. Quarter)의 정의를 소개하고자 한다. 콰터는 사회적경제의 중심축을 민간영역, 공공영역, 시민사회영역의 교차부분인 '지역사회 경제발전'으로 놓고 이 세 영역의 역동적인 상호작용으로 설명한다(그림 12 참조). 그는 "사회적경제는 사회적 목적을 사명과 실천의 중심에 놓는 조직들을 위한 연결개념이며, 분명한 경제적 목표를 갖고 있고, 자신들이 제공하는 서비스와 구매를 통해 일정한 경제적 가치를 창출하는 활동"(Quarter, 2009 : 4)으로 정의한다.

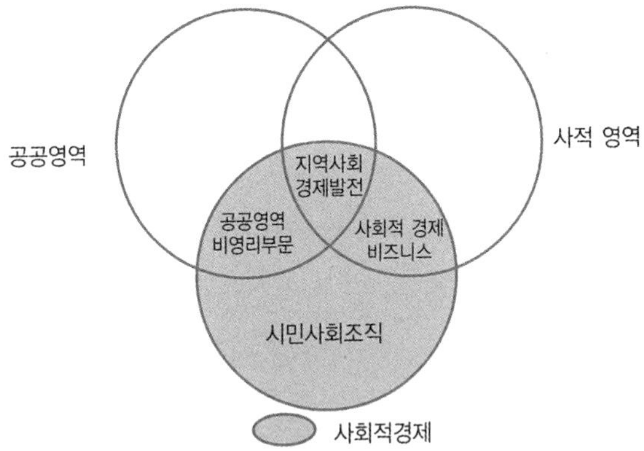

┃그림 1┃ 사회적경제 : 상호작용적 접근

출처 : Quarter, J., et. al.(2009), p.7. 재인용

사회구조에서 민간영역, 공공영역, 시민사회영역은 서로 역동적으로 상호작용을 한다. 이 영역들의 경계는 서로 폐쇄적이지 않고 유연하다. 때문에 사회적경제를 그 자체로서 하나의 총체로 보기보다는 사회의 다른 부분들과 맺어지는 관계로 보며, 사회적경제 안에 있는 조직들은 정부와 사적영역 비즈니스, 다른 경제부분에서 일하는 개인들로부터 지원을 받으며 상호작용한다. 중요한 것은 사회적경제 내에 있는 조직들은 사회를 위한 기반시설(infra-structure) 역할을 한다는 점이다. 사람들이 서로 돕기 위해 만든 상호공제조합 같은 조직이 없거나 또는 소외계층을 지원하는 수많은 공공서비스기관이 없는 사회는 상상도 할 수 없다. 사회적경제 조직들은 정부와 민간영역의 관계 속에서 다양한 방법으로 기능을 수행하며 서로 상호작용

한다. 이는 사회적경제가 획일적인 경제시스템이 아니라는 의미이다.

사회적경제에 대한 규범적 접근은 '제3섹터'로서 사회적경제를 규정하는 방법인데 이는 가치와 원리를 중요시한다. 규범적 접근으로서 사회적경제는 기본적으로 협동조합·상호공제조합·결사체와 같은 조직이 행하는 모든 경제적 활동이며 다음과 같은 윤리적 원리를 따르는 조직으로 정의내릴 수 있다.

- 이윤창출에 앞서 회원과 공동체에 대한 서비스 제공을 우선함
- 자율적 경영
- 민주적 의사결정
- 수익분배에 있어서 자본을 넘어 사람과 노동을 우선함

사회적경제 조직체

사회적경제의 역사는 대중적인 결사체와 협동조합과 깊이 관련되어 있다. 역사적인 협동조합운동의 통합체로서 대중적 결사체를 이루는 가치와 원리체계는 사회적경제의 현대적 개념의 기반을 이루며, 여기에는 이미 언급한 것처럼 협동조합·상호공제조합·결사체로 구성되며 최근에는 사회적기업과 비영리재단도 포함한다. 실제로 역사적 기원으로 볼 때 앞의 세 조직들은 단일한 결사적인 자극의 표현이 혼재되어 있다. 협동조합, 상호공제조합, 결사체는 18~19세기 산업자본주의의 발전으로 인한 새로운 생활조건에 대해 가장 취약한 사회계층들이 자조(self-help)조직을 통한 대응방식이었고, 이에 따른 결사적 자극으로 선택한 세 가지 방향을 반영하는 것이었다.

투자자 소유기업 또는 이윤추구 기업들과 다르게 사회적경제 조직들은 다양한 형태를 보이는데, 이는 각 국가별로 서로 다른 법률에 의해 다양한 방식으로 규정되기 때문이다. 국가별 법률형태의 차이는 사회적경제 조직의 차이로 나타난다. 사회정치적 배경, 문화적 환경, 경제적 여건, 발전 정

도의 차이에 따라 협동조합이나 결사체, 비영리재단 등의 조직형태를 구성하면서 다소 특수한 조직모습을 갖는다.

사회적경제 조직들은 역사적 배경에 따라 자신들의 사회적 역할을 구분해왔다. 협동조합은 사회경제적으로 취약한 조건에 있는 이해관계자가 받게 되는 상처를 감소시키기 위해 시장권력의 집중화라는 현실에 맞서 등장했다. 노동시장이나 상품생산시장 또는 금융시장에서의 독점상황은 협동조합 경험의 기반이기도 하다. 비영리조직 또는 제3섹터의 존재는 사회적이고 집합적 이해의 요구를 충족시키는데 있어 합리적인 대안을 포함하며 시장과 국가의 실패에 기인한다. 역사적으로 사회적경제를 이루는 주요 합법적인 조직체들은 다음과 같다.

- **협동조합**(co-operative) : 협동조합은 소유권이 특수한 대리인 범주나 출자자(소비자, 노동자, 생산자)에게 있는 기업이다. 역사적으로 협동조합은 조합원들의 이해를 보호하거나 삶의 질을 개선하기 위한 특정 집단의 역량을 높이는 역할을 해왔다. 협동조합은 다양한 형태와 영역에서 발전했으며 전통적인 협동조합은 주로 조합원 확보와 이익제공에 주력해왔다. 20세기 후반 새로운 협동조합 형태가 등장했는데 이탈리아의 '사회적협동조합(social co-operatives)', 프랑스의 '공동이익 사회적협동조합(société cooperative d'intérêt collectif)', 포르투갈의 '사회적연대협동조합(co-operative of social solidarity)' 등이다.

  유럽의 협동조합은 노동운동의 발전과 그 맥을 같이 해왔다. 강제해고나 일자리를 잃은 노동자들의 자조조직으로서 내부적 기능뿐만 아니라 공장임노동자들의 정치경제적 투쟁에 협동조합이 함께 함으로써 정치적 권리를 확보하고 조합원과 조직의 규모를 확대해갔다. 반면 미국의 경우 협동조합 발달이 더딘 것은 시장에서의 경쟁기회 확대를 국가정책 목표로 삼고 개인의 자유와 활동을 우선적으로 보장하는 제도적 · 문화적 배경의 차이 때문이다. 따라서 유럽과 미국의 협동조합체계 사이에는 큰 차이점이 있는데, 이탈리아의 경우 협동조합은 법적으로 준영리조직으로 규정되지만 미국의 협동조합은 어떠한 특별법으로도 규정받지 않는다.

- **상호공제조합**(mutual aid society) : 상호공제는 협동조합의 특별한 활동으로 볼 수 있는데 상호보험처럼 조합원이 서비스 이용자이며 소유자가 되기 때문이다. 상호공제조합은 19세기 초반 노동자들이 노동능력 상실과 질병에 대비한 보험과 노령으로 은퇴 후 연금을 받기 위해 만들었다. 강제적인 사회보험 도입으로 상호공제조합은 쇠퇴하기 시작하고 최근 들어 사회보험이 미치지 않는 영역에서 새로운 상호공제조합이 등장하고 있다. 비영리재단, 자선단체, 신탁 등이 주로 미국, 영국, 오스트레일리아에 많은 반면, 협동조합과 공제조합은 유럽 대륙국가들의 강한 전통이기도 하다.
- **결사체**(association) : 결사체 조직은 시장에서 소비자의 권익을 옹호하는 활동이나 국가에 대해 복지급여와 서비스 요구 등과 같은 특별한 사회적 이슈들을 공동의 노력으로 해결하기 위한 집단이나 개인의 자유로운 참여를 통해 만들어진다. 결사체에는 공동의 관심사나 상호 이해를 목적으로 하는 자원활동조직, 비정부기구, 자선단체 등이 모두 포함된다. 권익옹호가 주된 목적인 조직들은 안정적이고 지속적인 활동이 필요하지만 그렇다고 경제활동을 통해 자원을 마련하지 않는다. 반면 조직 내적으로 재화의 생산과 판매를 허용되는 결사체들은 지역에서 복지 공급자 역할을 하고 있다.

• **사회적기업**(social enterprise) : 사회적기업은 사회적 목적을 실현하기 위한 수단으로서 시장에서 재화와 서비스 교환활동에 참여하는 조직이다. 이런 측면에서 보면 사회적기업은 일반기업과 유사하지만 지속가능성과 사회적 목적을 충족시키기 위해 외부의 지원을 필요로 한다. 대부분의 사회적기업은 시장에서 수익을 만들어내지만 정부나 다른 공공조직의 지원 프로그램에도 의존한다. 사회적기업은 장애인, 노령자, 저소득층과 같은 사회경제적 취약계층을 고용한다는 특성을 갖는다. 사회적기업은 수익을 내는 통상적인 비즈니스를 수행하지만 비영리조직으로도 분류되기도 하는데, 사업으로 얻은 잉여이익을 사회적 목적실현을 위해 재투자하거나 또는 다른 비영리조직들을 지원하는 데 사용하기 때문이다.

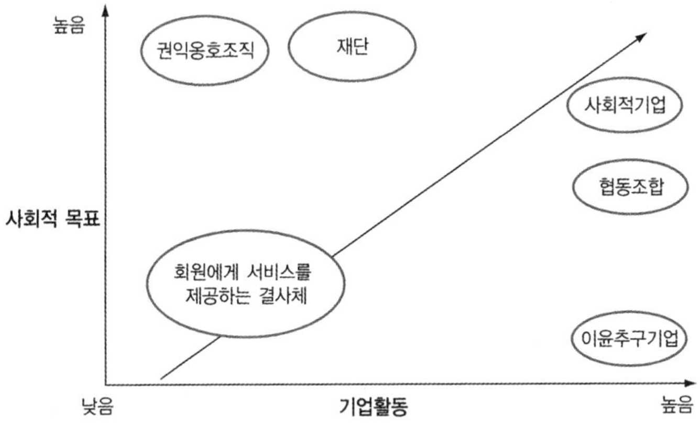

▮그림 2▮ **사회적경제 조직의 분류**

출처 : OECD(2007 : 2) 재인용

3 사회적경제 조직의 기능과 특성

사회적경제 조직의 기능

사회적경제 조직의 기능을 이해하기 위해서는 무엇을 기반으로 조직되는지를 명확하게 이해해야 한다. 공공의 이익을 목표로 하는 실천 측면과 조직원리 측면에서 사회적경제 조직은 다음 네 가지 관점에서 이윤추구기업과 구분된다.

1) 설립목적이 '사회적 필요(social need)에 대한 대응'으로 만들어진다. 지난 20여 년 동안 많은 사회적경제 조직들은 전통적 가족과 사회적 연계망의 위기, 여기에서 발생하는 사회적 욕구에 대해 공적 사회복지체계가 제대로 대응하지 못하는 데서 등장했다. 1970년 이후 유럽 및 북미 국가들에서는 지역조직들과 사회운동가들이 확대되고 있는 지역사회 욕구충족을 위해 사회적경제 영역에 뛰어들었다. 프랑스의 노동시장 재진입형 기업이나 특수한 이해를 목적으로 하는 결사체, 지역주민조직체, 이탈리아의 사회적협동조합과 사회적기업, 독일의 고용을 위한 직업훈련기관, 벨기에의 직장 내 연수기업, 영국의 커뮤니티 비즈니스와 마을기업, 캐나나 등이 대표적인 사례들이다. 여기에 캐나다의 지역개발기업(Corporation for Community Development) 등을 들 수 있다.

2) '연대와 호혜'에 기초한 배분원리를 갖는다. 사회적경제 활동은 조직형태에 조금씩 차이가 있지만 기본적으로 연대와 호혜의 원칙을 따른다. 따라서 다른 기관들과의 교환행위는 동치(同値)관계에 따라 이루어지지 않는다. 가격가치로 이루어지는 교환이 아니라는 것이다. 이런 측면이 순이익을 얻기 위해 제3영역을 배제하고 주주들에게 잔여수익 배분을 확신시켜주려는 이윤추구기업과 대치되는 부분이다. 사회적경제 활동은 비계약적인 경제활동원리에 기초한 사회적 관계로 이루어지기도 한다.

3) 조직구조에서 '참여방식과 의사결정과정의 포괄성'을 갖는다. 민주적 의사결정과정은 '주식 한 주에 한 표'가 아닌 '일인 일표(一人 一票)'를 원칙으로 하고, 자치조직으로서 수적으로 다수에 의한 투표를 제한한다. 이 원리는 자본을 넘어서 노동자와 소비자가 우선임을 의미한다. 최근 들어, 사회적기업을 비롯한 많은 사회적경제 조직들이 다수의 이해관계자(stakeholder)들의 참여를 확대하려는 노력을 하고 있다.

4) '자원의 다양성'이다. 이윤추구기업이나 공공조직과는 달리 사회적경제 조직은 시장, 비시장, 비화폐경제로부터 발생하는 다양한 수익자원을 찾아야 한다. 사회적경제 조직들이 자원활동가 자원과 유급노동자와의 혼합, 재화와 서비스 판매, 공적 지원(우선구매제도와 같은 계약형태, 예산지원, 직접 지원 등), 사적 기부와 금융자원의 혼합과 같은 것들을 찾아 활용해야 한다.

사회적경제 조직의 특성

사회적경제 조직들은 대체로 다음과 같은 공통의 특성을 갖고 있다.

- 사회적 목적실현
- 사회적 소유
- 자원활동과 사회적 참여
- 시민적 참여

이 네 가지 기준은 사회적경제 안에 내포된 사회적 구성내용을 규정하며 민간영역과 공공영역의 차이를 나타낸다.

1) **사회적 목적** : 사회적 목적은 일반기업들이 선택사항으로 여기는 기업의 사회적 책임을 부수적인 것이 아니라 시작부터 조직의 사명중심에 놓는다. 사회적경제 조직들 중에는 이런 사회적 목적이 자선적 목적을 수행하거나, 회원들의 필요를 채우는 것(상호공제조합), 또는 수익을 위해 시장에서 경

쟁하는 것과 같이 다양한 처지와 상황에 따라 여러 형태를 갖기도 한다.

2) **사회적 소유** : 이윤을 목적으로 하는 비즈니스는 공식적인 회사인 경우 기업주, 주주에게 속하는 재산의 일부이기 때문에 개인적인 목적을 위해 매매를 할 수 있다. 주주는 기본적으로 수익을 배당 받는 수혜자이고, 그 배당수익을 다시 회사에 재투자하기도 한다. 때문에 유보이익은 회사의 자산가치를 높이게 된다. 따라서 사적 소유(private ownership)와 사회적 소유(social ownership)는 사회적경제와 사적 경제의 구분된 소유관계를 이해하는데 중요한 기준이다.

사회적 소유에서 잉여수익이 발생하면 조직의 기본 목적에 따라 서비스 효용을 확대하고 증대시키는 데 사용된다. 사회적경제 조직의 재정동력은 이윤을 목적으로 하는 기업들과는 다르다. 일부 사회적 조직들이 가치가 있는 자산을 보유하고 있더라도 소유개념이 민간영역처럼 적용되지는 않는다. 오히려 사회적 조직의 자산은 지금세대에서 다음세대로 이어지는 '사회적 배당'이라는 특성을 갖는다. 이러한 사회적 배당은 사회를 구성하는 벽돌이며, 사적 개인이나 정부가 소유할 수 있는 재산이 아니다.

사회적 경제에서 구성원들은 자신들이 속한 조직을 관리하거나 통제할 수 있는 권리를 갖는다. 그렇지만 사적 기업의 소유주와는 달리 자산을 팔아서 재정적 수익을 갖지 않는다. 이와 함께 사회적경제 조직의 구성원들은 대표를 선출하여 총회나 운영위원회와 같은 의결기구를 통해 조직의 목적에 맞도록 재산을 사용해야하는 책임 또한 갖게 된다. 사회적경제 조직은 전 세대에 걸친 신뢰관계를 맺고 사회를 지속시켜나간다.

3) **자원(voluntary)활동과 사회노동** : 사회적경제 조직은 자원활동가들의 헌신에 많은 의존을 하게 된다. 비영리 상호공제조합이나 협동조합에서 자원봉사 구성은 회원들을 위한 서비스 제공을 더 높이는 역할을 하게 된다.

이런 이유로 무보상의 서비스를 '사회노동(social labour)'이라고도 한다. 사회노동은 자원봉사서비스 활동과 같은 특징을 갖지만 조직 외부의 단체나 공공기관을 목표로 하는 것이 아니고 내부 조직구성원을 위한 활동으로 볼 수 있다.

4) **시민적 참여** : 사회적경제 특징 중 가장 많이 언급되는 것 중 하나가 '민주주의'다. 민주주의는 구성원들의 참여를 통해 경영과 활동이 이루어진다. 민주주의 원칙의 중요성은 시민참여 개념의 확대와 조합원들이 건설적인 방법을 통해 서로 연계망(networking)을 구성하는 것과 관련된다. 미국의 사회학자 로버트 퍼트넘(R. Putnam)은 사회자본(social capital)의 중요한 구성요소인 '사회적 참여' 또는 '시민적 참여'가 쇠퇴하고 있다고 지적했다. 그는 쇠퇴의 원인을 분석하는 것에 기본적인 초점을 맞추면서 사람들이 서로 연계할 수 있는 자발적 결사체의 중요한 역할을 강조했다(Putnam, 정승현 역, 2009 : 555-565). 퍼트넘은 지난 20세기의 30년 동안 시민적 참여가 하락했다고 주장한다.

지금은 근대자본주의 형성기 시기보다 결사체에 대한 의미가 좁게 규정되고, 다양한 시민사회조직의 출현으로 결사체 구성원들의 결합력이 다소 약해졌다. 결사체 형태도 과거보다 더 비인격적이 되었지만 여전히 사람들 간의 연계를 통한 시민적 참여를 끌어내는 동력역할과 사회혁신의 주체로서 중요한 역할을 요구받고 있다.

4 사회적경제의 역사적 배경

역사적 기원으로서 길드와 결사체, 협동조합

16세기 무역·상업의 발전과 유럽대륙 각 국의 도시(polis)들의 성장은 유럽발전을 이끈 주요 요인이었다. 당시 지배적인 사회경제체제였던 봉건제하에서 장원이 영주의 지배권 안에 있었던 것과는 달리 중세도시는 상공업의 중심지였다. 도시에서는 제빵공, 대장장이, 방직공, 푸줏간, 제화공 등의 수공업자들이 모여 생산활동을 했다. 모든 도시에는 최소한 하나 이상의 시장이 존재했는데 주기적으로 시장이 열렸다. 이들은 작업장 안에서 만든 상품을 전부 시장에 내다 팔아야 했다. 도시 안에서의 모든 생산활동은 길드(guild)[3]에 대한 감독을 통해 이루어졌다. 길드는 생산자 및 소비자조합으로 상품생산에 필요한 작업장을 소유하고, 시장거래에 접근할 수 있는 독점조직이었다. 또한 구성원들 간에 상부상조를 통한 결속력을 이루고 있었는데, 이는 후에 농촌을 떠나 공장에 고용된 임노동자들이 협동조합을 이루는 기본적 원리로 발전했다.

길드는 유럽 자본주의 발전을 이루는 데 필요한 맹아적 자본축적과 수공업적 생산에서 공장제로 이행하는 출발점이었다. 특히 18세기 중반 방적기와 증기기관의 발명은 양모산업을 발전시켰는데, 이와 함께 봉건지주들의 인클로우저(enclosure)운동이 일어나기 시작했다. 인클로우저는 15~16세기 이후 인구증가와 섬유기술의 발달, 이에 따른 양모 수요 증가에 의한 자연스런 사회경제적 변화였다.

매뉴팩추어 체제를 갖춘 공장주들은 도시 주변의 풍부한 노동력을 임노동자로 고용했다. 노동자들은 모든 생활에서 닥치는 위험을 스스로 해결해야 하는 처지였다. 일상생활에서 발생하는 문제유형이 같았던 노동자들은 자신들의 미래위험을 공동으로 대처하기 위해 '우애조합(Friendly Society)'을 결성했다. 우애조합은 유럽협동조합의 효시였고, 노동자들이 결사(association)를 통해 질병, 장애, 노동과정에서 일어나는 재해와 같은 위험에 대비

---

3) 길드는 도시 작업장에서 이루어지는 원료투입, 생산, 시장으로의 출하까지 모든 과정을 조직하고, 도시는 길드의 작업자와 작업장 규모, 생산량을 감독하여 적정량의 상품을 생산할 수 있도록 규제하며 시장과 같은 공개된 장소로 거래를 유도하여 도시거주민의 이익을 보호했다.

하는 방식을 택하게 된 것이다.

자선 또는 상조조직들이 중세기에 괄목할 만한 성장을 이루기는 했지만, 대중적인 결사체 · 협동조합 · 상호공제조합이 노동자 중심의 사회운동으로 발전하게 되는 특별한 자극을 얻게 된 때는 18세기였다. 영국에서는 1790년대에 다수의 우애조합들이 결성되었고 유럽대륙에서도 상당수의 상호공제조합과 상호부조조직들이 생겨났다. 라틴아메리카에서도 19세기 후반 동안 상호부조운동이 급격하게 성장했다.

로버트 오웬(Robert Owen, 1771 - 1858). 영국의 사회개혁가이며 유토피아 사회주의와 협동조합운동의 창시자이다. 오웬의 철학은 크게 세 가지로 구성되는데 첫째, 사람들의 전인적 성격은 자신 스스로 독립적으로 만드는 것이기 때문에 자신의 의지와 행동에 책임을 져야 한다. 또한 사람은 유전과 환경에 의해 지배를 받는 존재이므로 교육과 노동을 통해 개혁될 수 있다. 둘째, 모든 종교는 황당한 상상력에 기반하기 때문에 사람을 약하고, 어리석게 만들며, 심한 편견에 사로잡히거나 심각한 위선에 빠지게 한다. 셋째, 공장시스템 대신, 청부제도의 일종인 '풋팅아웃시스템(putting-out system)'을 지원해야 한다고 주장했다.

협동조합 결성을 위한 최초의 움직임은 18세기 후반과 19세기 초 영국에서 노동자들이 당시의 열악한 생활의 어려움을 스스로 극복하고자 시작되었다. 로버트 오웬(R. Owen, 1771~1858)과 데이비드 리카도(D. Ricardo, 1772~1823) 사상을 따르는 윌리엄 톰슨(W. Thompson, 1775~1833), 조지 무디(G. Mudie)와 같은 사람들을 통해 사회주의 사상이 협동조합에 강한 영향을 주었고, 1824~35년 동안 사회주의 운동과 노동조합 결사체주의가 강한 결속을 이루었으며, 이 둘은 단일한 노동운동의 표현이자 노동자계급의 해방이라는 동일한 목표를 갖고 있었다. 1831년부터 35년 사이에 영국에서 열린 여덟 번의 협동조합총회는 협동조합과 노동조합운동을 묶어주는 역할을 했다.

실제로 당시 영국의 모든 노동조합들의 단일조직인 "전국노동조합총연합(Grand National Trades Union)"이 이 총회에서 결성되었다.[4)]

윌리엄 킹(W. King)은 유명한 로치데일협동조합 설립에 영향을 끼쳤고 영국 협동조합운동에 직접 개입하면서 결정적인 발전을 이루었다. 로치데일 개척단(Rochdale Pioneer)의 운영원리를 모든 협동조합들이 받아들였고, 1895년 "국제협동조합연맹(Interantional Co-operative Alliance, ICA)"을 탄생시켰으며 근대적인 사회적경제 개념의 발전에 주목할 만한 공헌을 하였다.

유럽 주요 국가들의 사회적경제 발전과정

독일에서의 협동조합은 농촌과 도시지역에서 똑같이 상호공제조합을 통해 발전했다. 19세기 중엽 루드비히 갈(L. Gall, 1791~1863), 프리드리히 하크오르트(F. Harkort, 1793~1880), 슈테판 본(S. Born, 1824~1898) 등이 노동자 결사체운동에 대한 이념을 폭넓게 전파시켰다. 최초의 협동조합은 방직·방적공들로 결성되었지만, 도시지역의 협동조합주의는 빅터-아이메 후버(Victor-Aimé Huber, 1800~1869)와 슐체-델리취(Schulze-Delitzsch)에 의해 발전했고, 농촌지역은 신용조합(Darlenkassenverein)을 설립한 프리드리히 빌헬름 라이파이젠(Friedrich Wilhelm Raiffeisen, 1818~1888)을 통해 확대되었다. 1862년 최초의 협동조합이 안하우젠(Anhausen)에 설립되었고, 급속한 성장으로 1877년에는 "라이파이젠형(形) 독일농촌협동조합연맹(German Federation of Rural Co-operatives of the Raiffeisen type)"이 결성되었다. 동시에 노동자 상호부조협회와 농

---

4) 전국노동조합연합(Grand National Consolidated Trades Union)은 영국에서 전국노동조합연합체를 세우기 위한 첫 시도였다. 1820년대부터 전국노동조합연대조직을 건설하려는 시도는 많이 있었으나 1830년 "노동자보호를 위한 전국연합회(National Association for the Protection of Labour)"로 끝을 맺었다. 그러나 1833년 로버트 오웬이 미국에서 돌아온 후 길드에 기반한 협동조합생산조직을 만들 것을 주장했다. 오웬의 주장은 건설노동조합의 지지를 받았고 후에 건설노동조합을 포괄하는 "전국길드(Grand National Guild)"로 명명되었다. 1834년 2월 런던에서 열린 협동조합총회에서 "전국노동조합연맹(Grand National Consolidated Trades Union)"이 결성되었다.

촌 상호공제가 독일사회에서 인정받는 조직이 되었고, 1876년에는 법으로 제정되었다.

이탈리아는 19세기 중반에 많은 상호공제조합이 생겨났으며 처음으로 협동조합의 수를 넘어섰다. 1853년 최초로 소비자협동조합이 설립되었고, 상호공제조합이 활발하게 활동한 지역은 토리노(Torino)였다. 이후 우애조합과 상호공제조합이 소비자협동조합 설립을 이끈 이런 유사한 사례들이 다른 이탈리아 도시에서도 뒤따라 일어났다.

모든 유럽국가들 중에서 프랑스는 사회적경제의 발원지로서 대중적 결사체 운동의 가장 가시적인 모습을 보여준 나라다. 다른 유럽 대륙국가들의 경험처럼 19세기 초반 프랑스에서 협동조합과 상호공제조합의 등장은 대중적 결사체주의를 빼고서는 설명할 수 없는데, 대표적인 인물은 프랑스 사회주의 운동을 이끈 생시몽(C. H. Saint-Simon, 1760~1825)이었다. 생시몽과 그의 추종자들의 결사체 이념의 영향으로 1830년대부터 많은 노동자결사체들이 만들어졌고, 노동자생산결사체로 알려진 생산협동조합이 대부분 19세기에 결성되었다. 1834년 생시몽의 제자이며 기독교사회주의자였던 장-필립 뷔셰(Jean-Phillipe Buchez, 1796-1865)에 의해 최초의 노동자협동조합이 시작되었다.[5] 19세기 초반 사회적 실험과 사회주의 결사체운동 신조의 용광로 속에서 프랑스 노동운동은 출발했다.

결사체주의는 다른 사회주의 운동의 흐름에서 토대와 같은 역할을 했는데, 결사체와 상호공제조합을 다양한 목적을 가진 노동자연대공동체로 조직할 것을 주장한 샤를 푸리에(C. Fourier, 1772~1837)의 영향을 많이 받았다.

5) '배분불가능한 적립금(individible reserve)'에 대한 생각은 생시몽에서 시작되었고, 필립 뷔셰는 노동자협동조합을 통해 배분불가능한 적립금 개념을 정리했다. 이후 협동조합이 양적으로 성장하고 강한 조직력을 갖고 있는 이탈리아, 스페인, 프랑스 협동조합들은 이 배분불가능한 적립금 제도를 충실히 지켜가고 있다.

19세기 동안 상호부조와 상호공제조합은 매우 빠르게 프랑스 전역으로 다양하게 퍼져나갔고, 1847년에 이르러서 노동자결사체는 2,500개가 넘는 상호공제조합과 40만 명이 넘는 조합원으로 성장했다.

19세기 후반 사회적경제의 발전에 영향을 끼친 주요 사상가로 존 스튜어트 밀(J. S. Mill, 1806~1873)과 레옹 발라(L. Walras, 1834~1910)를 들 수 있다. 밀은 협동조합과 상호조합 모두에 있어서 노동자들이 할 수 있는 상업 결사체주의(business associationism)에 대한 지대한 관심을 가졌다. 밀은 『정치경제학 원리(Principles of Political Economy)』에서 사회의 진보적 변화에서 협동의 원리와 실천이 지속적으로 성장할 수 있음을 확신했다. 또한 공공적이며 박애적인 목적으로 자금을 모으는 결사체와 협동조합 역시 증가할 것으로 보았고, 노동자협동조합에 대해서도 경제적·도덕적 이익 때문이라도 장려되어야 한다고 주장했다(Mill, 1965, 원저 1848, 박동천 역 4권, 2010 : 23-24).

발라는 밀의 생각처럼 협동조합이 자본을 폐기하는 것이 아니라 오히려 자본가 수를 줄이고, 노동의 생산과정 안에 담아야 할 민주주의와 같은 중요한 도덕적 임무수행 등의 훌륭한 경제적 역할을 수행함으로써 사회적 갈등을 해결하는 중요한 기능을 채울 수 있다고 보았다. 발라는 1896년에 발간한 그의 저서 『사회적경제 연구 : 사회적 부의 분배이론(Études d'Économie Sociale : théorie de la répartition de la richesse sociale)』에서 쁘레(Le Play)의 모델로 확인된 독창적인 사회적경제 연구의 중요한 계기를 제공했다. 발라의 공헌으로 사회적경제는 경제학의 한 부분이 되었으며 지금 우리가 알고 있는 협동조합·상호공제조합·결사체를 통해 나타나는 경제활동의 한 영역으로 자리잡았다. 19세기 후반에 이르러서 민주적 결사체주의와 상호주의, 협동조합주의 가치들이 반영된 사회적경제의 근대적 개념이 주요 골격을 갖추게 되었다.

현실 읽기 유럽연합 사회적경제 헌장(Social Economy Charter)

사회적경제(The Social Economy)

다른 유형의 기업

사회적경제 조직들은 여러 분야에서 활동하는 경제사회 주역들이다. 원칙상 이윤추구기업들과는 다른 목적을 가진 것이 사회적경제 조직의 특징이다.

사회적경제는 협동조합, 상호공제조합, 결사체, 재단조직들을 포함한다. 이들 기업들은 사회적 보호, 사회서비스, 보건, 금융, 보험, 농업생산, 소비자 활동, 결사체 활동, 공사, 주택, 공급, 근린서비스, 교육훈련, 문화・스포츠・레저와 같은 분야에서 특별한 활동을 펼치고 있다.

오늘날의 새로운 도전에 직면하기 위한 계획들이 개발되고 있다(지속가능한 발전, 공공서비스 부문의 참여도 증대, 사회통합, 세대 간 통합).

이 계획들 중 사회적목적 기업(벨기에), 사회적협동조합(이탈리아), 공공이익제공형협동조합기업(프랑스)은 이미 법적 인증을 얻었다.

모든 계획들은 유럽 정책발전에 맞춰 진행된다(사회적 문제, 고용, 기업과 기업가, 교육, 조사・연구, 지역발전, 기업의 사회적 책임, 기업거버넌스 등).

명확한 조직형태의 차이

사회적경제에서 전체적인 법적 형태는 한 회원국가와 다른 국가 사이에 다양하게 나타날 수 있다. 그러나 이러한 기업들은 자본을 중심으로 하는 기업과는 다른 특별한 특징을 갖는다. 그 특징은

- 자본을 넘어 개인과 사회적 목적의 중요성
- 자원활동과 개방된 구성원 제도
- 구성원의 민주적 통제
- 구성원/이용자의 이익과 공공이익 간의 조화
- 연대와 책임성의 원리옹호와 적용
- 자율적 경영과 정부기관으로부터의 독립성
- 중요 잉여금의 지속가능한 발전목표 수행과 회원의 이익 또는 공공이익에 봉사하기 위해 사용

부정할 수 없는 현실

사회적경제는

- 활발한 시민활동 가운데 연대와 개인의 참여원리에 의해 세워진다.

- 양질의 일자리를 만들고 더 나은 삶의 질을 이루며, 새로운 기업과 일의 형태에 맞는 체계를 제공한다.
- 지역발전과 사회적 결속을 이루는 데 중요한 역할을 한다.
- 사회적 책임감을 갖는다.
- 민주주의의 한 요소이다.
- 경제적 시장의 안정과 다원성(pluralism)에 공헌한다.
- 유럽연합의 우선권과 전략적 목표에 부응한다 : 사회적 결속, 완전고용, 빈곤문제 해결, 참여민주주의, 더 나은 거버넌스, 지속가능한 발전 등

사회적경제는 새로운 사회적 · 경제적 도전에 적응하고 성장하기 위한 역량과 경쟁력을 보여주면서 다양한 법률적 형식을 갖고 폭넓은 사회적 기반과 활동을 갖는다.

따라서 사회적경제는 조직화된 시민사회의 근본적인 구성요소이다. 사회적경제 조직은 일정한 사회적 위치에서 시민들의 삶에 영향을 끼치는 정책발전과 실행, 평가와 관련하여 정부기관에 의견을 제출한다.

사회적경제는 참여확대와 더 많은 민주주의와 연대를 위한 다원적 사회로의 발전에 중요한 공헌을 한다.

사회적경제는 전체 유럽기업의 10%에 달하고 전체 고용에서도 10%를 차지한다. 사회적경제에서 기업의 성공은 단지 경제적 성과로만 평가할 수 없다. 연대는 상조기능을 통해 목적을 이루기 위해서는 필요한 부분이며, 사회적경제 기업들이 사회적 결속을 위한 공헌성과로 평가되어야 한다.

2002. 4. 10. 브뤼셀

출처 : http : //www.socialeconomy.eu.org

제2절 사회적경제의 사상 · 이론 · 정책

1 사회적경제의 이념적 지평

국가, 시장, 사회적경제 : 국가와 시장에 대한 새로운 명제

경제체제(economy system)는 사회패러다임, 축적체제, 권력헤게모니와 함께 사회구성체를 이루는 한 요소로서 사회발전과정의 중요한 분석틀이기도 하다(김형기, 2007 : 20).[6] 20세기는 사회주의와 자본주의의 두 대립적 경제체제를 지나왔고, 20세기 말 사회주의 국가들의 몰락으로 21세기의 세계 경제체제는 시장자본주의라는 공통된 경제시스템으로 작동하고 있다. 그러나 신자유주의가 몰고 온 소득양극화로 인한 전 세계적 불평등화는 한 국가 내부의 사회계급 간뿐만 아니라 국가들 간에도 심각한 불평등을 초래했다.

특히 금융부문이 실물경제를 좌우하며 거시경제순환에 영향을 끼치는 금융주도 축적체제는 노동시장과 금융시장의 불안정성을 더욱 심화시키고 있다. 금융자유화와 글로벌화, 노동시장 유연화와 규제완화가 초래한 생산체제의 위기는 결국 고용불안과 생활위기뿐 아니라 자연생태계의 위기를 불러왔는데, 이러한 위기를 극복하기 위한 대안적 사회모델에 대한 논의가 국가별, 지역별로 더욱 활발하게 이루어지고 있다. 지난 200여 년간 자본주의를 이끌어온 이념들인 자유방임주의, 케인즈주의, 신자유주의를 넘어서는 새로운 대안적 사회모델에 대한 비전을 찾으려는 노력이 계속되고 있다. 새로운 대안적 사회모델은 사회구성의 세 부문인 '국가, 시장, 시민사회' 모형에서 각 부문의 상호관계에 대한 분석으로 이루어진다.

---

6) 김형기는 대안적 발전모델로 ① 경제체제, ② 축적체제(기업체제-생산체제-노동과정), ③ 조절양식, ④ 사회패러다임, ⑤ 헤게모니 블록 등 다섯 가지 측면을 제시하는데, 이 책에서는 사회구성체의 정치경제학적 주요 분석틀인 토대로써 경제체제와 축적체제, 상부구조로써 사회패러다임과 권력헤게모니 네 측면으로 살펴본다.

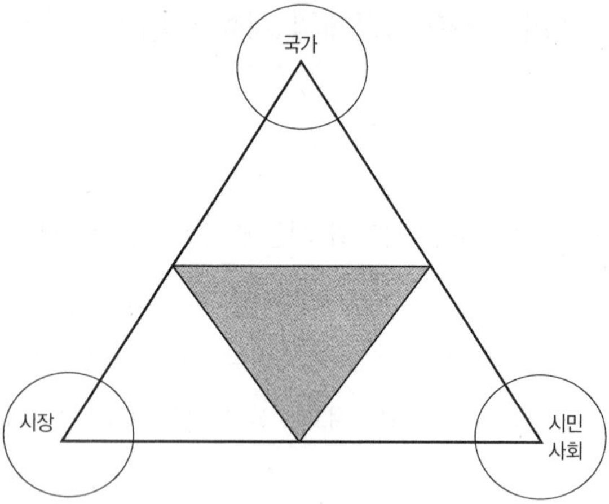

▌그림 3▐ 사회구성과 권력의 세 영역

지금까지의 사회구성체에 관한 논의는 우파들의 시장기능 강화 또는 시장만능을 주장하는 자유방임사상에 대해 좌파의 국가역할을 강화하는 사회민주주의나 케인즈주의로 대응하는 방식이었다. 그러나 1980년 이후 복지국가를 공격하는 신자유주의가 지배적인 사상으로 전개되고 글로벌 경제위기로 인해 신고전파 경제학이 주춤하는 사이 새로운 대안에 대한 사상적 공백기가 이어지고 있다. 자본주의 사회발전의 다양성과 역동성에 대해서는 주로 '국가와 시장'이라는 이분법적 대립으로 설명해왔다. 그러나 사회발전과정을 경제체제나 축적체제로만 분석할 경우 국가와 시장이라는 두 부문으로 설명이 가능하지만, 사회발전을 이루는 데 이념적 정당성을 부여하는 지배적 가치관으로서 사회패러다임과 이러한 이념의 실천적 과정인 정치적 권력헤게모니의 역동적 관계를 살펴보기 위해서는 '국가, 시장, 시민사회'라는 세 영역을 통합적으로 보아야 한다. 통합적 관점은 국가와 시장의 2차적 접근을 넘어서 좀 더 다양한 경제모델에 대한 논의를 가능하게 해준다.

국가는 공공영역으로서 정치권력을 통해 부의 재분배기능을 수행하는 통치구조이며, 일정 영토에 대해 강제력 있는 규칙과 규제를 부과하는 행정적 능력을 가진 조직된 집단이다. 시장은 사람들이 상호작용하며 재화와 서비스의 생산과 분배를 통해 자본축적과 이윤축적의 생산양식을 나타내는 경제구조다. 제3영역인 시민사회는 사람들이 다양한 목적을 위해 서로 다른 결사체들을 자발적으로 만들어 사회적 상호작용을 하는 영역이며, 호혜(reciprocity)를 원리로 하는 자원활동과 근린서비스(자선) 등의 비영리활동, 협동조합, 사회적기업 등이 결합한 사회적경제 영역을 포함하는 구조이다. 이 세 영역은 서로 '통제와 조정'의 관계로 이루어진다. 자본주의 발전이 국가와 시장 간의 통제와 조정관계로 이루어져왔지만, 시민사회영역이 성장하면서 시장이 국가와 시민사회에 의해 통제와 조정이 되고 있는지, 또 시민사회는 국가를 어떻게 조정하고 통제하는지에 대한 상호작용 관계를 다시 조망하게 되었다.

사회적경제의 사회패러다임 : 호혜, 연대, 협동을 통한 사회적 재생산

전 세계적으로 8억 명에 달하는 인구가 사회적경제 영역 안에서 살아가고 있을 정도로 사회적경제는 이미 자본주의 사회의 역동적인 영역으로 발전하고 있다. 사회적경제가 자본주의 체제의 이념적 대안이 되기 위해서는 자본주의의 모순들을 뛰어넘는 가치들이 밑받침되어야 한다. 20세기 이후 서구의 자본주의 발전에 따른 사상이나 이론의 전개과정을 살펴보면 좌파와 우파 모두 개별국가의 정치상황이나 경제사정에 따라 서로 다른 이념적 지평에 기반한 정책들을 펼쳐왔다. 우파가 극단적인 시장중시정책을 주장하면 좌파는 국가의 역할강화를 내세웠다. 그렇다고 우파가 완전한 시장만능주의를 외치는 것은 아니었고 좌파도 시장기능을 부정하지 않았다. 신자유주의가 등장했던 1980년대 이후 유럽의 사회민주주의 정당들도 정도의

차이는 있지만 신자유주의 정책으로 선회해왔다.[7)]

그러나 국가별로 차이가 있기는 하지만 현실 정치집단인 정당과는 다르게 다수의 좌파진영은 신자유주의를 극단적 자유방임의 한 이념적 변종으로 보고 여기에 대한 반명제(anti-these)로 전통적 사회민주주의를 대안으로 제시하기도 한다. 특정한 시기의 정치사회적 사조를 구성하는 사상과 이론은 그 시대를 어떻게 바라보고 분석하는지에 대한 '인식'에 기초한다. 동시대의 변화와 흐름을 집단적으로 반영하는 사상과 이론은 현재를 정의하고 그에 따라 미래를 끌어오는 역할을 한다. 따라서 우파이념에 대한 반명제라고 해서 반드시 진보가 되는 것은 아니다. 때문에 사회적경제가 신자유주의적 시장자본주의에 대한 반명제이기 때문에 진보적 이념이 되는 것이 아니라 지금의 자본주의를 넘어서 새로운 사회를 제시하고 이를 현실로 구현할 수 있는 실천적 동력을 충분히 확보할 수 있을 때 가능성을 지닌 새로운 진보적 이념으로써 자리매김 될 수 있다. 사회적경제가 자본주의의 역기능을 해결하는 역할을 하면서 자본주의 문제를 해결하는 대안체제인지, 아니면 '자본주의 이후'를 목표로 하는 반(反)자본주의 경제체제인지, 혹은 탈(脫)자본주의를 지향하는 혁신적 사회운동인지에 관한 논의도 충분하게 이루어져야 할 것이다.

사회적경제는 시민사회부문에서 성장한 경제영역이지만 일정 부분 사적 경쟁시장과 혼재되어 있기도 하는데, 특히 한국의 사회적기업의 경우 정부주도의 타율적 통제구조와 보조금 지원이 출발점이 되면서 자립기반이 확

7) '자유, 평등, 연대'를 기본 가치로 하는 독일 사회민주주의는 신자유주의 세계화의 조류에 밀리면서 역사적 유산을 청산하기도 했다. 사민당이 재집권에 성공한 2002년부터 사회보장비 삭감과 계속 늘어나는 재정적자 해결과 세계시장에서의 경쟁력 강화를 위해 노동관련 개혁은 강화되었다. 사민당의 총체적인 사회개혁 마스터 플랜인 '아젠다 2010'은 연금, 의료보험, 실업급여 등 사회보험 개혁과 교육개혁, 국제 경쟁력 강화를 위한 노동시장 개혁 등을 담았다. 특히 2005년 1월 1일부터 새로 시행된 '실업/생활보조-하르츠 IV(Hartz IV)'는 실업급여 자격을 엄격하게 제한하고 노동능력이 있는 실업자에 대해서는 지급기한과 지급액을 대폭 축소시킨 대표적인 신자유주의적 실업급여정책이다.

보되지 않은 상황에서 경쟁시장으로 내몰리고 있다. 이와 함께 '호혜', '연대', '협동', '시민적 참여(civic engagement)'를 기본 가치로 하는 사회적경제의 발전 가능성은 지역의 자발적인 시민단체와 지역복지운동조직을 중심으로 계속 확대되고 있다.[8)]

'호혜'는 이해관계자들 간의 사회적 관계에서 집단이나 사람들이 서로 의미있는 답례를 제공하는 관계를 말한다. 호혜의 순환관계는 시장의 교환관계와는 다른데, 호혜적 순환은 사람에 대한 인정과 배려라는 인간관계와 분리할 수 없다. 호혜는 국가권력에 의해 이루어지지 않는다는 점에서 재분배와는 다르다. 호혜는 화폐교환을 통해 이루어지는 등가교환이 아니므로 자원활동이나 지역통화(LETS, Local Exchange Trading System)를 통해 이루어지기도 한다.

'연대'는 시장경쟁에서 탈락한 사람들이 최소한의 인간다운 삶을 살 수 있는 공동체를 만드는 것을 의미한다. 연대는 시장만능주의를 배격하며, 사회정의와 공평성을 실현한다. 사회적경제에서 연대는 중앙정부와 지방정부, 지역사회 거버넌스를 통해 시민사회에서 만들어지는 사회적 가치와 이념을 바탕으로 복지공동체를 만들어가는 연대이다.

'협동'은 사회적경제 조직들이 함께 일하는 것을 뜻하며, 사회적경제 영역을 강화할 수 있는 사회자본을 형성하여 필요할 때 한 목소리를 내고 공동의 가치와 정신을 만드는 일이다. 이론적으로는 대부분의 많은 사람들이 동의하지만 경쟁으로 이루어지는 자본주의 일상생활에서 협동을 실현하는 것이 그리 쉬운 일은 아니다.

---

8) 경기도 수원의 "수원사회적경제실천네트워크", 강원도 춘천의 "춘천사회적경제네트워크" 등 사회적경제영역의 활동가들의 자발적인 결성을 통해 활동을 하고 있으며, 전국적으로 여러 지역에서 사회적경제 관련 연대조직들이 만들어지고 있다.

사회적경제는 다양한 연결망을 통해 이루어진다. 이 연결망은 사회경제적 영향력을 가지고 시장경제와 국가경제의 외부영역에서 이루어지며, '사회적 재생산'의 보장을 목적으로 활동한다. 사회적 재생산은 반드시 사적 시장영역에서의 임금노동으로 확보되는 것은 아니다. 임금노동은 사람들이 자본주의적 사회관계 속에서 살아가기 위해 반드시 필요하지만, 사회적경제는 유럽국가들에서 보는 것처럼 후기고용시대(post-employment era)[9]로 접어들고 있는 이 시기에 보충적이고 대안적 경제의 역할을 하고 있으며, 개인과 사회적 필요에 부응할 수 있는 능력을 갖춰가고 있다.

새로운 사회패러다임으로서 사회적경제는 완전고용실현이라는 고용구조의 위기와 아직 이루어지지 않은 새로운 노동 패러다임의 필요와 함께 지역경제에서 '일자리창출'이라는 고용전략의 선두에 서고 있다. 그러나 사회적경제의 방향이 그리 낙관적이지만은 않다. 사회적경제가 완전한 사회대안으로서의 이념적・경제적・정치적 정체성을 확립하지 못한 상황에서 여전히 시장만능을 신봉하는 사람들에게 사회적경제는 전 세계 정치경제구조를 '완전한 시장화'로 실현가능하게 만드는 수단 정도로 생각하고 있다.[10] 이들은 사회적경제를 모든 개인이 노동자로서 전 지구적 자본주의 시장경제 안으로의 재통합을 위한 상품화를 가능하게 만드는 자본주의의 지류로 생각하고 있다(Uluorta, 2009 : 73-75).

9) '고용사회(employment era)'는 포드주의에 기반한 대량생산과 대량소비를 통해 경제성장을 이루는 임금주도 축적체제와 완전고용의 실현을 목표로 총수요관리체제를 기반으로 하는 케인즈주의 복지국가의 특징을 말한다. 그러나 신자유주의 금융주도의 자본축적 발전모델이 확대되고 노동시장 유연화로 완전고용체제가 붕괴되면서 '후기고용시대'로 접어들고 있다.

10) 시장만능 신봉자들은 규율적 신자유주의가 세계적인 구조개혁을 통해 다시 시장기제의 우월성을 되찾을 수 있다고 믿는다.

② 사회적경제의 이론적 접근

다원 경제(plural economy)영역으로서 사회적경제

경제라는 의미의 그리스어는 '오이코스(oïkos) 또는 오이코노미아(oïkonomia)'로 생활에 필요한 재화를 가정으로 공급하는 기술을 뜻한다. 현대경제학이 시장효율성을 위한 학문으로 변했지만, 경제는 여전히 재화와 서비스의 생산, 교환, 소비의 방법과 필요를 충족시키는 것에 중점을 두는 사회적 활동이다.

일반적으로 경제를 보는 관점은 사회발전과 환경개선이 시장경제의 결과와 관련이 있는 것으로만 국한한다. 이런 관점은 종종 잘못된 결과를 초래하는데, 그것은 고용이나 사회응집성, 시민권의 문제와 아무 관련없이 경제가 성장하는 왜곡된 성장론을 신봉하게 된다는 점이다. 바꿔 말하면, 경제성장과정에서 그 사회의 내면의 고용상황이나 사회응집, 시민권 확대 등을 위한 제도적 발전의 실제적 경험들을 하지 못한 채 병리적 현상이 확대되면서 그로 인해 발생하는 사회문제에 무기력한 반응만 보이게 된다.

사회구성원의 고용상황, 사회응집성, 시민권과 관련된 병리적 문제의 발생을 피하기 위해서는 경제발전을 시장경제로만 국한된 편협한 관점에서 벗어나서 좀 더 넓은 개념으로 파악해야 한다. 시장경제 중심에서 벗어난 '다원경제'는 다음의 세 가지 경제영역으로 나누어 볼 수 있다.

◆ 시장경제

시장경제는 물질적 이익을 얻으려는 동기에 기초하여 재화와 서비스의 생산과 시장에 의한 분배가 이루어지는 경제이며, 재화와 서비스의 교환을 위해 수요・공급의 균형으로 가격이 결정되는 경제이다. 수요・공급의 관계는 계약에 의해 이루어지며, 다른 비시장적 사회관계와는 관계없이 이익계산을 통해 경제과정이 이루어진다. 시장경제 안에서의 재화와 서비스의 분배는 기본적으로 시장의 책임에 달려있다.

◆ 비시장경제

비시장경제는 재화와 서비스의 생산과 분배가 복지국가 정부에 의해 이루어지는 경제를 말한다. 이것은 시장이 아닌 다른 경제원리를 뜻하며, 개인적 권리를 지닌 시민들을 위한 재분배원리이며, 사회보장과 복지 또는 사회의 가장 취약한 계층들을 위한 긴급구호 등이 이러한 권리에 속한다. 복지국가가 제공하는 공공서비스는 일반적으로 고소득층에서 저소득층으로의 분배영역과 관련된 재화 또는 서비스의 전달로 정의된다. 이러한 재분배과정을 관장하는 규칙은 대부분은 정부 또는 권위를 부여받은 공공기관이 관장한다.

◆ 비화폐경제시장

비화폐경제시장은 재화와 서비스의 생산과 분배가 '호혜'에 기초해서 이루어지는 경제를 말한다. 호혜는 사람들이나 집단 간에 상호이익을 통해 만들어진 관계인데, 상호이익은 참여자들 간에 이루어지는 상호작용의 사회적 연계가 서로에게 의미가 있다고 생각할 때 얻게 된다. 비화폐경제는 경제활동의 근본적인 형식을 구성하며, 기본적인 사회적 사실로써 '선물(gift)' 개념에 근거한다. 이것은 선물을 받은 사람이나 집단이 어떤 자유를 실천해야하는 의무가 따라오는 역설적 형태의 역선물(counter-gift)이 병행된다. 사실 선물을 받은 사람은 보답으로 받지만 그렇게 하도록 외적인 강요나 통제에 의한 것은 아니다. 따라서 선물개념은 이타주의(altruism)나 값을 지불하지 않는 것과 비슷한 개념은 아니다. 그것은 사심이 없는 것과 자기이익(self-interest)의 복합물로 볼 수 있다. 조금 넓혀서 본다면, 가계경제는 가족들에게 한정된 호혜형태로 볼 수 있다. '자연적인' 구성원이 된 가족의 필요를 충족시키는 가계운영의 원리는 호혜의 특수한 형태로 이해할 수 있다.

자본주의 시장경제는 사회가 경제활동을 조정하는 데 사용하는 조직과 교환의 여러 형태 중에 하나일 뿐이다. 때문에 시장을 경제활동 조정의 유일한 메커니즘으로 만드는 것은 사회관계방식을 완전히 무책임하게 만드는 것이다. 다원경제체제에서 사회적경제는 시장경제 작동방식과는 분명 다르다. 시장경제의 기본적인 작동방식은 노동자의 노동력이 상품화된 사회에서 그 노동력을 고용한 자본들의 경쟁으로 인해 이윤이 자본으로 재전환되는 구조이며, 이러한 과정에서 자본은 '축적을 위한 축적'이 되고 '생산을 위한 생산'으로 된다.

그러나 다원경제에서 사회적경제는 생산력 향상을 일차적 목적으로 하지 않는다. 중요한 것은 생산력의 향상에 따라 수반되는 '사회관계의 변화'다. 저소득 취약계층의 사회경제적 지위개선, 사회적경제 구성원을 포함한 시민사회영역의 사회권력 증대, 민주주의 강화, 사회경제적 불평등의 축소, 경제자원에 대한 국가통제 강화를 위한 사회적 협약, 산업발전 동력을 중산층 확대와 연결시키고 내수형 소비력 강화를 일차적 목적으로 한다. 이를 위해 사회적경제 영역의 적극적 개입을 통해 자본위주의 편향된 경제를 지양하고, 서민의 행복한 기본 생활과 보편적 복지를 추구하는 데 있다.

응용학문(applied science)으로서 사회적경제

지금의 사회적경제는 자본주의의 확장과 함께 나타난 사회적 변화에 직면하면서 나타난 정치경제적 패러다임이다. 일차적으로 사회적경제가 이윤창출보다 사회적 목표를 우선하는 경제활동을 총칭하는 새로운 패러다임으로 규정된다면, 시기별 또는 국가별로 접근방법과 관점의 차이에 따른 제도적 구성체의 모습을 띄게 될 것이다. 이런 의미에서 보면 사회적경제는 주로 경제학처럼 수학에 기반한 이론학문이 아닌 서로 다른 관심사로 다양한 학문적(사회학, 경제학, 정치학, 경영학, 법학, 역사학, 심리학, 철학) 접근을 통한 지역사회 연구의 새로운 응용학문이다.

사회적경제는 사회에 영향을 끼치는 역동적 요인들의 역할과 공헌에 대해 평가하고 그 시기에 직면한 특정한 특징이나 안정성을 분석하며, 새로운 발전과 사회문제 등장의 원인 등에 대해 이해할 수 있는 중요한 수단이 된다. 사회적경제가 지역발전이론으로서 관심이 커지고 있기는 하지만 한국의 사회적경제는 개인적 자율성과 집단적 참여, 사회적경제의 특수한 사회적 정체성 확립, 지구적 관점에서 이해관계 수렴, 사회문제로 인한 비용과 사회적경제 해결방안에 대한 확신, 부(富)의 확대와 경제민주화, 지역기반형 경제활동 확립이라는 주요 실천내용에 있어서는 아직 많은 어려움을 갖고 있다.

지난 수년간 서구의 많은 연구와 연구자들이 사회적경제의 장점과 가치부가적인 특성에 대해 설명해왔다. 이런 잠재력은 매우 의미가 있지만 다차원적이기 때문에 쉽게 이해하거나 수량화하기가 쉽지 않다. 사회적경제는 또 하나의 규제기제로서 자신의 영역을 상실할 수 있는 위험이 있기는 해도 국가와 시장의 단점에 대한 배타적인 반응을 나타내거나 이를 해결하기 위해 어떻게 참여할 것인지에 대해 스스로 제한을 두지 못한다. 사회적경제는 지역사회를 중심으로 하는 문제해결 실천방법이며, 실천의 범위가 다양한 이해관계자들의 참여와 의사결정과정을 갖기 때문에 개입단계에서 확정적으로 규정되지 못하기 때문이다.

학문적, 사회적, 정책이슈 차원에서 사회적경제의 개입에 대한 합의가 이루어지는 영역은 고용, 사회적 배제자들을 포함하는 사회적 응집, 사회·경제 구조, 민주주의 발전, 사회혁신과 지역발전 등이다. 이러한 영역의 발전은 지금까지 사회문제해결을 위해 자본주의 자유시장과 전통적 국가역할

중심에서 벗어나 시민사회가 적극적으로 참여하여 새로운 사회적 관계를 만드는 이론적 토대의 역할을 한다. 이것은 국가와 자본, 노동이라는 대립적 관계의 새로운 전환을 의미하며 상황에 따라서는 일정 부분 자본주의 작동의 핵심원리에서 벗어나는 탈(脫)자본주의를 위한 실천논리로 이루어질 수도 있다. 즉, 스스로 가치를 증식해가는 자본의 운동을 사회적 가치를 위한 방향으로 전환시키고, 자본이 이윤을 창출하기 위해 상품으로 구매하는 인간의 노동력을 탈(脫)상품화시키는 운동으로 전환될 가능성을 말한다.

탈자본주의는 고용에 있어서 자본주의 황금기에 나타난 전통적 복지국가와 같은 특정한 자본주의 시기에나 가능했던 일시적 현상인 완전고용을 이루는 것이 목표가 아니다. 케인즈주의 복지국가는 국가의 재정확대를 통한 유효수요 확대로 국민의 소득증대를 조세로 확보하여 재분배시스템을 구성하는 사회보장을 근간으로 한다. 그러나 완전고용 달성이 어려운 지금의 사회경제적 조건은 새로운 사회관계를 요구한다. 즉, 임금노동과 자본의 관계를 넘어선, 다른 형태의 사회관계를 구성하는 실마리로 사회적경제가 올라서고 있다.

정치력으로서 사회적경제 : 사회적 역량강화와 사회권력

사회적경제는 '사회적' 관점에서 경제를 이해한다. 이 말은 '인간(human being)'의 관점에서 경제를 본다는 의미이다. 자본운동을 통한 이윤축적이 우선이 아니라 인간존재의 존엄성과 가치를 높이기 위해 경제를 사회영역으로 끌어오는 것이다. 사회가 경제를 조정하는 방식인 사회적경제는 국가의 자원활용과 시장의 생산운영에 참여하여 국가의 재분배와 시장의 생산방식 결정과정을 같이하며, 생산과 국가정책 방향이 사회경제적 약자를 포함한 대다수 서민들의 권리와 삶의 질 향상을 고려하도록 이끌어야 한다.

사회적 배제(social exclusion)는 사람들, 특히 사회적 환경으로 고통받는 사회경제적 약자들이 관계망을 맺을 수 있는 연결고리를 상실하는 것을 의미하며, 이것은 지역사회로의 통합의지 약화와 관련된다. 사회경제적 약자에 대한 또 다른 접근은 사회가 시민 개개인을 인정하고 용기를 주기 위한 적극적 노력을 펼칠 수 있는 정책실천이다. 사회적 통합을 위해 단지 사적 기업이 만드는 다수의 일자리에만 의존해서는 효과적인 통합 프로그램을 수행할 수 없다. 사회적 통합은 사적 기업의 일자리에서 시작하지도 않으며 거기에서 끝나지도 않는다. 오히려 사회와 일자리 모두에서의 통합은 상실한 관계의 회복에서 시작된다. 경쟁노동시장에서 탈락한 실직자들을 사회적경제 조직에서 일을 할 수 있게 하기 위한 적합한 배치는 그들을 사회적 배제자로 떠밀려나지 않고 노동자로, 시민으로 인정받으면서 상실된 연결망을 회복할 수 있는 중요한 역할을 한다. 사회적 배제는 사회적 역량강화(social empowerment)를 통해 극복될 수 있다는 것을 이탈리아 롬바디아(Lombardia)와 에밀리아 로마냐(Emilia Romagna) 사례를 통해 알 수 있는데, 이 두 도시에서는 사회적경제가 시장부문을 통제하면서 가격조절과 소비조절뿐만 아니라 사회적 배제자들을 위한 일자리 확충을 통해 사회적 통합을 이루어가고 있다.

사회적 역량강화(social empowerment)는 권력의 사회적 상호작용이 일어나는 세 영역인 국가, 시장, 시민사회 중 국가나 시장보다 시민사회가 더 큰 힘을 갖는 것을 말한다. 시민사회의 권력헤게모니에 대해서는 좀 더 많은 논의가 필요한 부분이기는 하나 지금까지 국가와 시장이 주도해온 권력의 사회적 상호작용 영역에 시민사회가 좀 더 강력하게 참여해야 한다는 것은 자명한 사실이다. 국가나 시장보다 시민사회가 더 큰 힘을 가질 때 그 힘에 기초하여 시민사회가 국가와 경제를 제어할 수 있게 된다.

국가권력은 정해진 공간적 범위와 그 영토에 거주하는 사람들에게 일정한 법률적 제약을 가하거나 규칙을 부과하고, 다양한 사회관계를 질서유지 명목으로 규제하는 행정과 정치능력이다. 경제권력은 사적 기업들이 생산과 분배의 시장교환활동을 수행하는 데 필요한 경제적 자원의 동원과 통제 능력이다. 여기에 견주어 시민사회는 자발적인 결사체로 이루어지며, 여기에는 노동조합, 종교단체, 시민단체 등의 공동의 사회적 활동목적으로 만들어진 시민조직과 협동조합 등과 같은 정치경제적 결사체가 포함된다. 시민사회영역의 결사체는 네트워크로 이루어지는 특징을 가지며 공동체를 기반으로 하는 강한 결속을 갖는다. 사회적 역량강화를 통해 만들어진 '시민사회권력'은 이러한 자발적인 결사체를 통해 만들어지는 집합적 실천능력에 달려있는데 이를 '사회권력'으로 부를 수 있다.[11)]

국가, 시장, 시민사회 각 영역에서는 사람들 간의 폭넓은 사회적 상호작용과 협동, 갈등이 발생하며, 특유의 '권력' 자원과 원천을 갖는다. 국가영역 행위자들은 때로는 폭력을 수반하는 강제력과 법률적 규제와 규칙의 제정 및 집행에 대한 통제권을 통해 권력을 갖게 되고, 경제영역 행위자들은 다양한 경제적 자원들에 대한 소유권(주로 사적 소유에 기반한다)과 사용권, 통제권을 통해 권력을 갖는다. 시민사회영역 행위자들은 다양한 형태의 자발적인 집합적 행위를 통해서 인적자원을 동원하거나 사회적 자본의 축적을 통해 네트워크 형성을 할 수 있는 능력으로 권력을 갖는다.

---

11) 에릭 올린 라이트는 그의 원저에서 'social empowerment'라는 표현을 사용했는데 번역자는 이 용어를 '사회권력'으로 번역했다. 그러나 'empowerment'는 사회과학에서 사용하는 일반적인 용어로서 관련 번역서들도 '역량강화'로 번역한다. 그러나 원저의 문맥상 '국가권력', '경제권력'과 병행하는 '시민사회권력'을 지칭하는 의미를 포함하고 있기에 'social empowerment'의 의미를 '시민권력을 배양하는 사회적 역량강화' 와 '사회권력'의 이중적 의미로 볼 수 있으므로 여기서는 두 용어를 병행해서 사용했다. Wright., E. O., 권화연 역, 리얼유토피아, 들녘, 2012, pp.177-181 참조

에릭 올린 라이트는 시민권력을 배양하는 사회적 역량강화의 방향은 권력형태와 시장경제 간의 고리로 연결되었다고 제시한다. ▌그림 4▌에서 보여주는 여섯 개의 화살은 한 사회영역이 다른 사회영역에 미치는 권력의 효과와 경제활동에 대한 권력의 직접적 효과를 나타낸다.

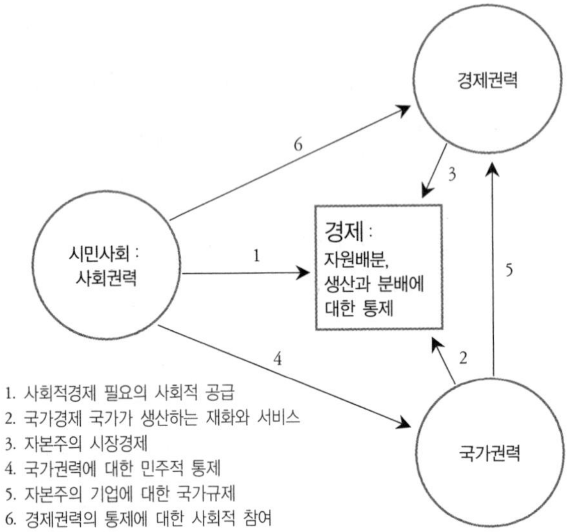

▌그림 4▌ **사회권력강화 경로에 존재하는 고리들**

출처 : Wright., E. O., 권화연 역, 2012 : 191 재인용

라이트는 사회권력을 강화하는 다양한 경로들 중에서 사회적경제의 역할을 "시민사회의 자발적 결사체들이 단순히 경제권력의 전개를 규정하기보다 경제활동의 다양한 측면들을 직접 조직하는 것으로 보며, 사회적경제는 경제활동을 직접 조직하는 대안적 방식으로 자본주의적 시장생산이나 국가가 조직하는 생산 또는 가내 생산과 다르고, 집합체가 이윤 극대화의 규율이나 국가 기술관료적 합리성의 규율에 종속되지 않고, 인간의 욕구를 직접 충족시키기 위해 조직하는 것"을 특징으로 든다.[12)]

3 사회적경제의 정책적 함의

사회정책의 가치 : 인간의 존엄성을 구현하는 기반

사회정책은 사회발전과정에 나타나는 제반문제를 해결하기 위한 공공영역의 실천적 의제로 이루어진다. 사회적 목적과 사회변화를 이루기 위한 동력으로써 중요한 의미를 갖는다. 서구의 사회정책은 영・미식 자본주의와 유럽의 자본주의가 서로 다른 경로를 거쳐왔듯이 상이한 규정을 내린다. 앵글로-색슨국가인 영국과 미국은 사회정책이라는 용어보다는 사회적 필요를 해결하기 위한 공공정책 또는 사회복지로 인식하는 경향이 강한데, 이는 개인의 삶을 기본적으로 보장하는 복지의 책임이 사회나 국가에 있기보다는 개인에게 지우는 개인주의 혹은 자유방임주의 가치관을 반영한다. 반면 독일이나 프랑스 등의 유럽 대륙국가들은 사회문제, 특히 노동문제를 해결하기 위한 사회개혁으로 규정한다.

사회정책의 발전은 사회적 필요와 문제가 개인의 책임이 아니라 국가 또는 사회에 있다는 인식이 확대되면서 발달해왔다. 사회정책의 기본 목표는 민주주의 발전과 사회문제로 인한 폐해로부터 개인을 보호하고 사회의 지속적 발전을 이루는 데 있다. 따라서 사회정책은 중앙정부와 지방정부의 복지에 대한 공공행정과 보건・의료, 교육, 주거 등과 같은 사회서비스의 개발과 관리를 통한 사회적 목적을 추구하기 위한 사회적 관리에 대한 청사진이다.

---

12) 에릭 올린 라이트는 사회적경제에 기초한 생산의 예로 "위키피디아(Wikipedia)"를 든다. 위키피디아는 시장 외부에서 국가의 지원없이 지식을 생산하고 정보를 유통하는데, 이렇게 기술을 매개하는 사회적 네트워크를 사회적경제의 자발적 결사의 기초 형태로 본다. 또한 사회적경제가 발전할 수 있는 방안으로 한국에서는 "기본 소득"으로 알려진 "무조건적 기초소득"을 제시한다. 국가의 조세를 사회적으로 조직된 비시장적 생산에 재원을 공급하면 사회적경제의 잠재적 범위가 확대될 수 있다. 그러면 모든 종류의 자발적 결사체들이 사회적경제에서 새로운 형태의 의미있고 생산적인 일을 창출할 수 있을 것이기 때문이다. Wright., E. O., 권화연 역, 위의 책, pp.203-205.

사회정책에서 중요한 가치이자 원리는 '연대와 평등'이다. 이는 사회적경제의 원리이기도 하다. 이 원리를 이루는 기본적 가치는 '인간에 대한 존엄'이다. 자본주의는 인간을 '상품가치'로 보지만 사회적경제는 인간을 '존재가치'로 본다. 가치기준은 윤리적 문제로 이어진다. 사회적경제는 사람을 '수단'으로 대하지 않고 '목적'으로 본다. 여기에서 '평등과 연대'라는 가치로 이어지고 사회정책의 중요한 원리로 작용한다. 때문에 사회적경제의 발전을 위해서는 '시민권(citizenship)' 보장이 선결되어야 한다. 인간으로서의 권리, 즉 인권보장이 기본적 생활권으로 이어지며, 이를 위한 사회적 실천이 사회적경제가 추구하는 정책목표가 된다.

사회적경제 정책의 원리 : 연대와 평등

사회적경제는 자유시장과는 일정 정도 대척관계에 있는 개념이다. 자유시장경제체제를 지향하는 신고전파 경제학파나 시장주의자들이 내세우는 가장 중요한 원리는 '개인의 자유'이다. 개인들의 자발적 선택과 교환에 의한 시장경제질서는 자유의 원리를 포함하고 있으며, 개인의 자유로운 선택을 통한 시장질서는 '보이지 않는 손'에 의해 조절된다고 믿는다.

사회적경제는 개인의 자유를 존중하지만 이보다 더 중요한 사회적 가치로서 '연대성의 원리'를 중시한다. 개인 간 무제한적 경쟁을 기반으로 운영되는 시장질서는 연대성의 원리를 구현하는 데 한계가 있다. 연대의 원리는 국가, 사회, 경제의 기본적 구성원리이며, 동질감과 이해관계의 융합을 통해 강해진 결속력을 통해 생활상태와 세계관에 대한 일치와 공동체를 이루고자하는 집단적 노력에서 비롯된다. 이는 공동체 구성원 개개인의 삶에 대해 사회적 책임을 공유하는 것이다. 연대의 원리는 사회를 원자화된 개인이 자발적으로 맺은 계약의 총합으로 보기보다는 개인들이 사회에 대해 지속적으로 소속감과 권리·의무 관계를 형성하는 공동체로 이해한다.

평등의 원리는 연대성의 가치가 구현되고 표현되는 형태이다. 사회적경제는 사회구성원 간의 사회경제적 평등실현을 중요한 목표로 삼는다. 이를 위해 사회복지제도나 노동법 등을 통해 사회경제적 약자들에게 의도적으로 경제적 지원을 하며, 시장경제에서 탈락하거나 진입할 수 없는 열악한 사람들을 위한 '중간노동시장'을 형성한다(정관영, 2011 : 36). 사회적 배제자들의 사회적 발언권을 높일 수 있는 다양한 사회적 장치들을 마련한다. 따라서 사회적경제는 국가에 대한 관점을 '정치적 공동체'로 보고 사회경제적 역할을 할 수 있는 입장이 되며, 약자의 입장에서 사회를 비판적으로 본다.

연대경제와 공공정책 : 새로운 정치영역

계몽주의의 발전과 근대자본주의의 태동이 시작된 18세기 유럽사회는 국가, 시장과 함께 시민사회도 같이 형성되기 시작했다. 당시의 시민사회는 조직적 체계를 갖춘 구성체라기보다 시민들이 카페에 모여 신문을 보고 정치와 사회, 경제문제에 대한 토론을 하는 일상생활이었다. 이후 시민사회는 국가와 시장부문이 성장하면서 발생되는 사회문제 해결의 보완적 역할을 해왔다.

1990년대 이후 사회적경제가 시민사회부문의 핵심으로 성장하면서 사회적경제의 경제적・정치적 재규정이 이루어지기 시작했다. 사회적경제가 케인즈주의 복지국가 위기와 경제의 재구성 속에서 국가와 시장에 대한 상호보완적 역할을 수행하는 하나의 조직체계로서 경제와 민주주의 내에서의 역할에 대한 논의가 계속되고 있다. 20여 년 전부터 서구의 사회적경제 연구자들은 사회적경제를 결사체주의와 연계된 '연대경제'로서 그 정체성을 새롭게 세워가고 있다. 즉, 사회적경제를 조직이나 집합적 기업으로만 보는 것에서 더 나아가 사회경제적이고 사회정치적인 차원에서의 정책적 역할을 찾는다.

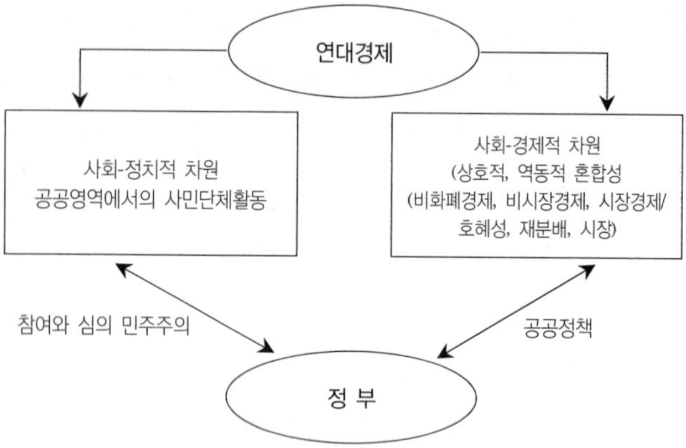

▌그림 5▌ **연대경제의 두 차원**

출처 : OECD(2007 : 175) 재인용

사회경제적 차원에서 연대경제에 대한 접근은 경제를 단순히 시장으로만 국한시키지 않고 재분배와 호혜의 원리를 포함시킨다. 연대경제는 신고전파 경제학이 아닌 칼 폴라니의 사회가 시장을 제어하고 배태한다는 이론을 기반으로 하며, 경제를 시장원리, 국가에 의한 재분배, 시민사회의 자발적인 호혜라는 세 기둥이 공존하는 '존재적 관점'에서 정의한다. 연구자들이 정의하는 연대경제의 특징은 ① 경제작동원리와 동원되는 자원의 복합성이 따른 복합경제, ② 사적 기업(사회경제적)과 국가(사회정치적) 사이의 중간영역이며 사회복지의 혼합경제, ③ 국가나 사적 기업, 비공식 국내경제와 구분되는 제3영역으로 구분하는데, 이 세 영역은 종종 겹치기도 한다. 따라서 사회적경제는 국가가 조직하는 공공이익을 위한 새로운 지배 거버넌스의 구성원으로 참여하고, 자발적인 결사체로 시민사회를 통해 시장권력과 병행하는 새로운 정치력으로 성장하고 있다.

4 한국에서의 사회적경제 흐름과 구성

사회적경제의 흐름 : 일자리사업, 사회적기업, 협동조합

한국에서 사회적경제라는 용어가 등장한 것은 2000년대 초반 농업경제연구소의 몇 편의 소논문을 통해서였고, 이후 2006년 『사회적경제의 이론과 실제, 장원봉 저』가 출판된 후 2007년 「사회적기업육성법」 제정과 함께 논의가 확산되기 시작되었다. 그러나 사회적경제에 대한 이해는 고용노동부의 사회적기업 육성사업(2007), 행정안전부의 마을기업(자립형지역공동체사업, 2010), 농림수산식품부의 농어촌공동체기업 육성사업(2011), 지식경제부의 커뮤니티 비즈니스 사업(2010년 사업중단) 등 주로 정부의 일자리정책과 관련되어 이를 시행하기 위한 외형적 조직으로만 국한되어왔다. 이러한 정부주도의 일자리사업을 사회적경제로 이해하는 것은 사회적경제가 발전한 다른 나라의 사례나 발전과정과 비교해 볼 때 지역주민들의 자발적인 참여에 의하기보다는 보조금 중심의 일자리 지원 사업으로 이해되면서 수적으로 많은 인원을 고용하는 실적에만 매달리는 행정기관의 관료 편의주의에 의한 결과로 볼 수 있다.

사회적일자리는 고용정책기본법 제28조에 의거해 "사회적으로 필요하지만 수익성 등으로 인해 시장에서 충분히 제공되지 못하는 보건・사회복지・교육 등 사회서비스 부문 등에서 비영리법인이나 단체 또는 사회적기업이 창출하는 일자리"를 말한다.[13] 사회적일자리는 2003년 시범사업을 실시하면서부터 명확하게 사회적기업 육성에 대한 지향점을 갖고 출발했다.

---

13) 제28조(사회적일자리 창출 및 사회적기업 육성) ① 국가는 사회적으로 필요함에도 불구하고 수익성 등으로 인하여 시장에서 충분히 제공되지 못하는 교육, 보건, 사회복지, 환경, 문화 등 사회서비스 부문에서 법인・단체가 일자리를 창출하는 경우에는 이에 필요한 지원을 할 수 있다.
② 국가는 취업취약계층 등에 사회서비스 또는 일자리를 제공하여 지역주민의 삶의 질을 높이는 등의 사회적 목적을 추구하면서 재화 및 서비스의 생산・판매 등 영업활동을 하는 법인・단체를 사회적기업으로 육성하도록 노력하여야 한다.

2005년 사업유형을 공익형과 수익형으로 나누고 소액이나마 매출을 거두는 수익형의 비중을 확대했으며, 고용규모도 10인 이상의 사업에 대해서만 한정했다. 2006년에는 기업연계형과 광역형을 우선 지원하는 방식으로 전환하여 정부지원에만 의존하지 않는 사업개발을 촉진했다. 2007년에는 공익형에 대한 지원을 중단하고 사회적일자리 사업을 통해 사회적기업으로 성장할 수 있는 사업내용, 사업방식, 사업에 참여하는 비영리조직을 발굴하는 것으로 바뀌었다.

사회적기업은 2006년 12월 제정되고 2007년 7월부터 시행된 「사회적기업육성법」에 의해 실시되는 일자리 육성사업이다. 사회적기업은 "사회적기업육성법 제14조"[14]에 의거하여 취약계층에게 사회서비스 또는 일자리를 제공하여 지역주민의 삶의 질을 높이는 등의 사회적 목적을 추구하면서 재화 및 서비스의 생산·판매 등 영업활동을 수행하는 기업으로써 노동부장관의 인증을 받은 기업이다.

그러나 사회적기업의 출발이 시민사회영역에서 자율적으로 지속가능한 생존을 위한 토대를 마련해서 출발한 것이 아니고 정부의 지원에 의존해서 '육성'되어 왔다는 문제점을 안고 있다. 사회적기업은 '육성' 대상이 아닌 '자율적' 성장과 발전을 하는 사회적경제 영역이다. 때문에 사회적기업 육성·지원 정책은 개별 사회적기업에 대한 현물지원에서 사회적기업의 지속가능한 생존과 성장방향으로 바뀌어져야 한다. 중앙정부나 지방정부의 사회적

---

14) 제14조(사회서비스 제공 사회적기업에 대한 재정 지원) ① 고용노동부장관은 사회서비스를 제공하는 사회적기업에 대하여 예산의 범위에서 공개모집 및 심사를 통하여 사회적기업의 운영에 필요한 인건비, 운영경비, 자문 비용 등의 재정적인 지원을 할 수 있다.
② 고용노동부장관은 연계기업 또는 연계지방자치단체로부터 지원받고 있는 사회적기업에 제1항에 따른 지원을 할 때에는 그 연계기업이나 연계지방자치단체의 재정 지원 상황을 고려하여 사업비를 추가로 지원할 수 있다.
③ 재정 지원 대상의 선정 요건 및 심사 절차 등에 관하여 필요한 사항은 고용노동부령으로 정한다. [전문개정 2010.6.8]

기업 육성정책은 대부분 '○○년도에 ○○개의 사회적기업을 만든다'라는 식의 정량적 목표에 치우쳐 있다. 이러한 사회적기업 육성정책은 중소기업 관련지원정책과 유사하다.[15]

2012년 1월 '협동조합기본법'이 제정되어 농협, 수협 등 개별 협동조합법 규정에 의한 협동조합 설립만 가능했던 것이 이제는 다양한 분야로의 확산과 협동조합의 양적 확대가 이루어질 것으로 보인다. 지금까지는 1차 산업 및 금융・소비부분에서 제한적으로나마 협동조합을 설립할 수 있었지만 2012년 12월 협동조합기본법이 시행되면 금융 및 보험업 이외의 모든 업종에서 협동조합을 설립할 수 있다. 또한 협동조합 설립기준도 대폭 완화되어 출자금 규모에 관계없이 5인 이상이면 협동조합 설립이 가능하다. 협동조합기본법 제정과 관련하여 주목할 것은 '사회적협동조합'의 설립이다. 사회적협동조합은 세계협동조합의 흐름 속에서 최근에 발달한 협동조합형태로서 조합원의 편익보다 사회적 목적실현을 우선으로 하며, 인적 구성도 생산자・소비자・후원자 등 여러 이해관계자들로 이루어진다. 사회적협동조합은 사회경제적 취약계층에 대해 사회서비스나 일자리 제공, 지역사회재생과 지역경제 활성화, 지역주민들의 권익・복리 증진 및 기타 지역사회가 당면한 문제해결에 기여하는 사업 등을 수행하도록 되어 있다.

그러나 협동조합도 사회적기업 정책처럼 정부의 '육성' 대상이 될 가능성이 크다. 특히 협동조합은 사회적기업과는 달리 시민들의 자율적 결사체 성격을 갖는데, 정부의 각종 규제와 지원이 협동조합의 자율성을 해칠 우려가 있다. 유럽의 협동조합들이 노동운동과 시민운동 등 다양한 사회운동의 흐름과 같이 성장해온 경험을 비추어볼 때 우리나라의 협동조합은 정부의 일

---

15) 2010년 4월 중소기업청은 1인 창조기업을 포함하여 글로벌 경쟁력을 갖춘 혁신형 핵심기업을 3만개 육성하겠다고 발표했다. 이렇게 특정한 형태의 기업을 지원하고 육성하는 정책은 행정편의적인 면에서만 보는 것이며, 보편적 정책으로서의 효과성도 떨어진다.

자리 육성 사업의 '도구'로만 전락할 수 있는 여지가 적지 않다. 또한 협동조합기본법에 규정한 "협동조합의 정치활동 금지" 조항은 협동조합이 풀뿌리 시민민주주의의 토양역할을 방해할 수 있다.[16] 협동조합은 단지 경제적 기업조직의 성격만 갖는 것이 아니다. 결사체는 기본적으로 이념과 정치적 활동을 통해 단결력을 갖는다. 때문에 협동조합도 조합원의 일치된 사업목표와 단결력이 담보되어야만 새로운 대안세력으로서 자리매김 될 수 있다.

사회적경제의 주요 축인 협동조합과 사회적기업은 기술력과 생산력 등 경쟁을 위한 조건과 시장논리로 접근할 수 없는 부분이 있다. 바로 '사회적 비용' 부문이다. 시장경제는 상품 생산 · 유통 · 소비 과정에서 이윤획득과 함께 사회적 문제를 발생시키지만 사회적경제는 다양한 사회문제 해결비용을 절감시키는 사회적 기능을 한다. 사회적경제는 생산력의 증가와 생산량이 아닌 사회적 비용의 감소 정도가 중요한 평가요소가 된다. 사회적기업과 협동조합은 사회에서 분리되고 이미 망가져가는 시장을 살리기 위한 도구로서가 아니라, 연대와 협동을 기반으로 하며 '자본'보다는 '사람'을 우선하는 경제영역인 것임을 알아야 한다. 정부주도의 일자리 정책의 영향으로 사회적기업이나 협동조합의 성과에 대한 지표나 평가를 조직단위별 숫자의 증가나 수치로 평가하는 '정량적 지표'에만 매달리고 있다. 그러나 사회적경제는 시장에서 이윤추구 사적 기업이 갖고 있지 않는 가치와 원리를 나타내는 '정성적 지표'를 중요시해야 한다.

---

16) 제9조(공직선거 관여 금지) ① 협동조합등 및 사회적협동조합등은 공직선거에서 특정 정당을 지지 · 반대하는 행위 또는 특정인을 당선되도록 하거나 당선되지 아니하도록 하는 행위를 하여서는 아니 된다.
② 누구든지 협동조합등 및 사회적협동조합등을 이용하여 제1항에 따른 행위를 하여서는 아니 된다.

한국의 사회적경제 조직분류는 연구자에 따라 다양하게 구분된다. 여기서는 사회적경제를 지방자치단체의 정책방향으로 설정한 충남도의 사회적경제 관련 조직분류를 소개한다. 한국에서 사회적경제 조직에 대한 분류기준은 앞으로 더 많은 논의와 연구가 필요한 부분이다.

〈표 1〉 충남의 사회적경제 관련조직

구 분	내 용
공공지원형 일자리사업	장애인 보호작업장
	노인생산공동체
	보건복지부 자활근로사업단
	노동부 사회적일자리 사업
공공지원형 사회적기업	보건복지부 자활공동체
	노동부 사회적기업
	행정안전부 자립형 공동체사업(=마을기업)
	지식경제부 커뮤니티 비즈니스
	농식품부 농어촌공동체회사
민간지원기관	대안금융기관
사회적경제조직	시민단체(서비스공급형)
	노동자협동조합
	소비자생활협동조합
	농협
	수협
	산림조합
	신협
	새마을금고
	사회적기업, 마을기업 희망업체

출처 : 임준홍 · 김종수(2011 : 17) 재인용

사회적경제의 정책적 함의[17)]

시장은 항상 효율적이고 균형을 이룬다는 가설로 시작되는 주류경제학 이론은 시장 또는 경제주기 과정에서 발생되는 위기를 예측하지 못할 뿐 아니라 지금의 경제위기에 대한 대안을 제시하지 못하고 있다는 점에서 비난을 받고 있다. 주류경제학이 그동안 가르쳐온 몇 가지 주장－경제현상은 경제법칙으로 설명할 수 있다, 경제는 안정적이다, 경제는 합리적 효율적이다, 경제적 성장은 영원히 계속될 수 있다, 시장은 공정하다, 경제주체는 독립된 개인들이다－들이 오류였음을 주장하는 경제학 이론들이 등장하고 있다. 경제학에 대해 다른 접근을 시도하는 목소리가 2008년 미국 금융위기 이후 한쪽에서 자리를 잡기 시작하면서 지금은 새로운 흐름을 형성하고 있다.

유럽국가에서 출발한 사회적경제는 자유경쟁시장 실패를 보완하고, 지속가능한 경제성장과 이에 따른 구매력 증가를 통한 수요창출을 위한 새로운 패러다임으로서 사회적경제 영역을 확대하며, 이에 대한 정책적 실천으로 공공서비스 제공을 지원하고 있다. 공공서비스 지원은 국민들의 기본적 생활조건 향상과 사회적 일자리 제공을 위해 국가와 시장이 충분한 서비스 제공을 보장하지 못할 때 그 역할을 대신하는 다양한 중간단체나 기관들을 육성하거나 지원하는 형식이다. 국가, 시장, 시민사회라는 사회구성의 세 영역에서 시민사회영역이 비영리부문에만 머물지 않고 시장기제를 활용하여 다양한 서비스 제공을 하고, 고용과 재화를 창출하는 활동에 참여하면서, 사회문제 해결을 위한 시민적 참여와 지속가능한 사회발전을 목표로 한다(그림 6 참조). 사회적경제가 지닌 정책적 함의는 다음과 같다.

17) 수원 사회적경제 발전방안 토론회(2011. 12. 3)에서 발표한 내용 중 일부임

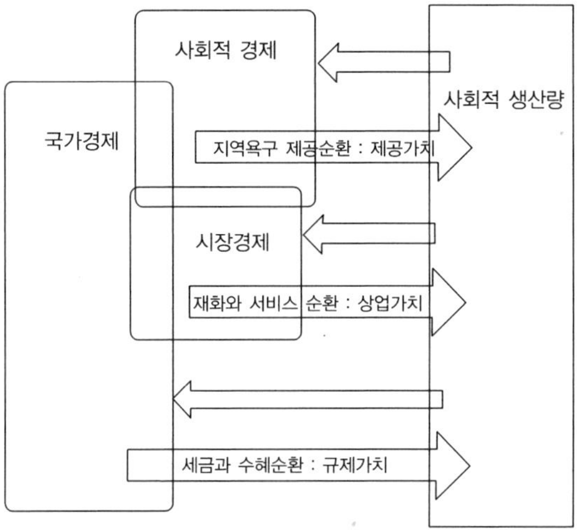

|그림 6| 국가, 시장, 사회적경제 간의 관계

출처 : Uluorta, H. M., 2009 : 67 재인용

◆ 시민민주주의 협동경제

지난 7, 80년대 한국의 민주주의 발전을 주도해온 노동·농민·빈민운동 등 소위 기층 민중운동이 90년대 이후 지역운동과 시민운동, 진보정치운동으로 확대되면서 정치와 경제의 상호 역학적 관계의 중요한 요소로 민주주의 발전을 이룩해오고 있다. 제3영역으로 자리하던 시민운동은 다양한 정치경제적 의제들을 이슈화하면서 시민들의 관심을 참여의 장으로 끌어들였다. 단체활동가 중심의 시민운동이 점차 시민참여형 지역활동으로 이어지고 내용도 복지, 환경, 지방정부 감시, 인권, 취약계층 지원, 자원활동 등 다양해졌다. 그러나 이러한 생활운동이 발전하는 동안 중앙정부와 지방정부의 시대착오적인 정책으로 왜곡되는 경우 이를 시정하기 위한 시민들의 주장들을 수용하는 제도적 장치들이 부족한 상황이 연출되자 시민들은 2008년 미국 소고기 수입반대 촛불집회와 정치 콘서트 등 다양한 집단적 정치 퍼포먼스 형태로 민의를 표출하기 시작했다. 정치문제와 정책적 의제,

경제적 사안에 대해 이러한 새로운 형태의 의사표출방식은 시민이 직접 참여하는 민주주의를 만들어내고 있다.

사회적경제는 시민사회영역에서 사회적 가치와 물적 재화창출을 위한 사회적기업, 협동조합, 마을공동체기업 등의 구성체이며, 구성의 주체인 시민이 자율적으로 참여하여 운용하는 경제체제다. 이는 시민이 주인이 되어 시민이 운영하고 수익을 공평하게 분배하며 잉여금을 지역발전을 위해 재투자하는 협동경제체제를 이룬다. 시민민주주의 협동경제는 경제주체로 참여한 사람들이 일한 만큼 가지고 가는 공평한 분배를 실현할 수 있다. '공평한 분배'에는 '기회의 균등'도 포함된다. 사회의 불안정은 분배의 불공평에서 시작된다. 현재의 위기는 결국 분배의 불공평으로 소득구조의 양극화가 야기한 결과다. 시민들에게 공평한 경제활동 참여의 기회를 보장하고 일한 만큼의 소득을 보장해주는 분배는 주류경제학에서 말하는 시장에서의 노동가치(임금)로 평가받지 않는다. 소수가 부와 소득을 독점하고 다수가 그 나머지를 나눠 갖는 사회체제에서는 그 누구도 성공할 수 없다. 일반기업에서 직원들의 사기저하도 불공평한 분배에서 비롯된다. 시민이 중심이 되는 사회적경제 공동체는 고용인과 피고용인 모두 공평한 분배를 실현할 수 있는 민주주의적 가치를 기본으로 한다.

2008년 5월 미국산 쇠고기 수입을 반대하는 10대 여학생들이 촛불문화제를 처음 개최한 후 많은 시민들이 자발적으로 동참하여 미국산 쇠고기의 수입조건 재협상을 외치며 전국으로 확산되었다. 2008년의 촛불집회는 중고생들로부터 시작되어 대학생, 회사원, 주부 등 다양한 개인들이 스스로 모여 비폭력적으로 자신들의 주장을 폈다는 점에서 대의민주주의의 한계에 대한 직접민주주의의 새로운 실험으로 평가받는다.

◆ 네트워크 경제

사회는 다양한 네트워크로 구성된다. 특히 정보통신기술(IT)의 발전으로 오프라인에서의 연결망이 온라인으로 옮겨가면서 페이스북과 트위터와 같은 소셜네트워크서비스(SNS)가 사람 간 의사소통의 중요한 구실을 하고 있다. 국가와 조직, 도시 간 정보흐름의 네트워크도 신경망조직처럼 성장하며 구조화하고 있다. 사회적경제에서 네트워크의 중요성은 '지역자원 발굴과 자원배분 효과' 때문이다. 네트워크로 연합된 조직들이 발굴한 자원들을 어느 정도 효율적으로 사용(배분)하는가에 따라 사회적경제 구성체의 성패가 갈라진다. 사회적경제 구성체 네트워크는 자원을 발굴하고 획득하는 수단일 뿐 아니라 제도적 지원과 정당성을 획득하며, 자원을 효과적으로 사용하는 수단으로 기능한다.

증기기관 발명으로 시작된 산업사회는 전기의 발명으로 기술사회로 발전했고 이어 정보통신 발전으로 각종 정보를 공유하고 생산하는 지식사회로 넘어가고 있다. 지식사회의 지각변동은 새로운 디지털기술의 발전으로 인해 인간의 논리적 사유과정을 기계를 이용한 물리적 과정으로 변화시키고 있다. 산업사회가 에너지를 이용하여 어떤 물질을 다른 물질로 변환하는 사회라면 지식정보사회는 기존의 정보에 다른 정보를 부가하여 새로운 정보로 변화하는 융합사회라고 할 수 있다.

◆ 지역사회기반 순환경제

여기서 말하는 '지역사회' 개념은 하나의 공동체로서 지역성을 띤 하부단위를 의미한다. 가족과 기업의 중간차원과 거시적 국가 사이에 놓인 중간차원으로서 범위이다. 커뮤니티는 사람들의 1차 생활권으로서 가족생활을 지탱해오고 지방정부는 보육, 교육, 보건, 돌봄 등 일선에서 지역주민의 생활을 담당한다.

기술중심의 산업화시대에서는 공업부분, 특히 제조업 부문의 강화를 통해 경제성장과 제조산업의 지역 내 유치를 통해 고용과 지역발전을 이룩해왔으나 탈산업화, 탈공업화로 변하면서 공업도시가 쇠퇴하거나 황폐화 현상을 보이고 있다. 제조산업이 주를 이루었던 공업도시의 생산기반시설들이 경쟁력 강화를 위한 원가절감을 이유로 저임금의 개발도상국으로 이전한 후 도시는 공동화 현상을 낳게 되었고 이후 도시기능 회복을 위한 지역재생이라는 과제를 갖고 있다.

공업화시대에서는 지역발전이 공공투자와 기업유치와 같은 지역의 외부적 요인에 의해 이루어졌지만 탈공업화시대에는 역내 지역자원을 발굴하여 활용하는 내발형 지역 만들기가 요구된다. 사회적 경제는 지역기반형 순환경제로서 지역형 사업을 발굴하여 시민들이 주체가 되어 경제발전을 이룩하는 경제활동방식이며, 내발적 지역 만들기를 통한 지역순환경제를 달성하는 주요 목표가 된다. 지역순환경제의 첫 출발은 지역 내에서의 고용과 취업기회의 창출이다. 이를 통해 발생된 수익이 외부로 나가지 않고 지역으로 환원되면서 교육, 복지, 문화 부문의 재생이 이루어지도록 재투자되는 선순환구조를 갖는다. 이를 위해 '지역 만들기형 중간노동시장'이 우선적으로 만들어져야 한다(그림 7 참조).

중간노동시장은 장기실업자를 지역노동시장으로 복귀시키고 생애 초기 취업자의 지역사회정착을 위한 지역훈련이나 직업능력개발교육을 네트워크와 파트너십을 통해 만들어진다. 특히 공공서비스 분야의 일자리 확대를 통해 경력단절여성이나 외국인, 조기퇴직자, 고령자 등 다양한 취업취약 계층들의 고용기회가 될 수 있다. 특히 돌봄 등과 같은 사회서비스분야 시장 확대는 지역 중간노동시장에서 중요한 역할을 할 수 있다.

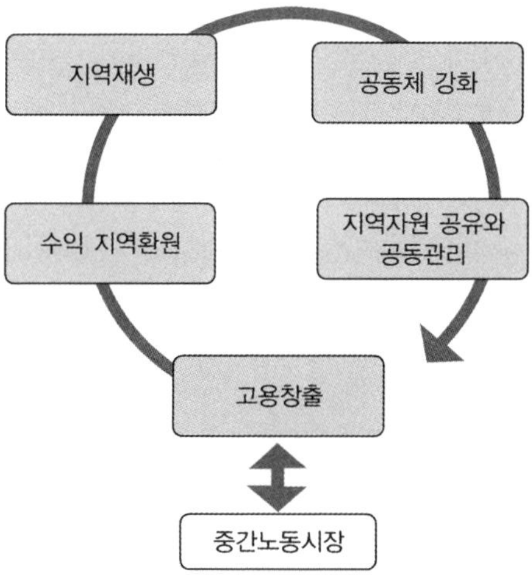

| 그림 7 | 지역순환경제체계 흐름도

출처 : 정관영(2011 : 36) 재인용

현실 읽기

몽블랑회의(The Mont Blanc Meetings－International Forum of the Social and Solidarity Economy Entrepreneurs)와 몽블랑 선언

Les Rencontres du Mont-Blanc
The Mont Blanc Meetings

몽블랑회의는 전 세계 사회적경제 활동가 및 지도자를 위해 사회적경제 구성주체인 상호공제조합, 협동조합, 재단, NGO, 지역사회조직들이 모여 세계가 겪는 도전들에 대한 대안적 해결방안을 모색하기 위해 2004년 발족한 국제포럼이다. 포럼의 목적은 구체적인 프로젝트의 실행과 지원을 통해 사람을 중심에 놓는 연대와 참여의 경제를 강화시키는 데 있다. 매년 개최되는 포럼에는 국제협동조합연맹(ICA), 국제노동기구(ILO) 등 국제조직 및 국가별 사회적경제와 관련된 45개 조직들이 참여하고 있다.

2004년부터 진행해온 프로젝트에는 “무료 소프트웨어를 위한 국제연합(The International Association for Free Software－사회적경제 내에서 기업의 독립성을 지원)”, “사회적경제 실천 국제조사(The International Observatory on Social Economy Practices－새로운 모델로서 사회적경제의 이념 확산을 위한 홍보)”, “집합적 금융시스템 개발과 발전(The creation and development of collective financing systems－저개발국가의 신재생에너지 발전지원)” 등이 있다.

몽블랑회의는 2005년 설립된 동일한 이름의 독립 비영리기구가 프랑스에 사무실을 두고 운영하고 있으며, 프로젝트에 대해 국제적 차원과 지역수준에서 할 수 있는 실무적인 사업들을 지원한다. 여러 나라의 기업과 조직들로 이루어진 운영기구는 프로젝트 진행에 관한 보고와 네트워크를 시행한다.

몽블랑 선언

우리가 살고 있는 지구와 지구상의 모든 사람들이 직면하고 있는 커다란 위험에 영향을 받는 사람들, 우리가 겪고 있는 모든 차원의 불평등을 걱정하는 사람들, 책임감을 상실한 국가에서 자신감을 잃고 살아가는 사람들, 변화는 불가능하다고 믿는 사람들, 이 모든 사람들에게 사회적경제 구성원인 우리는 사람들이 함께 스스로 조직을 만든다면 미래의 성공에 필요한 자원들을 결집시킬 수 있다는 것을 확신한다.

심각한 재앙들을 직면하고 있는 오늘날 우리는 경제생활, 생산, 소비 형태를 바꿀 수 있는 전례없는 좋은 기회를 맞고 있다. 새로운 흐름은 선진국과 저개발국 간에 재편성되고 있다. 우리가 어떻게 함께 할 수 있는지에 대해 안다면, 용기와 의식을 가진 사람들에게는 그것들을 다시 회복시킬 수 있는 중요한 시기일 것이다.

사회적경제 구성원들은 성찰과 활동을 통해 근본적인 변화를 이루어가는 사람들이다. 우리가 갖고 있는 관심의 중심은 사람이고, 사람을 우리의 정책과 프로젝트의 주체이면서 동시에 객체로 세움으로써 변화를 위한 강력한 힘을 촉발시킬 수 있다.

인류학자인 마거렛 미드(M. Mead)는 다음과 같은 글을 남겼다. “생각이 깊은 사람들로 구성된 작은 모임이 세상을 바꿀 수 있다는 것을 절대 의심하지 말라. 사실 세상을 변화시킨 것은 그런 모임들뿐이었다.”

사회적경제는 이러한 영향력에 참여하고 있으며, 관계, 연결, 네트워크, 친밀감, 우정, 연대를 통해 더욱 견고해지고 있다. 선구자로서 이전의 업적들과 함께 많은 이들이 결코 알지 못했던 것들을 개인, 사람들, 국가 간의 존엄함을 갖출 수 있도록 새로운 가능성들을 발전시키고 있다.

출처 : https : //www.rencontres-montblanc.coop/en

제3절 사회적경제와 지역발전론

1 지역화 : 지역기반형 경제와 내생적 발전이론

지역화와 지역경제 : 사회적경제 생태계를 위한 지역형 기업을 키우자

지금의 글로벌 자본주의는 지역적 여건과 의식, 문화가 지배하는 지역의 일상적 현실과는 유리되어 거시적 차원에서 움직이고 있다. 세계시장을 주무르는 다국적 대기업들은 빈곤, 기아, 불평등의 문제가 세계적으로 확산되고 있음에도 자신들의 시장공식에만 의존한 채 계속 영역을 넓혀가고 있다. 세계화된 자본은 지난 30여 년간 아시아 금융위기, 브라질 경제위기, 아르

헨티나 경제붕괴 등 국제적인 여러 재난을 초래했지만 여전히 자본의 초국경적 활동은 계속 이루어지고 있다. 이 과정에서 혜택을 보는 집단은 글로벌기업과 경제적 지배그룹일 뿐이다.

세계화는 공동체, 지역, 국가로부터 결정권, 선택권, 기능, 권력을 빼앗고 경제활동과 정치활동에 대한 공동체, 지역, 국가의 주권과 통제권을 박탈하는 탈지역화였다. 지역화의 중요한 가치는 경제적 거래에서 서로 얼굴을 맞대고 잘 알고 지내는 '신뢰의 관계'를 형성하는 것이다. 지역경제는 부유하든 가난하든 모든 공동체의 기초를 이룬다. 그러나 세계화의 조류로 지역경제활동은 계속적으로 위협받고 있고, 더 큰 경제구조에서 발생하는 사건의 소용돌이에 타의적으로 휘말리거나 종속되고 있다. 더 큰 경제구조에서 발생하는 사건은 국민경제를 움직이는 거시경제정책에 의한 것이 아닌 해외수출 시장변화, 환율과 가격변동, 정부의 대외부채 증가와 이자지불능력, 국제자본 흐름에 대한 국제기구를 통한 중앙집권적 결정 등에 영향을 받고 있다. 특정 생산상품이 해당 지역이 아닌 먼 해외에서 결정되기 때문에 눈에 보이지 않는 요인들이 쌀, 밀, 석유, 채소 등의 가격결정에 영향을 끼친다. 생필품이나 기초 원자재뿐만 아니라 주식, 채권 등의 금융자산과 부동산과 같은 무형자산가치가 지역조건과는 점점더 관련성을 잃어가고 금융업자와 대기업들의 담합으로 인해 요동을 치게 된다.

지역화는 세계화로 빼앗긴 지역주권을 다시 회복하는 것이다. 지역주권은 민주주의가 보장될 때 바르게 확립된다. 민주주의의 기본 원칙은 모든 사람들 각자가 자신의 삶에 영향을 주는 결정에 대한 참여를 제도적으로 보장하는 것이다. 지역에서 살아가는 개인의 삶에 영향을 주는 중요하고 기초적인 사안들에 대한 결정권이 지역에 있지 않고 멀리 있는 존재에게 넘어가는 것은 민주주의의 죽음이다. 세계화는 얼굴을 알지 못하는 누군가가 미지의 사람들을 대상으로 하는 일이지만 지역경제활동은 지역주민들이 자발적인 참여로 자신과 이웃을 위해 하는 일이다.

지역화 정책은 신자유주의 세계화로 만들어진 국제제도나 기구가 빼앗아간 지역사회와 국가의 경제에 대한 통제권을 다시 지역사회와 국가에 돌려주는 것이다. 국가, 지방정부, 지역사회가 자신들의 경제를 다시 찾고 다양한 자원을 확보하여 공동체적이고 지속가능하며 안정된 생활환경을 다시 구축하는 것을 가능하게 만든다.[18] 지속가능 발전 패러다임에 대한 숙고는 기본적으로 경제생활의 진정한 의미를 찾는 것이다. 특히 우리 중에 가난한 사람들이 가장 필요로 하는 것들에 대해 다음 세대에게 돌아갈 몫을 훼손시키지 않으면서 충족시켜주는 일이다.

지역화는 지역기반형 사업구조를 필요로 한다. 글로벌기업이 국민경제를 지배하는 지금의 경제구조에서 소규모의 지역기반형 기업이 어떻게 민주적, 사회적, 생태적으로 지속가능성을 유지할 수 있는 지에 대한 문제이기도 하다. 우선적으로 지역형기업은 사회적경제 생태계 조성에 중요한 요소이다. 여기에는 다양한 협동조합, 사회적기업, 자활공동체, 복지일자리, 공익사업을 하는 시민단체들도 포함될 수 있다. 지역형기업이 사회적경제 생태계로 작용하기 위해서는 경영과 사업부문에서 지역사회 안에 있는 이해당사자들로 구성되어 참여하여야 한다. 또한 지역형기업은 규모나 소유관계, 책임성에서 지역적 뿌리를 갖고, 생산자원이 공평하게 소유되고, 민주적 운영규제를 받으며 소규모로 운영되는 것이 공정하고 효율적이며 지

18) 지역화를 위한 사회의 기본 가정들은 제리 맨더, 에드워드 골드스미스 편저 『위대한 전환 : 다시 세계화에서 지역화로』, 콜린 하인스의 저서 『지역화 : 세계적인 선언』 등에서 제시하고 있는데, 이들 가정들 중 "자본과 투자를 지역사회에 정착시킬 것", "정책결정에 대한 대중의 직접적인 참여를 확대할 것", "사회적 응집과 지역경제의 회복을 촉진할 것" 등은 지역발전에서 사회적경제 실천의 기본 원리이기도 하다. Cavanagh, J. · Mander, J.(2004). 이주명 역. 더 나은 세계는 가능하다. 필맥, pp.215-219 참조

속가능한 기업이 되기 위한 요소들이다. 소규모 기업이 더 공평하고 민주적인 권력과 소유를 분배할 수 있다. 또한 대기업처럼 정치인을 매수하거나 소비자의 선택을 결정하고, 광고로 개인의 정체성을 조작하는 능력은 부족하지만 처음부터 지역공동체의 이익에 더 민감하게 반응할 수 있는 가능성이 높다.

소규모 기업은 새로운 기술이나 복잡하고 어려운 경제상황에 대처해야 할 때 서로 잘 협력하면 어느 정도의 경제적 성과는 유지할 수 있다. 덴마크나 이탈리아에서도 협동조합기업과 소규모 기업이 컨소시엄이나 그룹을 형성하는 네트워크 구조로 시장에 참여하고 있다. 소규모 기업의 발전에 있어서 소유의 역할도 중요하다. 지역사회에 살고 있지 않는 주주소유의 기업은 당연히 그 지역에 대한 발전에 끼치는 영향은 관심 밖일 것이다. 그러나 어느 한 장소에서 살아가는 사람은 그 지역사회를 유지시키는 투자를 하고, 사회와 환경의 관계를 유지하고 개선해갈 가능성이 높다. 지역기업에 대한 지역주민의 소유는 그 지역사회에 대한 책임감을 더욱 강하게 만든다. 지역형 기업의 소유형태와 관련된 법규나 지원내용에서 지역사회복지를 우선에 놓고 지역현실에 뿌리내리기 위해 노력한다면 지역형 기업의 이익과 이해당사자의 이익이 공정하고 효율적인 균형을 이루는 지역발전 사회적경제의 모델이 될 것이다.

그러나 여기 제시된 내용들이 청사진으로 끝나지 않고 실현가능한 액션이 되기 위해서 아직 해결해야 할 문제들을 많이 있다. 지역적이고 소규모 기업으로 조직되는 사회적경제 제도가 돈을 벌고 생계를 유지해야 하는 많은 사람들의 수요를 충족시켜 줄 수 있을지에 대한 의문이 나올 수 있다. 지역자원을 어떻게 개발하고 생산요소로 사용할 것인지, 이를 위한 지역주민들의 소통은 어떻게 이루어질 것인지, 자금동원은 어떻게 충당할 것인지 등에 대한 문제와 해결방안은 앞으로 계속해서 충분한 논의가 이루어져야 할 것이다.

지역정책과 내생적 발전론

국민경제가 성장하는 과정에서 지역 간에 발생하는 소득격차나 실업, 지역개발 등과 같은 문제들을 시장에만 맡겨둘 경우 더 악화될 소지가 많다. 때문에 국가는 이러한 문제를 해결하기 위해 다양한 지역정책을 지원하고 지방정부도 적극적인 정책들을 펼쳐간다. 지역정책은 지역에 거주하는 개인의 복지향상과 사회적 기회보장의 조화를 증진시키려는 목표를 갖는다. 따라서 정부는 지역내총생산(GRDP)의 확대와 1인당 실질소득을 향상시키거나 지역 내 고용률 제고, 직업선택의 폭과 기회확대, 소득불평등의 감소를 통해 지역민의 삶의 질을 향상시키기 위한 정책들을 수립하여 시행하고 있다.

다양한 유형의 지역정책의 중요성은 개인의 가치판단기준, 지역사회 여건에 따라 상대적일 수밖에 없다. 주류경제학은 사회의 자원배분을 시장에 자유롭게 맡기는 것이 가장 효율적이라고 주장한다. 그러나 자본주의 발전과정에서 자유방임 시장주의가 가져온 대표적 문제는 집단 간, 지역 간 소득불평등이다. 또한 사회적인 이익과 손실이 개인적인 이익과 손실로부터 괴리되고 실업이라는 경제적 불안정을 야기시키고 있다. 즉, 글로벌 재벌기업의 매출확대가 모든 국민의 소득증대로 연결되지 않고, 시장에서 발생되는 각종 사회적 문제를 해결하기 위한 비용이 개인의 손실로 이전되는 것이다.

지역정책은 경제적 이유뿐만 아니라 정치적으로도 매우 중요한 의미를 갖는다. 지방분권의 정착을 위해서도 지방정부의 자율적인 정책수립과 시행권한이 보장될 때 지역발전을 위한 올바른 지역정책이 실현될 수 있다. 지역정책은 결국 국민경제의 성장을 통한 개인의 삶의 조건을 향상시키는 기초적인 정책이며, 개인의 행복한 삶을 위한 조건으로 물질적・정신적・

문화적 부를 함께 충족시키기 위한 것이다. 또한 공간으로서 지역은 쾌적한 환경을 만드는 것이 포함되므로 총체적인 '지역 만들기'를 통한 개발과 성장을 이루어가는 수단이다. 따라서 지역정책은 경제가 환경과 조화를 이루는 경제개발을 추진하는 지속가능한 발전을 이루는 기초가 된다.

지역발전을 추진하는데 있어서 '양'뿐만 아니라 '질'도 중요시 된다. 소득수준과 같은 경제지표가 '삶의 질' 향상에 영향을 주는 신뢰, 협동을 나타내는 다양한 비화폐적인 요인들을 고려하지 못하기 때문이다. 지역정책의 목표는 지역문제들을 해결을 통해 지역성장을 이루고 지역환경을 개선하는 목적을 갖는다. 따라서 지역정책은 지역의 경제·사회·문화적 조건을 개선시키기 위한 모든 공적인 지원활동으로 볼 수 있다. 이 목표를 달성하기 위한 몇 가지 구체적인 활동들을 살펴보면, 첫째, 지역 내 고용확대와 일자리 창출이다. 지역 내 고용창출과 지역주민들의 소득보장을 위한 지역정책은 가장 중요한 지역정책이다. 둘째, 지역경제 성장을 위한 경제활동은 지역 내 인구정착을 가능하게 만드는 중요한 요인이다. 셋째, 지역 내 자원활용이다. 자원활용은 자연자원뿐 아니라 인적 자원도 포함된다. 지역자원은 객관적으로 존재하고 있는 자원이 가치가 있는지 아닌지 분명하게 나타나지 않는다. 지역자원 발굴은 지역 내 인적 조직, 지역문제와 그 문제를 해결하려는 사람들의 욕구, 지속성을 갖는 행정과 중간지원조직, 주민공동체들이 지역 내에 어떻게 존재하고 있고 또 어떻게 조직해낼 것인가를 고민하는 가운데 과제가 나온다. 지역자원 발굴에서 가장 중요한 것은 '사람'의 문제이다. 지역 안에서 '신뢰'를 바탕으로 하는 사람들 간의 새로운 네트워크가 필요하다. 지역성장은 지역에 있는 다양하고 복잡한 사회경제적 상호작용에 의해 발생한다. 세계적으로 자본주의 국가에서 경제성장과 함께 나타난 공통적 현상은 1차 산업의 축소와 2, 3차 산업의 역할이 커지며, 도시화가 확대되고, 국민소득이 늘어났다는 점이다.

지역발전이론은 지역성장과 변화에 영향을 주는 요인에 대해 분석하는 이론으로, 공급 측면에서 설명하는 신고전파이론, 수요 측면의 수출기반이론, 지역 간 불균형 경제성장을 설명하기 위한 누진적 성장이론 등의 주요 이론들과 함께 최근에는 지역차원의 경제성장을 설명하려는 '내생적 발전이론(endogenous growth theory)'이 등장했다(Bhaduri, 2006 : 69).

내생적 발전론은 1980년대부터 폴 로머(Paul Romer) 등의 경제학자들이 기술진보율 대신 자본축적의 차이, 학습효과 차이, 연구개발 차이, 교육수준 차이, 정부정책 차이 등으로 각 지역 성장률을 설명하고자 새롭게 나타난 성장이론이다.[19] 내생적 발전론은 신고전파 경제학의 자본 수확체감법칙의 가정 대신에 기술진보 없이 자본축적만으로 경제성장이 가능하다고 본다. 로머는 이 논리를 적용하여 자본축적이 갖는 외부효과를 도입한 이론을 제시했다. 즉, 한 기업의 자본증가가 유익한 외부성으로 인해 다른 기업의 생산성 증가를 가져올 수 있다는 것을 알고 신고전학파의 생산함수에서 투입되는 외생변수 대신 '내생변수'를 대입했다. 이에 따라 투자나 자본축적이 자본노동비율(K/L) 증가로 인한 수확체감법칙을 상쇄하므로 투자나 자본축적으로 지속적인 경제성장이 가능하다고 보았다. 즉, 경제성장은 외생변수가 아닌 내생변수인 자본의 변화율에 따라 결정된다(Romer, 1986 : 1002-1037). 그러나 자본축적만으로도 지속적 성장이 이루어질 수 있다는 로머의

19) 지방자치단체 중에서는 처음으로 충청남도가 지역정책으로 내생적 발전론에 기초한 사회적경제 정책을 추진하고 있다. 충남도는 민선 5기에 들어서 사회적기업, 마을기업, 협동조합, 자활기업, 농어촌공동체회사 등을 종합적으로 지원하기 위해 충남발전연구원 내에 충남사회적경제지원센터를 2011년 2월에 설립하고 다각적인 지원사업을 수행하고 있다. 또한 2012년 7월 「충청남도 사회적경제 육성지원에 관한 조례」가 전국 최초로 제정되어 시행됨에 따라 충청남도에서 역점적으로 추진하고 있는 '사회적경제' 정책이 탄력을 받을 것으로 보인다.
충남사회적경제지원센터 홈페이지 http : //csec.or.kr/index.asp
또한 서울시는 2012년 4월 「서울시 사회적경제 종합지원계획」을 발표하고, 인건비 중심의 사회적기업 지원 패러다임을 생태계 조성으로의 전환, 행정주도에서 시민사회 중심의 민관 거버넌스 체계 구축 등의 사회적경제 지원 지역정책을 추진하고 있다. http : //inews.seoul.go.kr

모델은 실제로 투자의 외부효과가 경제성장에 큰 도움이 되지 못하는 것으로 나타나 한계가 있다는 지적도 있다(정홍열, 2011 : 193).

이후 내생적 발전론은 인적자본에 대한 투자, 즉 교육이 자본축적에 미치는 영향과 정부정책의 중요성이 논의의 중심이 되고 있다. 내생적 발전론에서는 발전조건으로서 물적 자본축적만 아니라 인적자본이 동시에 축적되기 때문에 수익률이 감소하지 않고 자본축적이 지속적인 원동력이 된다고 본다. 또한 인적자본과 사회간접자본에 대한 투자, 연구개발 지원 등의 정부정책이 지역경제 성장의 중요한 요소가 된다.

내생적 발전론에 근거한 지역성장이라 할지라도 지역에서 발생하는 이익배분에 관한 문제가 생긴다. 이것은 자원공급과 관련되어 있는데 어떤 유형으로 자원이 공급되는지에 따라 가격의 안정성이 유지된다. 공급유형과 가격문제는 지역경제, 특히 사회적경제의 안정적 발전의 중요한 조건이다. 지역에서 소비되는 재화나 서비스 생산을 위한 공급곡선은 수요에 맞춰 추가적 생산을 위한 자원의 가격이 어느 정도 상승하는지 달려있다.

❙그림 8❙을 보면 자원공급 곡선과 가격에서 왼쪽 그래프는 수요가 늘어나도 공급곡선이 수평인 경우인데, 재화나 서비스의 가격을 올리지 않아도 무한정 생산해서 공급할 수 있다는 뜻이다. 가격변동이 거의 없기 때문에 갑작스런 경기변동에 따른 경제적 문제를 겪는 사람들이나 저소득층에게 재화와 서비스를 안정적으로 공급할 수 있다. 애덤 스미스의 이론대로 공급곡선이 수평일 경우에는 적정생산량이 필요 없게 된다. 일정한 가격에 계속 생산할 수 있다면, 팔 수 있을 정도로 최대한 생산하면 되기 때문이다.[20]

---

20) 적정생산량은 공급의 증가(우상향)로 가격이 오르면서 생산량이 증가할 때 이루어진다. 공급곡선이 우상향하여 기업이 생산량을 늘리면 생산단가도 증가하고 이에 따른 생산비 부담이 생기면서 생산량을 조절하게 된다. 그러나 현실적으로 현장의 기업들에게 가격을 올리지 않고도 계속 공급하는 것과 생산단가 인상으로 적정량 생산 후 공급을 중단하는 것에 대한 선택의 질문을 던진다면 어떤 결정을 할 것인가? 이것은 시장에서 이윤추구를 목표로 하는 사적 기업보다 협동조합이나 사회적기업

그러나 적정생산량은 공급곡선이 우상향할 때 가능하다. 가운데 그래프는 경제학 교과서에 가장 많이 나오는 전형적인 우상향 공급곡선인데, 가격에 따라 생산량이 달라진다. 가격이 오르면 기업은 생산량을 늘리게 된다. 오른쪽 그래프는 공급이 독점되는 상황으로 지역 내에서 자원을 독점적으로 소유하고 있는 집단이 있다면 안정적인 재화와 서비스 공급에 차질이 생기고, 이익은 독점집단으로 돌아가게 된다.

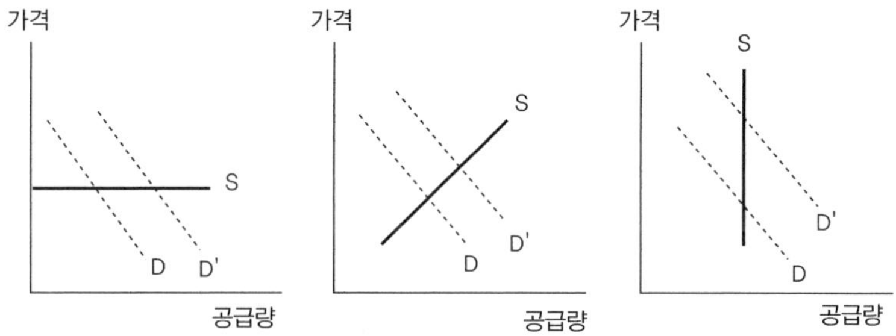

| 그림 8 | **자원공급 곡선과 가격**

2 시민참여와 지역발전 – 지역통화, 연대경제

지역통화(LETS) 사례 : 한밭레츠

지역통화는 세계화로 인한 글로벌 시장 지배로 지역사회의 삶이 무너지는 것을 막고 지역공동체를 살리려는 노력의 하나이다. 자본주의 경제의 일반 법정화폐는 이윤을 좇아 세계를 누빈다. 이 과정에서 지역사회는 이윤창출의 관점에서만 고려대상이 된다. 이윤창출이 어려워지거나 창출되는 이윤의 크기가 작아지면 자본은 가차없이 지역사회를 버리고 새로운 대상

과 같은 사회적경제 조직에게 있어서 중요한 문제일 것이다.

을 찾아 떠난다. 별 다른 대항수단이 없는 지역사회는 자본의 맹렬한 움직임을 무력하게 지켜볼 수밖에 없는 수동적 존재가 되어버린다.

화폐의 발전으로 이룩한 경제적 풍요와 물질문명이 인류에게 편안함을 가져다주기는 했지만 '평화의 희생'이라는 대가를 지불하고 있다. 화폐를 매개로 평화를 주고 편리함을 산 것이다. 그러나 새로운 지역사회 공동체 회복에 대한 열망이 나타나면서 평화를 회복하기 위한 운동이 일어나기 시작했다. 지역통화운동은 잃어버린 생활공동체를 다시 살리기 위한 재생운동이며 활력운동이다. 지역통화운동은 자본주의 사회를 움직이는 중요한 기능인 화폐가 단순히 상품의 가치를 측정하는 척도나 거래수단으로 여기지 않는다. 인간의 편리함을 위해 만든 화폐가 역으로 인간의 고삐가 되어 이리저리 끌고 다니는 신(神)이 되었다는 위기에서 출발한다. 지역통화운동은 돈을 돈의 위치로 돌려놓고 인간의 인간다움을 되찾기 위한 사회운동이다. 지역사회의 삶을 근본적으로 변화시킬 잠재력을 갖고 있다.

대표적인 지역화폐운동으로 알려진 것은 레츠(LETS, Local Employment and Trade System)라는 지역고용교환체계다. 1983년 마이클 린튼(M. Linton)이 캐나다 작은 마을에서 처음 시작한 것으로 알려져 있다. 컴퓨터 프로그래머였던 린튼은 일할 능력과 의지를 갖고 있지만 경제불황으로 인해 일자리를 구하지 못하고 어려운 생활을 하는 사람들을 보면서 실업의 문제, 현금(화폐)이 없는 사람들이 경제활동에 참여하지 못하는 사회구조적 문제 등에 대해 의문을 갖고 있었는데 이런 고민을 토대로 린튼은 아주 새로운 화폐제도를 만들기로 결심한 것이 바로 레츠였다. 레츠는 현금을 쓰지 않고도 경제활동을 할 수 있는 새로운 제도였다. 레츠는 녹색달러라는 지역화폐를 토대로 회원들끼리 재화와 서비스를 서로 교환하는 새로운 제도였다. 1983년에 시작된 레츠는 캐나다를 넘어 전 세계로 퍼져나갔다.

특이한 것은 과거의 지역통화운동이 대부분 경제 불황기에 유행하다 경제상황이 호전되면서 사라졌던 것과는 달리, 최근의 지역통화운동은 경제상황과 상관없이 지속적인 확대추세를 보이고 있다. 즉, 지금의 지역통화운동은 지역공동체 회복 운동과 생태운동의 결합이라는 특성을 갖고 대안적 삶을 지향하는 운동으로 자리매김되고 있다는 것이다. 그렇기 때문에 지역통화운동의 동력이 지속적으로 만들어지고 있다.

우리나라의 지역통화운동이 도입된 것은 1996년 녹색평론이 레츠를 소개한 것으로 시작되었다. 이후 1998년 신과학운동을 하는 사람들의 조직인 '미래를 내다보는 사람들의 모임(미내사)'이 미래화폐(fm)란 이름으로 지역통화운동을 시작하였으나 이듬 해 중단되었다. 이후 1999년 10월 대전에서 지역통화를 추진하려는 모임이 시작되어 대전21추진협의회의 사업으로 2000년 2월 창립식을 갖고 본격적인 지역화폐운동이 전개되었다. 일상적인 거래는 홈페이지(등록소)를 통해 이루어지며 거래가 이루어지면 거래내용을 등록소에 알려준다. 거래 시에는 '두루'라는 가상의 지역화폐로 거래된다. 회원 간의 물품과 서비스를 주고받는 일종의 교환경제체제이다. 그러나 옛날의 물물교환 시대처럼 개별적 교환이 아니라 구성원(회원) 전체 사이에서 이루어지는 교환이다. 회원으로 가입하면 자신의 이름으로 계좌를 개설한다. 모든 계좌는 0에서 시작된다. 회원은 누구나 지역화폐인 '두루'를 발행할 수 있으므로 계좌에 잔액이 없다고 거래를 못하는 것은 아니다. 여기에서 화폐발행이란 실제 화폐를 찍어내는 행위가 아니라 거래 상대방의 계좌에 거래량만큼의 지역화폐를 기록해 준다.

등록소에서는 정기적으로 물품과 서비스 목록을 발행하고 회원은 이것을 보고 정해진 지역화폐 가격으로 거래를 한다. 거래가 이루어지면 물품이나 서비스를 제공한 사람의 계좌에는 해당 금액이 자산으로 기록된다. 반면에 구매자의 계좌에는 부채로 기록된다. 모든 거래는 회원 전체 간의 거래이므로 개별적인 채무관계는 성립하지 않는다. 거래가 늘어가면서 개인 간의 차이도 발생하게 된다. 물품이나 서비스를 많이 팔았지만 구매한 것이 많지 않은 사람의 계좌는 자산이 커질 것이고 반대의 경우 부채가 늘어난다. 극단적인 경우 많이 받기만 하고 준 것이 아무 것도 없는 사람도 나타날 수 있다. 그러나 지역통화체제에서는 이것이 큰 문제가 되지 않는다. 지역통화를 사용한 거래는 기본적으로 신뢰를 바탕으로 한 것이기 때문이다. 자신의 계좌에 아무리 많은 지역통화가 쌓여있어도 여기에 이자가 붙지 않는다. 이자가 붙지 않으므로 쌓아둘 필요가 없다. 따라서 지역통화는 사용하는 것이 효용을 늘리는 방법이다. 이것은 결국 거래의 확대로 이어지게 된다.

한밭레츠는 등록소를 통한 일상적 거래와 '화요장터'를 열어 다양한 채소와 야채 일상생활용품을 오프라인으로 거래하기도 한다. 또한 계절활동을 통해 농업에 종사하는 회원집을 찾아 농사체험활동을 전개한다. 그 외 장담그기, 공동김장 만들기와 같은 활동도 이루어진다. 다양한 소모임활동도 이루어지고 회원대상의 강좌와 세미나도 열린다. 2010년 거래건수는 1만 4천여 건이고 두루거래액은 약 1억 2천 6백만 두루, 현금거래액은 약 1억 3천 8백만 원으로 현금거래액이 두루보다 약간 더 많다(표 2 참조).

〈표 2〉 연도별 거래건수와 거래액

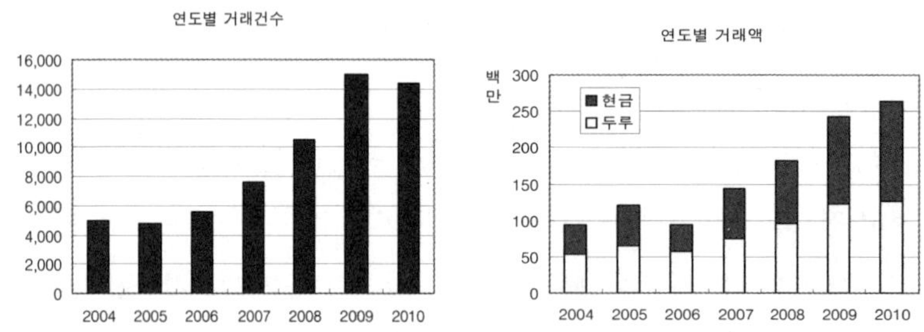

지역화폐는 지역자원을 지역 내에서 교환하여 지역순환경제를 유지하고, 사회적기업이나 마을기업과 같은 커뮤니티 비즈니스를 지원하며 자립적인 삶을 추구한다. 이런 협력경제를 통해 세계자본주의의 파장이 지역사회에 미치는 영향을 최소화하려는 것이 지역통화운동이 갖는 의의이다.

연대경제 사례 : 캐나다 퀘벡(Quebec)의 사회적경제

사회적경제는 근대자본주의 형성과 함께 존재해왔지만 20세기 들어 복지국가 확대로 제도적으로 흡수되거나 쇠퇴한 경험을 갖고 있다. 사회적경제의 쇠퇴는 자본주의 황금기였던 1970년대 초반까지 지속되다 복지국가의 위기와 함께 다시 주목받게 되었다. 사회적경제는 이전에 없던 것이 새로 생겨난 것이 아니라 새로운 사회적 위기인 노동시장 유연화, 복지재정 축소, 시장 탈규제 등으로 인한 대량실업과 빈곤 등 사회적 배제의 확대를 막기 위한 전략적 대안으로 등장했다. 19세기에서 20세기 중반까지 사회적경제의 주요 주체였던 협동조합・상호공제조합・민간결사체 등이 1990년대 들어오면서 다시 확산되었고, 이와 함께 사회적기업, 공정무역, 윤리적 소비 등이 사회적경제 조직들과 새롭게 연계되고 있다. 사회적경제가 시장경제와의 차별성으로 내세우는 '사람중심'의 경제는 캐나다 퀘벡의 사례로 증명된다. 퀘벡의 사회적경제에 대한 비전과 목표는 1980년 발표된 "사회적경제 헌장(Charte de l'économie sociale)"에 잘 나타나 있다.

퀘벡 사회적경제 헌장

- 사회적경제 기업은 이익창출보다는 회원 또는 지역사회에 서비스를 제공하고 재무성과에 집중하는 것이다.
- 경제활동은 자율적으로 관리한다.
- 민주적 의사결정을 규정하며 사용자와 노동자가 함께 참여한다.
- 수익과 잉여금 분배 시 자본이 아닌 사람을 우선으로 한다.
- 모든 활동은 참여와 지원, 개인과 집단 책임의 원칙에 기초한다.

출처 : 캐나다 퀘벡 상티에 홈페이지(www.chantier.qc.ca).

퀘벡은 사회적기업의 일자리창출 기여, 복지자원 공급, 시장개혁의 성공 사례를 보여주는 대표적인 사례다. 이러한 성공은 1980년대에 닥친 심각한 경기침체를 벗어나고자 했던 노력의 일환이었고, 사회적경제 내에서 사회운동과 정치적 리더십이 지방정부정책으로의 수용과 결합으로 이루어진 결과다. 당시 캐나다는 세계화의 영향, 시장개방, 경제산업 구조조정과 정치사회적 변화, 지식기반 경제의 발흥, 사회적 배제와 신빈곤(new poverty)과 같은 새로운 사회문제 등장과 복지국가 재편 등으로 심각한 위기에 빠져있었다. 이로 인한 위기와 엄청난 변화는 시민사회 활동가들에게 새로운 기회와 필요를 느끼게 했고 결국 이들을 사회적경제로 이끌게 만들었다.

마게리트 멘델(M. Mendell)은 지역사회운동, 정치활동, 조직력 강화에 의한 시민운동이 자본주의 위기에 대한 대응으로서 '연대경제'라는 이상에 담겨있는 탄력을 모아내고, 이후에는 지역발전과 사회계획에 대한 흐름에 대한 목소리를 높이는 데 어떻게 기여했는지 분명하게 분석한다(Mendell, 2009 : 176-207). 퀘벡주가 사회적경제를 공식적인 정책으로 수용한 것은 경제부문에서 사회적경제의 역할의 중요성을 인식하고, 사회적경제 대표자들이 지방정부 정책결정과정에 참여하는 제도적 혁신이 사회적경제가 발전하는 중요한 계기가 되었다.

경제발전에 대한 새로운 패러다임의 변화는 경제성장에 있어 '사람들의 활동'을 중심에 놓기 시작했다는 점이다. 퀘벡주정부는 지방정부차원에서 정책, 프로그램, 시민활동의 지속가능성에 관한 연구결과의 발전적인 통합을 목표로 하는 새로운 법체계를 수립한 최초의 사례이다. 이러한 퀘벡주정부의 변화는 다른 주정부들과 차별되는 요소였다. 퀘벡의 사회적경제는 국민경제의 특별한 정체성을 나타내는 일련의 규범, 제도, 기준에 대한 발전모델이다. 지역발전정책에서 정부가 중요한 역할을 담당하는 전형적인 북미의 유형과는 달리 퀘벡은 시장의 사회화와 사회적경제를 중심으로 한 다원경제 수립, 노동관계의 민주화 등을 정책목표로 추진했다. 이는 1960, 70년대 혼합경제와 관료형 정부에 의해 운영되어온 케인즈식 복지국가에서 다원경제와 정부와의 파트너십 시도로 특징되는 '협동모델'이라 할 수 있다.

퀘벡모델이 수립되기 시작한 것은 1990년부터였으며 시민사회의 다양한 구성원들이 참여하는 방법을 통해 지역차원과 더불어 더 확대된 상황에서의 혁신적인 관계가 만들어졌다. 이때부터 많은 개인사업체와 기업들이 지역기반형으로 전환하기 시작했고, 공공이익을 추구하는 일자리가 만들어졌으며, 지역형 산업의 보호와 발전이 이루어지기 시작했다.

특히 주목할 만한 것은 지역발전정책을 시행하는 수년간의 과정에서 120여 개의 지역발전센터가 만들어졌고, 여기에 각 지역의 사회활동가들이 참여했으며, 이들은 경제단체와 사회단체들 간의 많은 연결고리들을 만들어 내면서 공공이익의 관점에서 개인이나 집단의 이익을 추구하도록 이끌었다. 또한 '퀘벡 금융 투자 사회적기업(Société générale de financement and Investissement Québec)'과 시민사회에서 출발한 다른 많은 기업들이 공동으로 '노동자기금'[21]을 만들었다. 노동자기금이 만들어지는 동안 협동과 파트너십을 통해 많은 사회혁신이 있어났고, 금융을 장기적인 관점으로 바라보고 경쟁시장에 기반한 배타적인 금융과는 달리 모든 이해관계자들이 참여하는 사회자원으로 만들었다.

퀘벡사례에서 보듯이 새로운 지역경제발전 전략과 관련해서 사회적경제 조직들은 이윤보다는 복지와 사회적 욕구에 대응함으로써 현금화되는 가치와 비현금화 가치를 명백히 구분한다. 특히 신뢰와 같은 사회자본 배양과 관련해서는 사회적경제가 경제적 효율성을 제고할 뿐만 아니라 대인적, 집합적인 참여를 통해 민주적인 프랜차이즈를 확장시켜 시민사회 역량구축이

---

21) '노동지원 투자기금(LSIF)'을 말하며 이 책, p.175 참조

라는 잠재적 역할을 수행하고 있다. 새로운 질서로 접어들기 시작한 지구적 자본주의 체제에서 시민사회가 사회적경제를 일, 복지, 참여민주주의의 중요한 원천으로서 인식하고 이를 정책으로 실천하고 있으며, 시민들의 정치경제적인 삶의 영역으로 진입시키고 있다. 퀘벡은 시장경제, 공공경제, 사회적경제 원리들의 다원경제에 기반하는 새로운 성공모델이다. 이윤추구 상업활동에 대해 더 많은 사회적 책임을 부과하며 윤리적 원리에 기초한 인간의 얼굴을 한 사회적경제는 여러 활동분야에서 발전모델의 재방향성을 보여준다.

3 사회적경제와 지역발전을 위한 외적 조건 : 정치개혁과 시장개혁

위기의 대한민국

1997년 외환위기를 맞으면서 IMF의 강제적인 기업과 금융기관의 구조조정으로 수많은 가장들이 일터에서 쫓겨나 가족이 해체되거나 거리를 헤매는 노숙인이 되었다. 1960년대 이후 국가주도 경제개발로 계속된 성장의 경험만 해온 한국국민들에게 외환위기는 국가의 문제가 아닌 자신의 문제로 받아들일 정도로 공동의 위기의식을 갖게 했다. 그러나 외환위기를 겪은지 10년이 조금 넘은 지금 한국은 또 다른 위기를 맞고 있다.

한국이 처해있는 위기는 우선 세계에서 가장 빠르게 진행되는 인구 고령화와 저출산으로 인한 잠재성장률의 저하를 들 수 있다. 한국은 이미 65세 이상 고령인구가 전체인구의 7%가 넘는 고령화사회에 진입했다. 또한 합계출산률은 2010년 1.23명으로 20년이 지나도록 2명을 넘기지 못하고 있다. 고령화 · 저출산 현상의 지속은 생산가능인구의 감소[22]로 잠재성장률이 떨

22) 통계청의 인구추산에 의하면, 우리나라의 인구규모는 저출산으로 인하여 인구성장률이 둔화됨에 따라 2018년 49,340천 명을 정점으로 감소하여 2030년 48,635천 명에 이를 것으로 전망된다.

어지고, 고령층에 대한 복지재정 지출부담이 증가함으로써 국가와 지방자치단체에 재정부담을 가중시키고 있다.

사회안전망 또한 여전히 부실한 상황이다. 사회보장지출 규모는 지난 20년간 사회복지지출의 꾸준한 증가에도 불구하고 GDP 대비 복지지출수준은 OECD회원국 중 여전히 하위국가이다(표 3 참조). 소득 양극화로 인해 빈곤층도 급격히 증가하고 있다. 2012년 한국의 가처분소득이 전체 평균소득의 절반에도 미치지 못하는 상대적 빈곤율은 15.2%로 OECD 국가 가운데 최상위권에 속한다. 최저생계비를 기준으로 하는 절대적 빈곤율도 약간의 등락에도 불구하고 10% 수준을 유지하고 있다. 대략 추산하면 약 500만 명이 절대빈곤, 약 760만 명이 상대빈곤 상태에 처해있다.[23]

〈표 3〉 사회복지지출의 추이 비교(OECD 평균, 한국) (단위 : %)

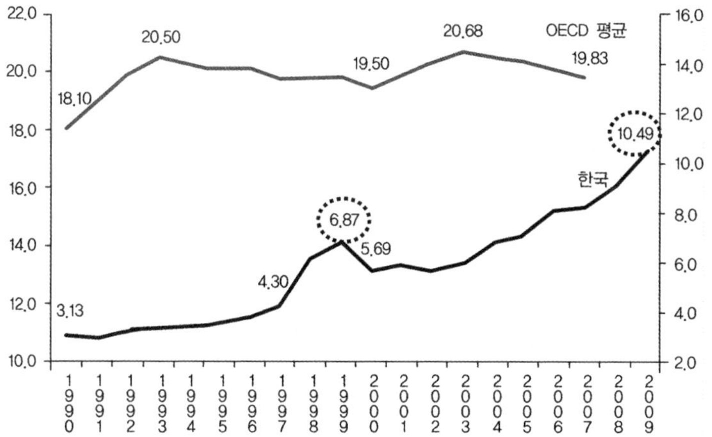

출처 : 한국보건사회연구원, 2012 재인용

23) 통계청, 2010, 2009년 4/4분기 및 연간 가계동향.

경기침체의 장기적 가능성은 외부적인 요인인 글로벌 금융위기가 계속되고 있고, 이에 따른 성장률의 감소도 예상된다. 대기업 경제연구소들은 2013년 국내경제 성장률을 3%대에서 머물고 지속적인 성장둔화를 예상하고 있다. 한국의 경제 성장율은 2011년 2분기부터 3%대로 낮아졌으며, 2012년 들어서는 2%대로 떨어졌다. 국내상황으로는 수출기업과 내수기업 간, 재벌기업과 중소기업 간의 연결고리가 현저하게 약화됨으로 인해 국민경제의 통합성이 깨지고 있다. 또한 언제 터질지 모르는 가계부채도 한국경제의 위기요인이 되고 있다. 사실상 1,000조 원을 넘어선 가계부채는 한국경제에 타격을 입힐 수 있는 '시한폭탄'으로 남아있다.

정치개혁 : 시민민주주의에 기초한 '국가 재창출'이 필요하다

세계경제 침체와 이에 따른 한국의 경제여건은 대내외적으로 어려운 상황이 계속되고 있다. '사회적기업육성법' 제정과 함께 본격적으로 시작된 사회적경제 논의는 '협동조합기본법' 제정으로 더욱 활기를 띨 전망이다. 사회적경제 발전을 위해서는 사회적기업, 협동조합, 마을기업 등의 정형화된 구성조직의 확대가 중요한 성장요인이기는 하지만, 이와 함께 이 조직들이 어떤 지역환경에서 누가 참여하여 이끌어갈 것인지, 그리고 거시적으로 사회적경제가 앞으로 국민경제에서 어떤 역할과 기능을 할 수 있을 것인지에 대한 진지한 성찰과 전망이 필요하다. 사회적경제 발전에는 내부적 조건 – 협동조합 등 구성조직들의 확산과 성장, 시민참여 확대와 네트워크 활성화, 사회자본 형성 – 들과 함께 정치경제적인 외부적 조건도 중요한 변수이다. 특히 정치적으로 시민들의 의사가 정치영역에 잘 반영될 수 있는 대의민주주의 발전이 매우 중요하다.

대의민주주의는 분업화된 현대사회에서 민주주의의 원리를 실현하는 데 가장 바람직한 형태로 인정된다. 대의민주주의의 통상적인 이해는 시민들이 선거를 통해 입법부와 행정부에서 자신들을 대표하는 정치관리를 선출하는 것으로 권리와 대표를 실현한다. 대부분의 민주주의 국가에서 이루어지고 있는 대의민주주의는 시민들이 정치권력을 행사하는데 있어서 선거 등을 통해 일정 정도 역할을 하는 형태이다. 사실 대의민주주의 발전을 위해서는 선거제도라는 게임의 룰을 어떻게 만들 것인지가 더 중요하다. 특히 지금 정치권에서 논의되는 정치개혁 내용 중에 국회의원의 수와 비례대표제도 문제 등은 국회의원의 대표성에 관련되는 중요한 사안이며 민의를 제대로 반영하기 위한 구조를 만드는 것과 깊은 관련이 있다.

입법부의 대표인 국회의원 선출에서 선거구제의 개혁이 필요하다. 현행 소선구제는 '일등'만 국회의원으로서의 대표성을 얻어 국회로 진출하고 나머지 후보자는 득표 수에 관계없이 탈락의 고배를 마신다. 문제는 일등으로 뽑힌 후보의 득표율이 나머지 탈락한 후보들의 득표율보다 적다면 그 국회의원은 자신을 선택한 소수의 시민들만을 위한 대표성만 가지고 자신을 선택하지 않은 시민들의 민의를 무시하게 된다는 점이다. 이러한 문제를 해결하기 위해 2011년 이루어진 '야권연대'에서 독일식 정당명부 비례대표제를 합의했지만 통합진보당의 분열로 아쉽게도 지리멸렬한 상태가 되었다.

독일식 정당명부식 비례대표제는 현행 소선구제를 유지하면서 각 정당 득표율로 각 정당의 전체 의석 수를 결정한 후 선거에서 승리한 의석 수를 뺀 나머지를 비례대표에 배정하는 방식이다. 정당 득표율과 전체 의석 수를 일치시킬 수 있다. 정당명부 비례대표제는 일등이 아닌 후보들이 얻은 사표를 합리적으로 처리하고, 지역정당구조를 개선해 정당 간 정책경쟁을 활성화시킬 수 있다. 지역을 기반으로 선출되는 지금의 선거는 국회의원들이 정책보다는 인맥과 돈에 의해 당선되는 비합리적 선거제도이다. 비례성이 충분히 보장되는 독일식 정당명부 비례대표 선거제도를 도입하여 이념 및 정책중심 정당정치가 이루어지는 것이 정치개혁의 주요 목표다.

또한 기초의원들에 대한 정당추천제도 폐지되어야 한다. 풀뿌리 정치일꾼을 뽑는 기초의원 선거에서 유권자들이 정당만 보고 찍는 경우가 많아 풀뿌리 정치라는 지방의회의 기본 정신에 맞는 사람들이 정당공천만 받아 기초의원으로 선출되는 경우가 많을 수 있다.

사회적경제는 시민들의 자발적 참여와 실천으로 이루어지는 시민참여 민주주의 경제다. 협동조합이 발전한 일본에서는 지역의 협동조합과 결사체들이 기초의회의원을 교육하고 훈련시켜 기초의회로 보내는 사례가 많다. 지역주민들의 삶의 현장과 함께하는 기초의회는 풀뿌리 정치를 실현하는 현장이며, 시민들은 풀뿌리 정치인을 대표로 선출하는 능동적 참여를 통해 지역의 사회경제적 조건을 향상시키는 주체로 성장할 수 있다.

사회적경제 조직은 지역에서의 풀뿌리 정당과 정치인을 선택하는 시민들의 민주주의 교육과 실천의 장이며, 이를 통해 국가의 미래를 선택하는 안목을 넓히게 된다. 정치인과 정당은 5년마다 이루어지는 대통령 선거에서 정권교체를 목표로 하지만 위기의 대한민국이 살 수 있는 길은 정치개혁을 통한 '국가 재창출'이다. 낡은 정치의 패러다임을 버리고 시민민주주의를 기반으로 하는 새로운 대한민국을 건설하는 것이 진정한 정치개혁의 완성이다.

시장개혁 : 신자유주의 정책폐기와 '다원경제'가 시장을 바꾼다

뉴밀레니엄이 시작된 2000년대 초반 미국의 1990년대 IT버블처럼 한국도 벤처기업의 거품이 코스닥 시장에 몰아닥쳤다. IT기업들에 대한 묻지마식 투자가 광풍처럼 일었고 며칠 사이에 주가가 수 십 배씩 폭등하는 기업들이 속출했다. 그러나 한국의 벤처거품도 얼마 가지 못하고 해를 넘긴 2001년 대부분의 코스닥 상장 벤처기업들이 알맹이 없는 회사들로 드러나면서 투자자들의 깡통계좌가 속출했다. 정부의 벤처기업자금에만 의존하여 돈 잔치를 벌인 결과였다. 한편 이미 한국보다 먼저 IT거품이 꺼진 미국에서는 저금리 기조로 시중에 풀린 자금들이 주택구입과 금융투자로 몰리면서 부동산과 주식시장이 지속적으로 오르기 시작했다. 한국에서도 펀드의 출현으로 금융자산 투자열풍이 불자 집단적 광기라 할 만큼 너도나도 주식과 펀드 등에 투자하기 위해 금융시장에 몰려들었다. 유가증권시장의 과열과 부동산 가격상승이 이어지면서 모두 부자가 될 수 있다는 '꿈'에 사로잡히게 되었다.

이러한 금융자산과 부동산 투기열광의 배경에는 "부자되세요"라는 말이 인사가 될 정도로 개인적인 부의 축적을 최고의 가치로 이끈 '부자되기' 열풍의 부추김이 있었다. 『부자 아빠, 가난한 아빠』[24]라는 책은 한국의 서민들을 주식투자에 빠지게 만든 또 다른 요인이었다. 그러나 이렇게 부에 대한 열광은 2007년 미국 금융위기로 일순간에 터져버렸다.

김대중 정부 당시 IMF로부터 구제금융을 받는 조건으로 수용한 산업 구조조정은 한국경제의 구조적인 변화결과를 가져왔는데, 가장 큰 변화는 일자리의 대폭적인 감소였다. 여기에 김대중 정부의 신자유주의 정책기조로 비정규직이 엄청나게 늘어나면서 그에 대한 차별도 심해지기 시작했다. 고용 불안정에 시달리는 비정규직 노동자는 대부분 기본적인 생활을 유지하기에 충분한 돈을 벌 수 없는 열악한 처지로 내몰리기 시작했다. 이러한 고용상황은 노무현 정부로 들어와서도 계속 이어졌다. 노무현 정부 역시 신자유주의 정책기조를 유지했는데 한미 FTA와 의료민영화 등이 대표적인

24) 가난한 아빠는 열심히 공부해서 좋은 대학을 나왔지만 한평생 내야 하는 세금과 주택구입으로 가난했고, 부자 아빠는 얻은 재산으로 더 큰 재산을 얻기 위해 금융투자로 성공해서 더 큰 부자가 되었다는 내용이다. 그러나 이 책 저자인 로버트 키요사키는 2012년 8월 자신의 회사인 리치글로벌 파산신청을 법원에 신청했다.

신자유주의정책이었다. 참여정부도 비정규직 문제를 제대로 해결하지 못했다. 2006년 제정된 비정규직 관련법으로 비정규직이 줄어들기는커녕 오히려 더 늘어났다. 이런 신자유주의 정책기조는 이명박 정부 들어와서 더욱 심해졌고, 고용부문에서 비정규직 문제는 더욱 심각해졌다.

경제개혁과 관련해서 경제민주화가 커다란 화두가 되고 있다. 경제민주화에서 중요한 이슈로 떠오른 것이 재벌개혁이다. 재벌개혁의 급박성은 경제력이 대기업에만 쏠리는 현상에 대한 우려에서 비롯된다. 대기업과 중소기업의 상생이 말뿐일 수밖에 없는 것은 국민경제 성장에서 정책과 자원이 재벌대기업에만 집중된 상황에서는 중소기업과의 불공정거래가 일어날 수밖에 없기 때문이다. 2007년 이명박 정부는 '비즈니스 프렌들리(business friendly)'를 내세우며 고환율 정책으로 재벌기업들에게 엄청난 환율차익에 따른 현금수익을 안겨 주었지만 기대했던 '낙수효과(trickle down effect)'[25]는 일어나지 않았고 고용효과도 없었다. 외환위기를 거치면서 재벌기업은 이미 자신의 생존전략을 고용축소, 외주, 외국투자 확대 등을 통해 글로벌 기업으로의 성장을 목표로 국내적 연관성을 벗어나고 있다.[26]

심각한 양극화와 비정규직 증가, 여성 노동력의 확대를 위해서는 거시경제가 회복되어야 하지만 유로존의 재정위기 등 세계경기의 지속적인 침체로 한국경제가 더 좋아질 기미는 보이지 않는다. 소규모 개방형 수출국가인 한국의 경제가 계속 수출에 의존해간다면 장기적인 성장정체가 이어질 것이라는 우려가 나오고 있다. 수출대상 선진국들의 경기침체에 따른 소비감

25) 국민경제에서 국내총생산(GDP)이 증가하면 저소득층에게도 혜택이 돌아가 소득의 양극화가 해소된다는 논리인데, 이 이론은 분배보다 성장을, 형평성보다는 효율성에 우선에 둔다. 이명박 정부는 재벌기업의 수익확대로 고용창출과 소비진작을 기대했으나, 재벌기업의 환율차익으로 벌어들인 막대한 자금을 사내유보로 쌓아두고 있다.

26) IT산업의 경우 부품이나 하청협력업체와 관계에서 단가 등의 조건이 안 맞으면 언제든 외국으로 구매업체를 돌린다.

소가 한국의 수출경제를 발목잡고 있는 것이다.

경제개혁은 시장개혁에 대한 청사진을 그리는데서 시작해야 한다. 시장경제와 함께 비시장경제, 비화폐경제시장을 활성화시키는 다원경제체제로 경제구조를 바꾸어야 한다. 다원경제는 고용문제를 해결하는 해결점이다. 경쟁시장에 쉽게 또는 일찍 밀려난 사람들은 대부분 미숙련이거나 저임금 노동자들이 대부분이다. 이들 다수 일반 노동자들은 점점 지식기반체계로 변해가는 경제 시스템에 적응하지 못하기 때문에 고용기회가 없거나 또는 불안하고, 아예 고용기회를 갖지 못해 사회적 배제자가 될 가능성이 매우 높다. 따라서 저숙련 노동자들의 고용을 위해 사회적경제 영역이 들어설 수 있는 기회를 확대시켜야 한다. 사회적경제의 활성화를 통해 만들어지는 중간노동시장에 협동조합, 사회적기업 등이 들어오면서 만들어지는 일자리는 빈곤예방과 완화에 기여할 수 있다.

특히 다양한 사업을 영위할 수 있는 협동조합은 경쟁시장에서 활동하는 위계적인 기업구조의 대안이 될 수 있다. 일반적인 기업구조는 노동자들이 벌어다 준 돈을 기업주와 주주가 가져가고 극히 일부만 돌려받는 구조로 노동자가 다른 사람을 위해 일하는 시스템이지만, 노동자 소유의 협동조합은 노동자 스스로 소유하고, 1인 1표의 민주적 운영을 통해 분배의 평등을 실현할 수 있다. 생산활동의 주체, 조건, 일정, 방식은 주주가 임명한 경영자가 아닌 조합원 자신이 결정하며, 경제활동으로 창출된 소득은 균등하게 배분하거나, 노동시간, 숙련도, 기타 조합에서 결정한 기준에 따라 결정된다. 따라서 진정한 시장개혁을 위해서는 경제와 환경과 사람을 살리는 사회적경제가 필요하다.

제4절 사회적경제와 복지융합 : 새 패러다임의 복지국가를 향한 길

1 복지융합 : 사회적경제와 복지의 선순환

복지혼합에서 복지융합으로

복지혼합(mixed economy of welfare)은 1980년대 영국에서 신자유주의 정책으로 인한 복지국가 재편에 따라 복지 제공자의 역할과 기능 재조정에서 나온 개념이다. 복지혼합은 국가, 시장, 자원(voluntary)조직과 비영리 조직 등의 시민사회 세 요소로 구성되며, 복지공급 주체의 다원화를 나타내기 때문에 복지다원주의(welfare pluralism)로도 불린다. 어떤 복지체제를 선택할 것인가 하는 문제는 그 나라의 사회정책과 복지이데올로기와 관련된다. 에스핑-안데르센에 따르면, 복지국가가 없어도 사회정책은 존재하지만, 반대로 사회정책이 없는 복지국가는 존재할 수 없다. 사회정책이 복지국가에 선행하는 것이다. 복지이데올로기에 따른 분류는 복지국가를 떠받치는 사회적 가치와 사회정치적 이념에 기초한다. 이 둘은 복지국가의 근간이기도 하지만 복지국가를 유지하고 발전시키는 사회정책을 이해하는 데 가장 중요한 내용이기도 하다(Esping-Andersen, 박시종 역, 2006).

빅 조지와 폴 윌딩(V. George & P. Wilding)은 좌파와 우파의 기준을 두고 반(反)집합주의자, 소극적 집합주의자, 페이비안 사회주의자, 마르크스주의자로 구분한다.[27] 윌렌스키와 르보(H. L. Wilensky & C. N. Lebeaux)도 잔여적

---

27) '반집합주의자'는 '자유'와 '개인주의' 가치를 중시하는 우파 시장론자의 입장이며, '소극적 집합주의자'는 반집합주의자와 유사하지만 자유시장에 대한 신뢰가 강하지는 않다. 좌파의 입장에서 '페이비안 사회주의자'는 영국 사회민주주의의 한 유형이라 할 수 있는데, '평등과 자유'의 가치를 우선하고, 마르크스주의자는 사회적 가치, 국가의 본질, 정부의 역할, 복지국가에 대해 우파인 반집합주의자들과 완전히 반대되는 가치를 지향한다. George, V.·Wilding, P.(1973). Ideology and Social Welfare. 남찬섭 역(1994). 이데올로기와 사회복지. 한울아카데미 참조

모델과 제도적 모델로 구분했고(Wilensk, & Lebeaux, 1965), 에스핑-안데르센은 이념적으로 자유주의, 보수주의, 사회민주주의로 구성되는 복지자본주의의 세 가지 세계로 구분했다. 그는 초기 저작에서 사회복지서비스전달 체계에서 공공과 시장의 혼합에 따라 복지체제를 구성했지만, 이후에 나온 저작에서는 1980년 이후 사회복지서비스 공급자인 공공과 민간의 상호작용에 초점을 두고 분석했다(Esping-Andersen, 2006).

국가역할 강화론자들은 복지혼합의 요소들 중, 국가복지(state welfare)는 복지국가와 관련되고, 시장의 실패에 대한 국가의 공급자 역할을 중요시하며, 공공서비스는 공공적 성격을 분명히 해야 한다고 주장한다. 또한 시장복지(market welfare)는 국가의 실패를 주장하는 시장론자들의 견해이며, 국가보다 시장이 더 효율적임을 강조한다. 시장복지는 유사시장(quasi-market)이나 바우처를 통해 사회복지서비스의 민간위탁과 복지국가 주요 영역의 민영화 정책 등에서 발생하는 문제들을 감춰둔다. 그러나 복지제공의 새로운 역할자로 논의되는 '사회적경제(social economy)/자원복지(voluntary welfare)'는 시민사회 영역에서 협동과 상조(mutual)를 중요한 복지동력으로 삼는 제3의 복지자원이다.

복지융합(welfare convergence)은 복지공급주체 중 시민사회영역의 사회적경제가 지역복지와 결합하여 만들어지는 3차원의 복지공간, 즉 복지 커뮤니티를 통해 복지국가의 새로운 얼개를 만드는 패러다임이다. 세계 자본주의의 새로운 흐름이 시작된 현 시점에서 복지융합은 시민사회가 주체가 되어 국가와 시장을 통제하는 복지국가모델이다. 복지융합을 통한 복지국가모델은 완전고용과 산재, 질병, 노령 등 산업사회에서 발생하는 전통적인 사회위기에 대해 사회보험을 통한 안전망 체계를 계속 강화하면서, 저출산, 고령화, 여성의 노동시장 진출확대와 가족돌봄, 육아, 보육 등의 새로운 사회적 위기를 해결하기 위한 '복지 거버넌스(welfare governance)'[28] 구축을 통해 이루어진다. 고숙련 노동자들을 위한 경쟁시장 이외에 저숙련 노동자와 생애 초기 취업 노동자들을 위한 중간노동시장 형성을 통해 다양한 복지자원을 생산하고 분배한다.

지금까지 시민사회는 경제영역에서 사회가 공유하는 자원배분과 생산에 대한 조정역할에서 벗어나 있었지만 지속적으로 자원활동(voluntary)이나 가족, 이웃을 통한 비공식적인 복지자원을 생산해왔다. 그러나 이제는 자원배분과 복지자원 제공에 있어서 시민사회가 소극적 역할에서 벗어나 경제자원의 조정과 통제역할을 강화하면서 적극적 복지모델로서 시민사회영역의 내생적(endogenous) 복지자원의 생산과 제공의 새로운 영역을 만드는 복지융합을 주도해야 한다. 이는 시민사회영역의 자원활동과 사회적경제라는 소프트웨어가 '지역(community)'이라는 하드웨어 안에서 새롭게 창출하는 '복지콘텐츠(welfare contents)'인 것이다. 향후 지역복지발전은 지역적 개성과 내생적 발전론에 근거하여 지역에 적합한 산업과 기술, 지역의 잠재자원, 지역주민 등과 융합한 중간구조의 영역 또는 공간으로 성장하여야 하며, 이것은 지역과 결합한 중간경제로서 사회적경제와의 결합으로 구체화될 수 있다. 지역복지가 사회적경제와 결합함으로써 국가주도의 복지국가를 강하게 추동하는 다이나미즘(dynamism)이 될 수 있다.

사회서비스와 여성 일자리 : 성평등화가 실현되는 중간노동시장 형성

사회복지서비스는 개인・집단・지역사회가 사회적으로 열악한 여건에 놓여 있는 대상자 또는 취약계층들에게 원조 전문가(helping professional)가 전문적인 지식과 기술을 토대로 이들의 문제를 해결해주거나 해결할 수 있

---

28) 과거 국가가 제공하는 서비스를 보충하거나 대안을 제시하는 지점에 있던 시민사회영역이 국가와의 협약 또는 파트너십을 통해 국가가 구체화시켜 놓은 조건하에서 국가재원을 효율적으로 사용하고 국가를 대행하여 서비스를 책임있게 제공하는 역할이며, 지역복지를 위한 협치(governance)로서 역할을 수행한다.

도록 지원하는 서비스를 말한다. 사회서비스 개념은 폭넓은 의미로 사용되고 있어 의미의 혼란을 불러오곤 하는데, 특히 사회보장제도를 이루는 '사회복지서비스'와의 구분이다. 강혜규는 사회서비스의 정의를 넓게는 공공행정, 국방, 의료, 교육, 사회복지부분 서비스를 포함하는 개념으로 구성한다고 정의한다(강혜규, 2009). 이 개념은 국제표준산업분류(International Standard Industry Classification, ISIC)에서 서비스업을 네 개의 분야로서 생산자 서비스, 유통서비스, 개인서비스, 사회서비스 구분을 기준으로 한다. 한국에서 사용되는 사회서비스와 관련된 개념정의는 〈표 4〉와 같다.

노무현 정부 당시 사회투자국가가 사회정책의 핵심으로 부각되면서 사회복지체계의 사회복지서비스를 사회서비스라는 새로운 관점으로 접근했다. 사회복지서비스를 일부 취약계층들의 욕구에 대응하는 좁은 의미에서 모든 국민에게 보편적으로 나타날 수 있는 사회적 위험의 확대된 개념으로 인식하면서 보다 적극적인 정책적 대처로 발전한 것이다. 따라서 사회서비스는 사회적 보호를 비롯한 다양하고 포괄적인 개인욕구에 대해 집합적인 대처의 필요성에 따라 이루어지는 사회복지와 돌봄, 의식주 등의 기본 보장, 교육, 고용이 연계하여 개입이 이루어지는 서비스로 정의할 수 있다.

〈표 4〉 사회서비스 개념과 관련한 법적 규정

	사회서비스 개념규정
사회보장기본법	• 제3조 제5호 "사회복지서비스"란 국가·지방자치단체 및 민간부문의 도움이 필요한 모든 국민에게 상담, 재활, 직업의 소개 및 지도, 사회복지시설의 이용 등을 제공하여 정상적인 사회생활이 가능하도록 지원하는 제도
사회서비스 이용 및 이용권 관리에 관한 법률	• 제2조 제1호 "사회서비스"란 「사회복지사업법」에 따른 사회복지서비스, 「보건의료기본법」에 따른 보건의료서비스, 그 밖에 이에 준하는 서비스로서 대통령령으로 정하는 서비스

사회복지사업법	• 제2조 제6호 "사회복지서비스"란 국가·지방자치단체 및 민간부문의 도움을 필요로 하는 모든 국민에게 상담, 재활, 직업 소개 및 지도, 사회복지시설의 이용 등을 제공하여 정상적인 사회생활이 가능하도록 제도적으로 지원하는 것을 말한다.
사회적기업육성법	• 제2조 제3호 "사회서비스"란 교육, 보건, 사회복지, 환경 및 문화 분야의 서비스, 그 밖에 이에 준하는 서비스로서 대통령령으로 정하는 분야의 서비스를 말한다.

사회서비스 일자리는 복지정책의 강화뿐만 아니라 여성노동참가율의 저조문제, 출산율 감소 등의 사회문제를 해결하는 데 도움이 된다. 여성의 노동시장 참여는 근로연령세대 가구의 빈곤을 완화하는 중요한 역할을 한다. 그러나 한국의 여성고용률은 OECD 국가 평균수준에도 못 미친다. 한국여성정책연구원 보고서에 따르면, 우리나라 여성 서비스취업자 비율이 전체 서비스취업자 중 여성은 53.1%로 OECD 국가 중 하위권에 속한다(한국여성정책연구원, 2011). 보고서에 따르면, 우리나라 전체 취업자 중 사회서비스 취업자 구성비는 22%이고 여성고용률은 53.1%로 나타났다. 서비스업 중에서도 사회서비스업은 여성의 고용창출 효과가 높은 부문이다. 그럼에도 여성들의 사회서비스 취업자 비율이 낮은 것은 여성친화적 일자리 창출률이 낮다는 것이며, 그 결과 우리나라의 전반적인 여성고용률도 OECD 국가 중 하위권일 수밖에 없다.

경기개발연구원의 한 보고서에서도 일자리 창출효과와 성장가능성이 높은 5대 분야를 제시했는데 그 중 하나로 사회서비스 분야를 들었다. 2004년부터 2010년까지 농림어업과 제조업 고용이 각각 25만 8천 명, 14만 3천 명 감소했지만 서비스업에서는 167만 2천 명이 증가했고, 서비스산업 고용비중도 지속적으로 증가해 2007년 OECD 평균수준인 68.7%에 달한다고 발표했다(경기개발연구원, 2011).

여성고용률을 높이기 위해서는 다양한 정책 및 제도 중에서 사회서비스 부문의 성장을 촉진하는 것이 중요하다. 특히 근로가능 연령대인 25~54세 여성 고용률이 특히 낮은 것은 일과 가정을 양립하기 어려운 열악한 환경 때문이다. 여성이 충분하게 노동시장에 참여하지 못하는 이유 중 하나는 현재 가구의 소득을 감소시키는 결과와도 관련된다. 더 많은 여성들이 노동시장에 참여하기 위해서는 무상보육과 같은 일-가정 양립 정책이 계속 추진되어야 하며, 이를 위해서는 사회적경제 영역에서 '성평등한 중간노동시장'을 창출해야 한다.

중간노동시장은 사회적경제의 근간이 되는 지역순환경제의 출발점이다. 중간노동시장은 경쟁노동시장에서 탈락한 계층을 지역경제로 유인하여 인적 자원으로 육성하고 지원하는 역할을 한다. 중간노동시장 형성은 우선적으로 사회서비스 분야 취업계층을 위한 일자리 확대로 시작할 수 있다. 현재 시행되고 있는 사회서비스 시책은 돌봄, 육아, 장애아동 지원 등과 같이 가족 내 자원으로 가족구성원을 보살필 수 없거나 부족할 경우 발생되는 사회적 욕구해결을 위해 정부가 전자바우처를 발급한다. 전자바우처는 이용자는 소비자로서 필요한 사회서비스를 구매하고, 서비스 제공기관은 공급자로서 서비스를 제공하는 형태이며, 서비스 수요를 이용자 당사자들이 자발적이고 주체적으로 복지서비스를 해결하는 방식이다. 사회서비스 중간노동시장 형성은 서비스 제공과 소비를 경쟁시장 접근에서 벗어나 지역사회 참여를 중요시하는 방안이기도 하다. 사회서비스가 제공되는 방식은 **그림 9**와 같다.

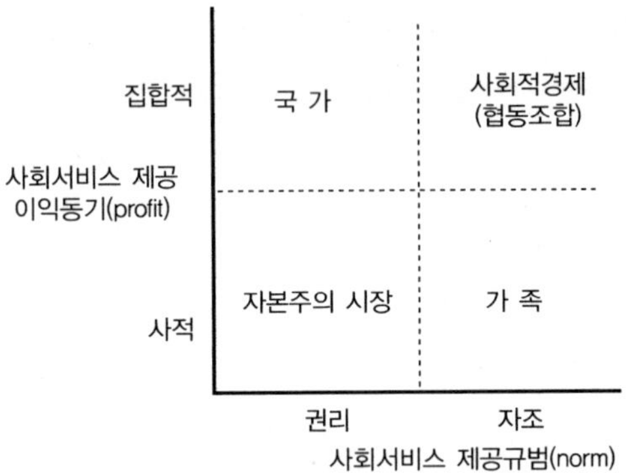

▌그림 9▐ 사회서비스를 제공하는 네 가지 방식

현재 우리나라의 대표적인 사회서비스사업은 보건복지부에서 시행하는 7대 바우처 사업[29]으로 이 중 지역사회서비스투자사업은 '사회서비스의 시장화'를 목표로 하고 있다. 시장화는 사회서비스가 제공자와 소비자 관계로 구매가 이루어지는 '상품화'를 의미한다. 현재 지역사회서비스투자사업의 경우 서비스 제공대상자(이용자)를 기초생활수급자와 차상위계층에 한정하고 있으며, 이들의 구매력은 정부가 전자바우처로 지원하는 '유사시장(quasi-market)' 형태로 제공되고 있다. 정부는 사회서비스 공급형태를 완전한 경쟁구조로 바꾸어 소비자의 선택권 강화를 목표로 하고 있으나, 저소득층의 가처분소득 능력을 고려해 볼 때 구매력을 증가시키기 위해서는 정부의 재정지출 증가를 통한 유효수요 확대가 필요하다.

사회서비스가 지닌 보편적 복지로서 공공적 성격을 유지하면서 경쟁시장을 통해 제공되는 상품으로 소비자가 필요에 따라 구매하는 시장화를 형성하기 위해서는 사회서비스 제공구조를 저소득층을 대상으로 하는 방식과

29) 노인돌봄종합서비스, 장애인활동보조지원사업, 산모・신생아도우미사업, 지역사회서비스투자사업, 가사・간병방문도우미서비스, 장애아동재활치료사업, 시・청장애부모 자녀의 언어발달지원사업 등이다. 보건복지부(2012). 2012년 지역사회서비스투자사업 안내 참조

일반국민을 대상으로 하는 투 트랙(two track) 구조가 되어야 할 것이다. 저소득층 대상 제공 사회서비스는 공공적 성격을 갖게 되므로 제공기관을 지금처럼 민간영리형 서비스제공기관보다는 지역별로 산재해 있는 '종합사회복지관'을 '종합사회서비스센터'로 기능을 전환하여 지역사회서비스투자사업 등을 포함한 7대 바우처 사업을 점진적으로 통합하여 제공하고, 시장형으로서의 사회서비스는 일반국민을 대상으로 민간 영리기관이 시장에서의 자유로운 경쟁을 통해 제공하는 것이 바람직하다.

2 지역복지 패러다임의 전환

지역복지실천의 변화과정

지역복지는 사회복지의 전통적 3대 방법론에 속하는 지역사회조직(community organization)에서 발전한 개념이다. 사회복지 교육과정에 통합방법론이 도입되어 개인과 집단을 분리하지 않게 되면서 사회복지실천론, 사회복지실천기술론과 독립적으로 지역사회복지론으로 발전해왔다. 지역복지는 개인이 속한 지역사회를 대상으로 사회환경의 자원개발 및 권리차원의 복지운동으로 변화하고 있다. 여기서의 '지역사회' 개념은 지역성을 갖는 공동체를 의미한다. 가족과 기업의 중간차원, 미시적인 지역과 거시적 국가 사이에 놓인 중간차원으로서 범위이다. 일반적으로 지역사회는 사람들의 1차 생활권으로서 가족생활을 지탱하는 곳이며, 지방정부는 보육, 교육, 보건, 돌봄 등 일선에서 지역주민의 생활을 지원하는 영역이다.

지역주민과 사회적 약자들의 복지 증진과 삶의 질을 향상시키기 위한 사회복지영역인 지역복지가 발생하게 된 배경은 첫째, 지역사회 및 가족기능의 변화에 따라 가족과 지역공동체가 갖고 있던 돌봄(복지)기능이 약해지면서 이를 보완하는 서비스가 필요했고, 둘째, 복지욕구가 현금과 현물과 같은 경제적인 면에서 교육 · 보육 · 문화예술 · 스포츠와 같은 정서적이고 비경제적인 복지서비스로 이전하기 시작했으며, 셋째, 종래의 시설수용 위주의 복지에서 탈피(탈시설화, deinstitutionalization)하여 가정과 이웃의 정상적 생활 속에서 수요자에게 서비스를 제공하는 재가복지서비스의 등장을 들 수 있다.

장애인복지가 시설수용방식에서 탈피하여 지역사회에 거주하며 필요한 서비스를 제공받는 '탈시설화' 이론에 '정상화(normalization)'원리가 결합되면서 지역복지가 더욱 발전하는 계기가 되었다. 이후 지역복지는 미국의 지역사회조직(community organization) 또는 지역사회개발(community development)이론과 영국의 지역사회보호(community care)이론으로 전개되었다.

지역복지실천의 범주는 국가별로 다소 차이가 있기는 하지만 크게 '지역사회조직', '지역사회보호', '지역 만들기', '지역사회개발' 등으로 구분된다.

지역사회조직은 지역주민의 공통적 욕구를 해결하기 위해 지역사회 내의 물적 · 인적 · 정보 자원을 활용하여 주민 네트워크를 형성하는 것이다. 이를 통해 지역사회의 호혜적 활동이 발생하여 지역사회가 활력있고 바람직한 방향으로 발전해가도록 조직화하는 활동이다.

지역사회보호는 보호가 필요한 사람들을 시설 대신 가정이나 혹은 가정과 유사한 지역사회 내 일정한 환경에서 서비스를 제공하는 사회적 보호형태이다. 지역사회보호는 영국에서 시작되었는데 1920~30년대 정신장애인 치료와 처우에서 시설수용방식에 대한 반성과 지역사회 내에서 치료와 처우의 필요성과 가능성이 강조되면서 1970년대 이후에 강하게 대두되었다.

최근 지역복지를 지역 만들기와 연계하려는 시도들이 많이 이루어지고 있다. 이는 고령자와 저소득층을 생산적 경제의 자립적 일원으로 만들기 위한 조직적 노력으로 볼 수 있다. 지역 만들기는 현재 전국적으로 시행되고 있는 '마을 만들기' 사업과 연관성이 있으며, 협동과 연대에 기초하는 지역공동체를 만드는 것을 목적으로 한다.

지역사회개발은 주민들의 공동참여를 전제로 지역주민들의 자발적이고 자조적인 노력에 의해 공통의 욕구를 해결하고 주민들의 경제적・사회적・문화적 발전을 도모하기 위해 주민생활 향상을 위한 활동이다. 지역사회개발은 지역복지실천에서 중요한 영역이지만 사회복지 분야에서 중요하게 다루어지지 않은 부분이기도 하다.

지역복지의 확장

지역복지를 둘러싼 사회적・정책적 환경의 변화로 지역복지 개념이 넓어지고 있다. 히라노 타카유키(平野隆之)는 전통적인 지역복지를 '실천'관점에서 보는 것에서 벗어나 정책과 실천을 포괄하는 총체적 '추진'의 영역으로 확대한다.30) 지역복지의 확대는 지역에서의 '복지정책'을 강화하는 것이다. 지금껏 지방자치단체가 연례적으로 수립하는 지역복지계획에서 더 나아가 고용과 지역경제가 연계된 복지정책으로서 지역복지를 전개하는 노력이 필요하다. 이는 지역차원에서 여러 사회보장제도나 사회서비스를 통합하여 그 지역만이 할 수 있는 사회복지전달을 실현하는 지역사회정책으로 시행될 수 있다. 따라서 지역복지는 지역발전을 목표로 하는 사회적경제의 주요 특성인 '지역중심의 상향식(bottom-up) 추진'과 공통의 방법론을 갖는다.

지역복지와 사회적경제의 상향식 추진은 주민들의 '자발적 실천'에 의한 순환구조로 이루어진다. 지역복지 프로그램은 아무 것도 없는 것에서 만들어져서 진행되는 것은 아니다. 자발적 실천은 행정기관의 (지원)정책 또는 제도에 따른 위탁이나 유인에 의해서가 아니라 주민주체에 의한 자주적인

30) 히라노 타카유키는 지역복지를 '정책과제'에 대한 '대응'영역으로 설정한다. 따라서 그는 지역복지를 실천이 아닌 '추진'으로 본다. 본 책에서는 그의 방법론을 참고하여 지역복지의 확장을 사회적경제와 연계하여 서술한다. 平野隆之, 김영종・박유미 역(2012). 일본의 지역복지 정책 및 방법. 학지사, pp.25-51 참조

선택을 통해 문제해결의 긴급성이나 필요성에 따라 프로그램화(프로그래밍)된다. 자발적 실천에는 지역주민에 의한 실천뿐만 아니라 시민단체나 전문기관에 의한 자발적 실천도 포함된다. 지역주민과 시민단체나 전문기관의 자발적 실천은 상호 병행하며 서로 영향을 줄 수 있다. 자발적 실천 안에 담겨져 있는 지역복지 요소(욕구, 자원 등)는 프로그래밍을 통해 파악되고 이 과정을 통해 지역복지의 순환구조가 이루어진다. 프로그래밍 과정에 들어오지 않는 요소들은 아직 지역복지로 인식되지 않은 내용일 수도 있다. 자발적 실천을 통해 프로그래밍 과정을 거쳐 정책화된 개발영역은 보급영역으로 넘어가면서 다시 하향화 과정을 거쳐 욕구에 대한 제도적 대응으로 환원되고 지역문제 해결을 위한 선순환구조를 갖는다(그림 10 참조).

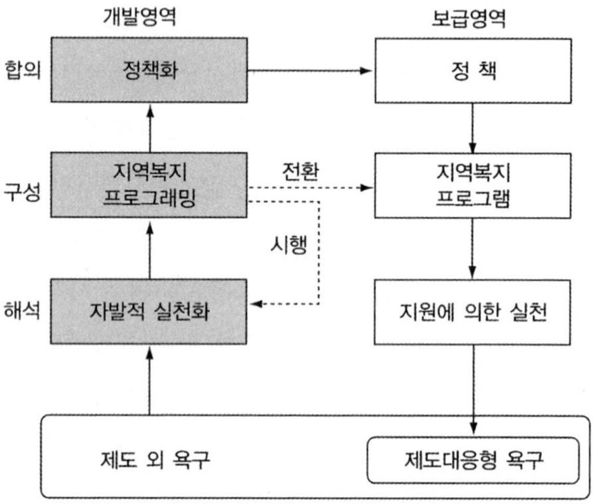

▌그림 10▐ 지역복지 프로그래밍의 순환

출처 : 平野隆之, 김영종·박유미 역(2012 : 58) 재구성

개발영역에서 지역복지 프로그래밍은 지역복지 추진을 보여주는 중요한 개념이며, 상향식 지역복지 추진의 원동력이다. 프로그래밍은 세 단계를 거

치는데 1단계는 지역욕구들 중에서 제도적으로 대응하지 못하는 욕구에 대해 자발적인 실천으로 이루어질 수 있는 지역복지 요소들을 찾아내어 '해석'하는 단계이다. 해석은 자발적인 실천과정에서 지역복지 프로그램 요소를 발굴하고 그 요소를 다른 실천자들과 함께 실행할 수 있는 스토리를 제시한다.

2단계에서는 해석된 스토리를 실제 프로그램으로 '구성'하는 단계이다. 프로그램 구성은 세 부문으로 구분된다. 중앙정부나 지방정부의 정책으로 이행되는 '정책화' 부문과 행정기관의 정책화를 거치지 않고 바로 지역에서 시행되는 '프로그램으로 전환' 부문, 마지막은 정교하게 짜인 프로그램이 주민들의 자발적인 실천으로 다시 이어지는 '시행' 부문이다.

3단계에서는 2단계에서 구조화된 프로그램을 원활하게 시행하기 위한 '합의형성'이 이루어진다. 이를 위해서는 지역복지 프로그램 구성에서 실제로 그 프로그램의 실천을 해나갈 구성원들의 합의형성의 '장소'가 필요하다. 여기에서 장소는 공간적인 의미에 국한되지 않는다. 장소는 사람들이 함께 참여하여 서로 관찰하고 소통하며 이해하는 과정을 통해 상호작용이 일어나면서 자극을 주는 일종의 '틀(frame)'이다.

이러한 지역복지 프로그램 순환과정은 지금의 공적 사회복지전달체계를 대입하여 분석하면 쉽게 이해할 수 있다. 실제로 사회복지사업의 시행과 서비스 전달은 지역에서 자발적 실천으로 시작되는 개발영역의 상향식보다는 중앙정부의 정책에 의한 하향식 보급영역 구조에서 일률적으로 시행되고 있다. 보급영역의 사례는, 주거, 소득, 교육, 환경 문제가 집중화된 영구임대아파트에 거주하는 주민들을 위한 복지사업으로 보건복지부의 '저소득층 지원 정책'과 '종합사회복지관운영지침'에 따라 영구임대아파트단지 내 종합사회복지관에 '지역사회복지 프로그램'으로 지침이 되어 하달된다. 단지 내 종합사회복지관은 정부의 사업비 보조금을 받아 사업 '실천'을 하게 되며, 사업내용에 따라 해당 대상주민들의 욕구와 문제해결을 위해 '제도적 대응'을 하게 된다. 그러나 이런 전통적인 하향식 보급사업은 제도적으로 대응할 수 없는 욕구대상자들을 포괄하지 못하는 문제를 안고 있다.[31]

개발영역의 사례로는 1997년 외환위기가 발생하면서 사회안전망 부재로 사회적 이슈가 되었던 노숙인 문제를 대입할 수 있다. 당시 사회복지사업법에는 노숙인이라는 용어가 없었다. 대신 부랑인에 관한 사회복지사업 규정에 따라 부랑인 시설 수용이라는 획일적 대처만 가능했다. 기업 구조조정과 가정해체 등으로 노숙인이 된 사람들에 대한 구호와 지원이 필요했지만 관련법규의 부재로 제도적 대응이 어려웠다. 그러자 역 주변 등지의 노숙인들을 위해 종교단체와 자선단체들이 무료급식과 무료진료를 실시하면서 노숙들의 '제도 외 욕구'가 사회복지 프로그래밍 과정을 거쳐 정책화되었다. 현재 노숙인 문제나 복지자원 공급방식은 지방자치단체를 중심으로 노숙인 다시서기센터 등을 통해 제도적 대응을 하고 있다.

지역복지실천과 사회적경제의 융합

지역의 사회적 욕구 중 제도로 대응되지 않는 욕구는 자발적 실천에 의해 지역복지로 인식되면서 '해석'을 통해 지역복지 프로그램으로 사업화가 될 수 있음을 검토했다. 지역복지 사업화는 지역복지자원의 생산을 의미하며, 이는 지역의 인적·물적 생산수단을 활용하여 지역의 문제와 욕구를 해결하는 '생산적 과정'이다. 이 지역복지의 생산적 과정에서 사회적경제라는 추진동력이 결합되면 지역복지의 생산성은 더욱 높아지며, 지역복지 프로

31) 서울시는 2012년 10월 마포구 성산동 소재 영구임대아파트 거주민 대상으로 전수조사를 실시한 결과를 발표했는데, 조사대상자의 19.4%가 자살위험군으로 나타났다고 밝혔다. 이들 자살위험군 중 60%가 넘는 348명은 자살충동을 느꼈거나 실제로 자살계획을 세운 적이 있는 고위험군에 속했는데, 5~8월 넉 달 동안 이 아파트 단지에서만 9명의 주민이 스스로 목숨을 끊었다. 이는 기초생활보장 수급자와 차상위계층, 장애인 등 경제적 소외계층인 입주자들을 위한 복지서비스를 제공하지만 제도대응형 욕구에 제한되어 있음을 보여준다.

그램 실천은 효과성 차원으로만 그치지 않고 '새로운 복지자원 생산'과 '지속가능성'을 이룰 수 있다.

사람은 누구나 가족을 포함하여 이웃, 학교, 종교단체, 동호회 등 다양한 사회관계 속에서 살아가기 원한다. 이러한 사회적 관계형성은 '환경 속의 개인(person in environment)'으로 살아가는 누구나가 갖고 있는 욕구이다. 여러 유형의 복지문제를 갖고 있는 사람들도 이와 같은 욕구를 갖고 있지만 욕구실현을 가로막는 많은 어려움이 지역사회 내에 존재한다. 이러한 어려움을 해결하기 위해 복지자원이 필요하다. 지역복지가 지향하는 목표는 지역사회 안에서 신체적 · 심리적 · 사회경제적 문제를 갖고 있는 사람이 다양한 사회관계망 속에서 자신의 생활을 불편함 없이 누릴 수 있도록 복지자원을 지역사회 안에서 발굴하고 확보하는 것이다.

지역복지와 사회적경제의 융합은 일차적으로 지역복지 생산을 위한 자원을 발굴하고 또 문제해결과 지속적 발전을 위해 자원형성을 지원하는 역할을 한다. 이렇게 만들어진 융합공간에는 지역복지 실천내용인 욕구와 해결을 위한 지역자원이 사회적경제라는 추진동력과의 결합으로 신뢰 등의 사회자본으로 확장된 복지커뮤니티가 이루어지게 된다(그림 11 참조).

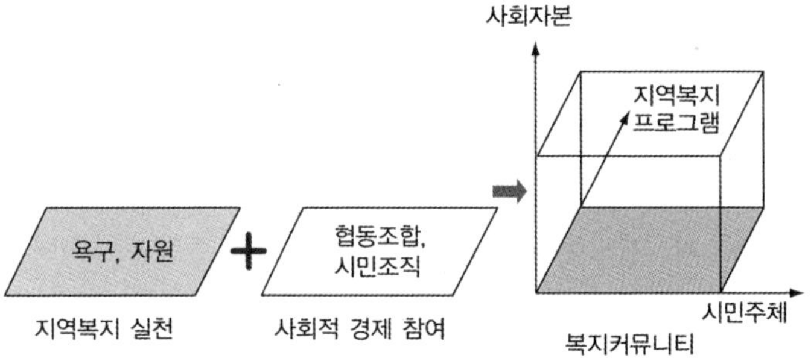

❙그림 11❙ **지역복지 실천과 사회적경제 융합모형**

1차원적인 지역복지와 사회적경제의 결합으로 3차원의 복지커뮤니티가 만들어질 수 있다. 제도적 대응으로 충족되는 지역의 욕구뿐만 아니라 제도외적 욕구들도 3차원으로 형성된 복지 커뮤니티에서 담아낼 수 있다. 복지 커뮤니티 공간의 크기를 결정하는 요소들은 사회자본, 지역복지 프로그램, 시민주체인데, 이들 세 요소들이 얼마만큼 만들어지느냐에 따라 공간의 크기는 달라진다.

3 사회적경제로 복지마을을 꿈꾼다[32)]

복지마을의 개발과 특성 : 복지국가의 새로운 가치창출과 확대

지역복지의 지향점은 '지역주민 주체형성과 복지공동체(welfare community)확립'인데 이를 달성하기 위해서는 '지역민주주의'가 요구된다. 지역민주주의는 정치적으로 지방자치제를 통해 지역주민 스스로가 생활문제를 해결하고, 정책화 요구를 통해 지역복지정책의 내용을 지역욕구에 적합화하도록 하는 데 필요한 에너지를 형성하는 기초이기도 하다.

복지마을은 지역주민의 민주적 시민의식을 통한 자발적인 참여로 만들어진다. 동원이 아닌 참여로 협동생활을 만들어가는 일이다. 복지국가는 국민 전체의 사회적 여건을 향상시키고 복리증진을 추구하는 데 있으며, 지역 만들기나 복지마을은 사회복지의 영역을 기존의 취약계층에 대한 서비스를 제공하는 것이 아니라 보편적인 차원에서 모든 사람에 대한 삶의 질을 담보하는 방안으로 확장하는 전환점이 된다. 또한 마을, 지역사회, 커뮤니티(community)를 지리적 · 공간적 의미보다는 상호간의 돌봄과 나눔의 지역공동체라는 개념으로 재규정하게 된다.

---

32) 이상헌 · 최 영 · 정관영 · 박혜경(2012). 경기도형 복지마을 모형개발과 추진전략 연구. 경기복지재단, pp.244-256의 내용을 일부 수정

복지영역에는 취약계층에 대한 서비스를 공급하는 것뿐만 아니라 모든 사람들이 행복한 삶을 영위할 수 있도록 일자리와 의료, 노후, 주거, 먹거리, 문화와 여가 등에 대한 사회제도와 정책을 개선하는 활동을 포함하고 있다. 결국 복지마을은 현재의 복지시스템을 재구조화하는 과정이다. 보편적 복지국가는 국가정책적인 의제로 다루어지지만 지역사회의 풀뿌리 공동체와 긴밀하게 결합되지 않는다면 진정한 복지국가가 만들어질 수 없다.

복지마을 핵심가치는 공동체성, 협동, 나눔의 가치를 중심으로 한다. 공동체의 가치에 대해서는 다양한 견해가 있지만 복지마을의 공동체성은 자발성, 창의성, 민주성, 합리성, 개방성, 주체성 등에 근거하여 차별이나 편견 없는 인간의 존엄성이라는 가치를 토대로 한다. 협동은 지역공동체 구성원들의 이해관계가 서로 대립하거나 갈등하는 것이 아니라 협력하여 더 발전적인 지속가능한 지역공동체를 구축하는 데 기여한다. 지역공동체에서 나눔과 돌봄문화, 사회공헌 등을 통해 인간적인 정(情)이 순환됨으로써 인간과 인간의 관계를 더욱 풍요롭게 한다. 공동체성과 협동, 나눔은 지역공동체 발전에 통합적인 시너지를 가져올 수 있다.

복지마을 지향이라는 지역사회복지실천은 단순히 협의의 사회복지로서 기초생활수급자 등 빈곤층에 한정되지 않고 지역사회의 생활문제를 치유, 경감, 회피, 예방하는 광의의 개념으로 전환된다. 그러나 자본주의의 모순과 불균등 발전이 낳은 지역생활 문제뿐만 아니라 욕구의 다양화와 고도화와 함께 나타난 새로운 빈곤문제를 적절하고 탄력있게 대응하는 과제도 있다.

사회적경제와 결합된 통합적 복지마을 구축

복지마을은 지역공동체가 직면한 도시화, 산업화, 세계화로 인해 삶의 질을 위협하는 다양한 문제에 대해 주민 스스로가 주체가 되어 지역사회개발과 행동을 통해 공동체성과 협동, 나눔의 지역복지공동체 실현을 의미한다. ❙그림 12❙는 앞의 문제들을 극복하기 위한 복지마을모형을 제시하고 있다. 복지마을은 사회복지 영역에서 지역사회 실천을 위한 지역사회조직화의 연장선상에 있다고 볼 수 있다.

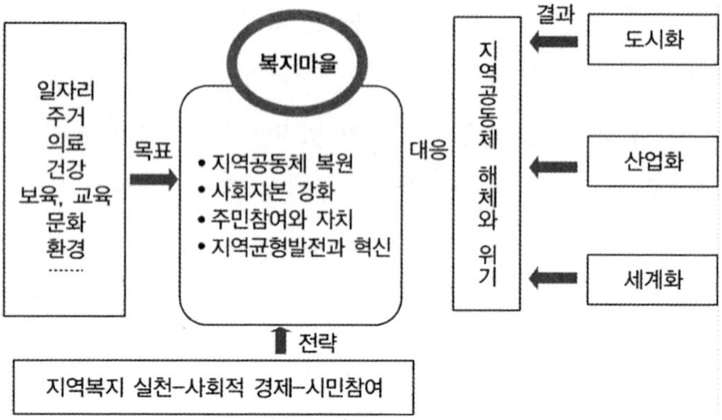

❙그림 12❙ **복지마을에 대한 탐색**

복지마을은 도시화, 산업화, 글로벌 환경에서 지역공동체 구성원들이 직면하는 일자리 문제, 주거, 먹거리, 보건과 의료, 보육과 교육, 문화와 여가 문제에 대한 불안과 위협을 해소하려는 지역공동체 차원의 개발, 계획, 행동으로 만들어진다. 이를 위해 무엇보다 중요한 것은 주민참여와 역량강화, 인적·물적·인프라·정보 등의 자원개발, 지속가능한 순환경제, 사회적 배제계층을 위한 중간노동시장 형성, 공동체 간 네트워크가 핵심적인 키워드가 될 것이다. 복지마을의 개념을 ❙그림 13❙으로 도식화할 수 있다.

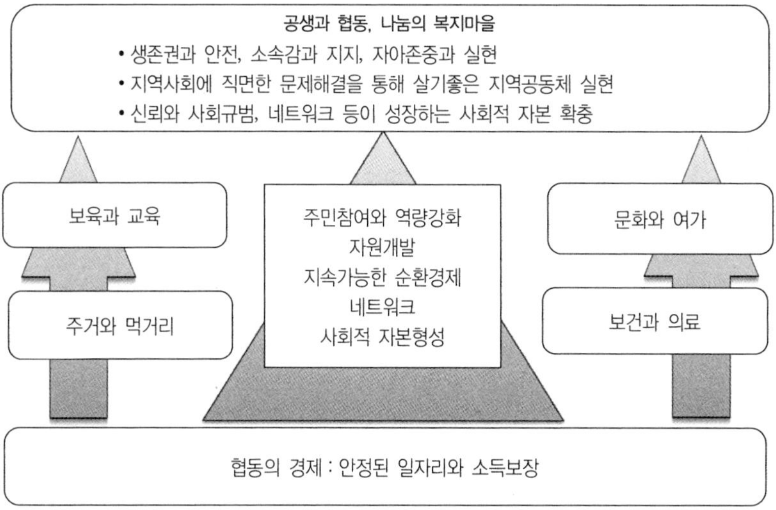

| 그림 13 | 복지마을의 개념

- **지속가능한 지역순환경제** : 세계 자본주의의 위기로 고용불안이 지속되고 있고 지역공동체 안에서의 삶의 기반이 붕괴되는 현실에 직면해 있다. 이에 대한 대안으로 공공부문인 국가, 영리중심의 시장이 아닌 생명, 생존, 호혜성, 자립 등의 가치를 중심으로 하는 사회적 경제에 대한 관심이 더욱 커지고 있다. 지역공동체는 주거와 일터가 분리가 아닌 통합으로 생산과 교환, 소비, 분배가 이루어지는 삶의 터전으로 지속 가능성을 이루어야 한다. 따라서 지역공동체의 사회적 경제시스템을 구축하기 위해서는 지역사회와 주민의 요구를 토대로 하여 자활공동체, 마을기업이나 사회적 기업, 풀뿌리 사회적경제 조직인 협동조합 등을 통해 지역생산물을 만들고 지역공동체에서 교환과 소비가 이루어지며, 창출된 부가가치를 다시 지역 안으로 환원하는 분배를 통해 자립적인 순환경제체제를 만들어야 한다.
- **주민참여와 역량강화**(empowerment) : 복지마을은 전문가나 활동가 중

심의 지역공동체가 아니라 무엇보다 주민참여를 원칙으로 한다. 주민참여는 다양한 방식으로 이루어지지만 주로 작은 모임의 활동을 통해 구성원 간의 관심과 책임의식, 상호 간 긴밀한 연대의식을 기본으로 한다. 또한 복지마을 만들기에 있어서 주민참여와 함께 필요한 것은 주민 역량강화(empowerment)이다. 지역공동체 구성원의 역량강화는 현실과 사회구조에 대한 인식, 민주적 의사결정이나 문제해결능력 향상, 협력적 관계증진, 공동체 의식 등을 높이는 데 있다. 그러나 지역공동체 구성원의 역량강화를 위해서는 단순한 일회성 교육 프로그램이나 타율적인 주입식 학습위주의 방식보다 소집단이나 워킹그룹 체험활동을 통해 공동체적 삶의 의미를 깨닫고 민주적인 시민의식을 높여내는 것이 무엇보다 중요하다.

- **자원개발** : 복지마을 구축과정에서 지역공동체의 인적·물적 자원, 복지인프라 및 조직, 정보자원을 조사·개발·동원하는 것은 지역공동체 구성원의 욕구충족과 지역사회 문제를 해결하고 예방하는 데 필수적인 요소이다. 지역공동체의 인적자원은 지역사회에 거주하거나 연고가 있는 주요 사람들을 중심으로 전통기술 등의 보유 여부를 포함한 강점이나 성향, 주요 관계망 등을 파악하여 목록화한다. 복지인프라 및 조직은 지역공동체의 공공기관만이 아니라 민간의 사회복지 및 문화체육 시설 및 기관, 단체(사회복지, 종교기관, 시민사회단체 등), 주민자치조직, 자원봉사조직 등이 포함된다.
- **네트워크** : 복지마을은 지역공동체의 크고 작은 커뮤니티의 네트워크를 지향한다. 네트워크는 기본적으로 가치와 관심 등을 공유하면서 연계하고 협력하는 개인이나 집단들의 연결망이다. 현재 지역사회에는 다양한 공급주체들(대상별, 분야별)이 공공의 이익이나 지역공동체의 발전을 위한 서비스를 제공하고 있다. 지역의 공급주체에 대한 정확한

파악과 데이터를 구축하고 서비스 공급주체들의 구심점을 형성하여 복지마을 구축을 위한 서비스 제공이 통합적이고 상호보완적이도록 협의하고 조정하는 역할이 필요하다.

- **사회적 자본** : 복지마을 구축은 지역사회 환경 내에서 긍정적 상호작용인 신뢰, 사회규범, 네트워크, 사회구조와 같은 사회적 자본을 강화하는 데 있다. 이를 위해 지역사회 실천에서 중요한 개념은 사회적 지지망이다. 사회적 지지망이란 지속적으로 상호 보호하면서, 일상생활에서 삶에 대한 대처능력을 강화시켜 주는 사람들로 구성된 집단과 상호 연관된 관계의 집합체이다. 지역공동체의 가족이나 이웃, 친척, 민간지원단체 등의 비전문적 서비스가 중요한 사회자원이며 그들이 가지고 있는 능력과 자원들을 개발하여 지원해나가는 사회적 관계망을 의미한다.

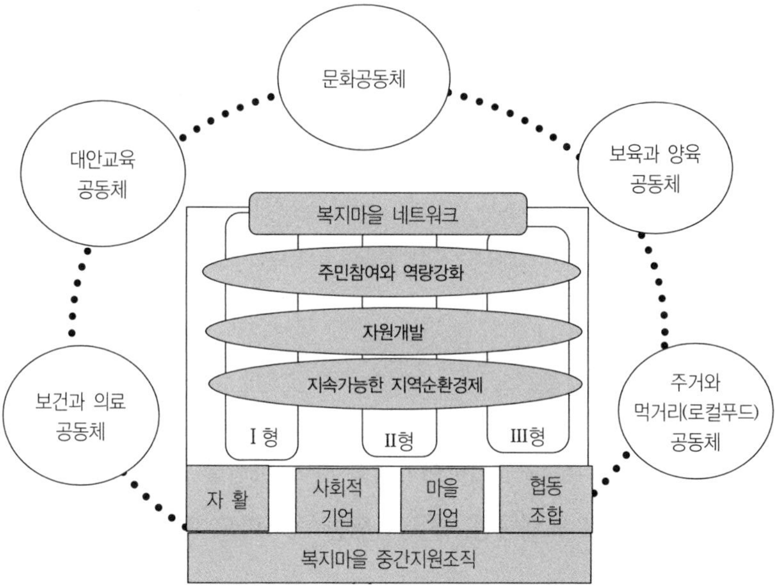

|그림 14| 복지마을 추진 모형

▮그림 14▮는 복지마을 추진 모형안이다. 복지마을은 지역주민들의 행복한 삶을 위한 기본적 요소인 소득보장과 일자리, 보건과 의료, 보육과 교육, 주거와 먹거리, 문화여가 등의 문제를 자발적인 주민참여와 역량강화를 통해 지역주민들 간의 협력과 연대로 구축하는 '진행형 실체'이다. 사회적경제를 토대로 주민참여와 역량강화, 자원개발 등을 통해 주민생활과 밀접한 관련을 갖고 있는 다양한 커뮤니티들이 상호 연계하고 협력하여 지속가능하고 행복한 마을을 만드는 것은 깨어있는 시민들의 지속적인 노력으로 충분히 이룰 수 있는 가능한 목표일 것이다.

鐵杵磨鍼(철저마침 : 쇠를 갈아 바늘을 만든다)

한마음으로 노력하면 아무리 힘든 목표라도 이룰 수 있다.

참고문헌

강혜규(2009). 사회서비스산업의 공급실태조사 및 발전방안 : 사회복지서비스 사업체를 중심으로. 한국보건사회연구원.

곽승준 외(2012). 스마트 자본주의 5.0. 나남.

김광억 편(2008). 세상읽기와 세상만들기. 서울대학교출판부.

김병화(2012). 중앙은행과 통화정책. 학민사.

김성준(2012). 공공선택론. 박영사.

김수행(2012). 새로운 사회를 위한 경제이야기. 한울아카데미.

김준석(2011). 근대국가. 책세상.

김 진(1998). 칼 마르크스와 희랍철학. 울산대학교출판부.

김형기 편(2007). 대안적 발전모델 – 신자유주의를 넘어서. 한울.

김형기(2007). "대안적 발전모델의 비전 : 새로운 경제질서를 향하여". 김형기 편. 대안적 발전모델. 한울아카데미.

매경세계지식포럼사무국(2012). 다보스포럼 자본주의를 버리다. 매일경제신문사.

박길성 · 이택면(2007). 경제사회학이론. 나남출판.

박민섭 편(2005). 경제학 – 더 넓은 지평을 향하여. 이투 신서.

박성필(2010). 국가 · 시장 비판, 자기완성 원천으로서의 시민사회 재발견. 한울아카데미.

박하섭(2008). 시장경제의 이해. 형설출판사.

박호성(2005). 사회민주주의 역사와 전망. 책세상.

세계화국제포럼. 이주명 역(2005). 더 나은 세계는 가능하다. 필맥.

소영일 · 고종문(2009). 글로벌 금융위기와 경제성장 종말. 지구문화사.

송태복(2011). 유럽경제사. 한남대학교출판부.

신명호(2009). "한국의 사회적경제 개념 정립을 위한 시론". 동향과 전망, 75호, 11-46.

신정완(2000). 임노동자기금과 스웨덴 사회민주주의. 여강.

______(2005). "한국경제의 대안적 체제모델로서 한국형 사회적 시장경제모델 구상". 동향과 전망, 45호, 119-146.

유시민(2011). 국가란 무엇인가. 돌베개.

유홍준 · 정태인(2011). 신경제사회학. 성균관대학교출판부.

이강희 외(2005). 사회복지발달사. 양서원.

이상헌・최 영・정관영・박혜경(2012). 경기도형 복지마을 모형개발과 추진전략 연구. 경기복지재단.
이영환 편(2006). 시민사회 구성원리 전환과 사회정책의 대안적 프레임. 함께읽는 책.
이정전(2011). 경제학을 리콜하라. 한울아카데미.
이태수(2011). 왜 복지국가인가. 이학사.
임승휘(2004). 절대왕정의 탄생. 살림출판사.
임준홍・김종수(2011). "충남 사회적경제의 실태와 정책방향". 열린충남, 56호. 충남발전연구원.
장하준(2006). 국가의 역할. 부키.
이상훈(2011). "5대 서비스산업 발전전략". 이슈 & 진단, 28호. 경기개발연구원.
오은진 외(2011). 사회서비스분야 여성일자리 창출을 위한 정책과제 5, 돌봄여성노동자를 위한 사회적기업. 한국여성정책연구원.
전병권(2011). 자본주의 어떻게 우리 일상에 스며들었나. 푸른역사.
정관영・강근수(2011). 지역사회복지 관점에서 본 수원지역 사회적 경제 보고서. 수원시 지역사회복지협의회.
정원호(2010). 복지국가. 책세상.
정재훈(2007). 독일 복지국가와 사회복지서비스. 집문당.
정홍열(2011). 지역경제학. 시그마프레스.
조성주 외(2010). 세상을 바꾼 놀라운 정책들. 유니스토리.
최배근(2012). 시장시스템들의 붕괴와 대변환. 집문당.
통계청(2010). 2009년 4/4분기 및 연간 가계동향.
플라톤 저, 이병길 역(2007). 국가론. 박영사.
플라톤 저, 장영란 해제(2008). 플라톤의 국가. 사계절.
한국보건사회연구원(2012). 사회보장재정추계 및 통계발전을 위한 정책토론회 자료집.
한배선(2010). 빚경제학. 청림출판.
A P. 글린・J. 해리슨 저, 김수행 역(1993). 1945년 이후의 자본주의. 동아출판사.
A. 글린, 김수행・정상준 공역(2008). 고비풀린 자본주의. 필맥.
A. 발 저, 남인복 역(2012). 지금 복지국가는 어디로 가고 있는가. 부글북스.
C. 린드블롬 저, 한상석 역(2009). 시장체제. 후마니타스.
C. 틸리 저, 이향순 역(1994). 국민국가의 형성과 계보. 학문과 사상,
C. 해밀턴 저, 김홍식 역(2011). 성장숭배. 바오.
D. 로드릭 저, 고빛샘 역(2011). 자본주의 새판짜기 : 세계화 역설과 민주적 대안. 21세기북스.

D. 헬펀 저, 제현주 역(2012). 국가의 숨겨진 부. 북돋움.
E 링마 저, 왕혜숙 역(2011). 자본주의 구하기. 북앤피플.
F. 브로델 저, 김홍식 역(2012). 물질문명과 자본주의 읽기 : 자본주의라는 이름의 히드라 이야기. 갈라파고스.
G. 에스핑 앤더슨 저, 박시종 역(2006). 복지체제의 위기와 대응. 성균관대학교출판부.
________________(2007). 복지자본주의의 세 가지 세계. 성균관대학교출판부.
H. 타카유키 저, 김영종 · 박유미 공역(2012). 일본의 지역복지 정책 및 방법. 학지사.
I. 고프 저, 김연명 · 이승욱 공역(1990). 복지국가의 정치경제학. 한울아카데미.
J. S. 밀 저, 박동천 역(2010). 정치경제학 원리 ④. 나남.
J. 보댕 저, 임승휘 역(2005). 국가론. 책세상.
J. 슘페터 저, 박영호 역(2005). 경제발전의 이론. 박영률출판사.
J. 슘페터 저, 성낙선 역(2007). 경제학의 역사와 방법. 한신대학교출판부.
J. 폭스 저, 유태경 역(2009). 죽은 경제학자들의 만찬. 랜덤하우스.
K. 마르크스 저, 김수행 역(2006). 자본론 I 상, 하(2판 6쇄). 비봉출판사.
K. 폴라니 저, 홍기빈 역(2002). 전 세계적 자본주의인가 지역적 계획경제인가 외. 책세상.
____________(2009). 거대한 전환. 길.
M. 베버 저, 박상훈 역(2011). 막스베버 소명으로서의 정치. 폴리테이아.
M. 힐슨 저, 주은선 · 김영미 공역(2010). 노르딕 모델 : 북유럽 복지국가의 꿈과 현실. 삼천리.
M. 맬러드 외 저, 박형신 역(2004). 사회이론과 사회정책. 일신사.
M. 울프 저, 김태훈 역(2009). 금융공황의 시대. 바다출판사.
M. 포웰 외 저(2007), 김기태 역(2011). 복지혼합. 나눔의집.
R. D. 퍼트넘 저, 정승현 역(2009). 볼링 어론 – 사회적 커뮤니티의 붕괴와 소생. 페이퍼로드.
R. 골드 저, 안명옥 · 하윤희 공역(2012). 공유경제. 조윤커뮤니케이션.
R. 리오 휴버먼 저, 장상환 역(2000). 자본주의 역사 바로 알기. 책벌레.
R. 미쉬라 저, 남찬섭 역(1996). 복지국가의 사상과 이론. 한울아카데미.
S. L. 하트 저, 정상호 역(2011). 새로운 자본주의가 온다. 럭스미디어.
S. 포브스(2011). 자본주의는 어떻게 우리를 구할 것인가. 아라크네.
T. 홉스 저, 최공웅 · 최진원 공역(1988). 리바이어던. 동서문화사.
V. 조지 · P. 윌딩 저, 남찬섭 역(1994). 이데올로기와 사회복지. 한울아카데미.

Albert, M.(1993). *Capitalism vs. Capitalism*. WhurrPublishers Ltd.

Bhaduri, A.(2006). Endogenous economic growth : a new approach. *Cambridge Journal of Economics*, *Jan*, *Vol. 30*, Issue 1.

Chavas, R., & Monzón Campos, J. L.(2008). *The Social Economy in European Union*. CIERIC.

Donnan, E.(ed).(2002). *Documents Illustrative of the History of the Slave Trade to America*. William S Hein & Co

Friedman, M.(1962). *Capitalism and Freedom*. The Chicago University Press.

Hall, P. A.(2001). *Varieties of Capitalism*. Oxford.

Hines, C.(2000). *Localization, A global Manifsto*. Routledge.

Hobson, J. A.(1926). *The Evolution of Modern Capitalism*(revised ed.). Walter Scott Publishing.

Hudson, M.(2004). *Saving, Asset-price Inflation and Debt-Induced Deflation*. Post-Kenesian Conference Kansa City.

Kaufmann, Franz-Xaver(2005). *Sozialpolitik and Sozialstaat*(2nd. ed.). VS Verlag für Sozialwissenscaften.

Lamper, H., & Althammer, J.(2001). *Lehrbuch der Sozialpolitik*. Springer.

Lieberman, M., & Hall, E. R.(2005). *Active Learning Guide : Introduction to Economics*. South-Western College Publisher.

Loney, M., Boswell, D., & Clarke, J.(1987). *Social Policy and Social Welfare*(2nd. ed.). Open University Press.

Marshall, T. H.(1963). *Sociology at the Crossroad*. Heinemann.

Marx, K., & Engels, F.(1990). “Manifest der Kommunistischen Partei”. *Werke*(MEW), Bd. 4. Dietz Verlag.

__________________. “Der Ursprung der Familie, des Privateigentums udn des Staates”. *Werke*(MEW), Bd. 21. Dietz Verlag

__________________. “Kritik des Hegelschen Staatrechts”. *Werke*(MEW), Bd. 1. Dietz Verlag.

__________________. “Thesen über Feuerbach”. *Werke*(MEW), Bd. 3. Dietz Verlag.

Mendell, M.(2009). “The three pillars of the social economy : the Quebec experience”. Amin, A.(ed). *THE SOCIAL ECONOMY : International Perspectives on Economic Solidarity*. Zed Books, 176-207.

Mendell, M. etc.(2000), "The Role of the Non-Profit Sector in Local Development : New Trends". paper *OECD/LEED Forum on Social Innovation, August, 31.*

Neatman, N.(2005). "the Social Economy : Finding a way between the Market and the State", *Policy Option, July-August*, 71-76.

Noya, A., & Clarence, E.(ed.).(2007). *The Social Economy : Building Inclusive Economies*. OECD.

Pierson, C.(2006). *Beyond the Welfare State?*(3rd ed.). Polity Press.

________(1991). *Beyond the Welfare State? The New Political Economy of Welfare*. Polity Press.

Pilz, F.(2004). *Der Sozialstaat : Ausbau-Kontroversen-Umbau*. Bundeszentrale für politische Bildung.

Quarter, J., Mook, L., & Amstrong, A.(2009). *Understanding the Social Economy : A Canadian Perspective*. University of Toronto Press.

Ritter, A. G.(1989). *Der Sozialstaat. Entstehung und Entwicklung im interanationalen Vergleich*. R. Oldenbourg.

Romer, P.(1986). "Increasing returns and long-run growth", *Political Economy, Vol. 94, No. 5*, 1002-1037.

Schmid, J.(2002). *Wohlfarhtsstaaten im Vergleich*. Leske+Budrich.

Schumpeter, J.(1942). *Capitalism, socialism and Democracy*. New York Harper.

Tullock, G.(2003). *Government Failure : A primer in public choice*. Cato Institute.

Uluorta, H. H.(2009). *The Social Economy : Working Alternative in a globalizing era*. Routledge.

Wilensk, L. H., & Lebeaux N. C.(1965). *Industrial Society and Social Welfare*. The Free Press.

Wolf, C.(1988). *Markets or Governments : choosing between imperfect alternatives*. RAND Books.

찾아보기

인 명

내 용

저/자/약/력

■ 정관영

서울신학대학교 신학과를 졸업하고 숭실대학교 대학원에서 사회복지학 석사과정을 마쳤다. 이후 독일로 건너가 다름슈타트공과대학교(Darmstadt Technische Universität)에서 경제사회학을 공부하고 카셀대학교(Kassel Universität)에서 사회정책 박사과정을 수료했다.

80년대에 대학을 다녔던 여느 청춘들처럼 당시 암울한 현실에 대한 저항으로 많은 시간을 거리에서 보냈다. 사회구원에 대한 신학적 성찰은 대학을 졸업하기 전 빈민지역 활동가의 삶으로 이끌었고 선친의 병환으로 잠시 쉰 뒤 영구임대아파트 단지 내 종합사회복지관에서 사회복지활동의 첫 시작을 열었다.

가출청소년을 위한 단기쉼터를 운영하며 대안교육과 청소년복지에 대한 고민으로 20세기 끝자락을 보내다 좀 더 넓은 세상으로의 일탈을 꿈꾸며 독일 유학길에 올랐다. 독일에서 새로운 사회복지 패러다임으로 사회적기업, 사회적경제를 보고 겪으면서 많은 과제를 안고 귀국한 후 여러 대학을 전전했다.

현재 〈지역대안협동경제연구소〉 소장으로 있으며 사회복지관련 시민단체에서 지역복지와 사회적경제에 대한 실천활동과 교육을 하고 있다.

이제는 사회적경제다
– 지역과 사람을 살리는 희망경제론 –

|저자| 정관영

|1판 1쇄 발행| 2013년 1월 15일
|1판 2쇄 발행| 2013년 11월 25일
|1판 3쇄 발행| 2014년 7월 1일
|1판 4쇄 발행| 2016년 8월 20일
|1판 5쇄 발행| 2021년 9월 10일

|발행인| 김 동 훈
|발행처| 공 동 체

|주소| 경기도 고양시 일산동구 호수로 358-39 동문타워 I 905호(백석동)
|전화| 031) 920-8305(대표)
|팩스| 031) 920-8308
|e-mail| compub@naver.com
|출판등록| 2005년 10월 6일
|등록번호| 제396-2005-36호

|ISBN| 978-89-6352-418-4
정가 17,000원